読解攻略！
日本語能力試験 N1レベル

草野宗子・村澤慶昭・牛米節男 [著]

スリーエーネットワーク

©2015 by KUSANO Muneko, MURASAWA Yoshiaki and USHIGOME Setsuo

All rights reserved. No part of this publication may be reproduced, stored in a retrieval system or transmitted in any form or by any means, electronic, mechanical, photocopying, recording, or otherwise, without the prior written permission of the Publisher.

Published by 3A Corporation.
Trusty Kojimachi Bldg., 2F, 4, Kojimachi 3-Chome, Chiyoda-ku, Tokyo 102-0083, Japan

ISBN978-4-88319-706-4 C0081

First published 2015
Printed in Japan

はじめに

　日本語の勉強をしていて、「自分のレベルはどのくらいなのか」「自分は日本語の実力がついたのだろうか」と思わない人はいないのではないでしょうか。1984年に始まった日本語能力試験は、年を追うごとに受験者が増えています。日本語を学ぶ人がいかに多いかが表れていますが、それとともに、日本語能力試験が日本語のレベルを測る基準として重視されている表れだといえるでしょう。

　この試験は2010年から「新しい日本語能力試験」になり、内容が改定されました。改定のポイントは「課題遂行のためのコミュニケーション能力を測る」とあり、文字、語彙、文法などの言語知識のみならず、それら言語知識を実際に運用できることが重要だとされています。N1の読解問題はさまざまな幅広い話題を扱っていて、論理的に複雑な文章や抽象度の高い文章を読み、構成や内容を理解できる、また、内容に深みのある文章を読み、話の流れや詳細な表現意図が理解できるなどの能力が求められています（https://www.jlpt.jp/ 日本語能力試験 認定の目安 参照）。

　本書は旧完全マスターシリーズの『完全マスター1級 日本語能力試験読解問題対策』をもとにして、試験の新しい基準に照らし、さらに文章読解力がつけられるように作成しました。進学、就職などで日本語能力の認定を必要としている皆さんが能力試験対策として利用するのはもちろんですが、日本語力をもっと伸ばしたいという中級以上の学習者の皆さんにも、ぜひ使っていただきたいと思います。

　この問題集は、段階を踏んで読解力がつくように練習問題を構成してあります。まず、今の実力を確かめる「はじめの4題」、読解技術を養うための「基礎編　短文」、文章を内容で分類し、長い文章を読んで複数の問題に答える「応用編　中・長文」、本試験と同様の形式で統合理解、情報検索の問題などを入れた「模擬試験」からなっています。基礎から1つずつ進めるやり方で1ページ目から順番に練習していくこともできますし、項目を選んで好きなところから始めることもできます。また、本試験では「説明文」や「随筆」が多く取り上げられていますが、進学後のことや試験の動向などを考えて、本書では「論説文」や「小説」も扱っています。筆者の主張を考えながら読んだり、登場人物の心情を想像しながら読むなど、文章の種類によって読み方は違ってきます。さまざまな文章を数多く読みこなす練習として有効に使えると思います。

　本書では、日本語を歴史的な視点から述べた説明文、現代の医療を論じた論説文、日本の食生活を扱った随筆、複雑な家族関係を描いた小説など、幅広く取り上げています。学習者の皆さんも、きっと興味のわく文が見つかるでしょう。作成した私たちも、学習者の皆さんが楽しんで練習できることを願っています。

　最後になりますが、問題で取り上げた文章について快く著作物の使用許可をくださった著作者の方々に感謝いたします。そして、出版に際してスリーエーネットワークの佐野智子さん、田中綾子さんには大変お世話になりました。この場を借りてお礼を申し上げます。

2015年2月
著者一同

本書の使い方

この問題集で練習する時は、必ずタイマーなどで時間を計りながら問題を解いてください。

◎本書の内容

■はじめの4題〈プレイスメントテスト〉

まず、今の自分の実力をチェックしてみましょう。ここには、「応用編　中・長文」で取り上げる「説明文」「論説文」「随筆」「小説」の4つの文章パターンに関する問題があります。

4つの問題全部を解いた後で、すぐに答え合わせをしてみてください。制限時間は40分です。P10の採点表に従ってチェックすると、どの設問パターンが弱いのか、またはどの文章パターンが弱いのかが、わかります。

全体的に間違いが多かった人は「基礎編　短文」のSTEP1から練習しましょう。間違いやすい設問パターンがあった人は、「基礎編　短文」のそのSTEPから練習しましょう。また、「説明文」など特定の文章パターンが苦手という人は、「応用編　中・長文」のそれぞれのパターンから練習してみましょう。

■基礎編　短文

「日本語能力試験N1」では、短文（200字程度）が4題出されています（詳細はhttp://www.jlpt.jp/）。設問は1題につき1問です。これは旧試験から続く設問パターンですが、本問題集では、その設問パターンを分析し、必ず出るパターンを厳選して7つのステップを設けました。STEP1から順番に練習することもできますし、苦手な設問パターンを集中的に練習することもできます。ただし、全てのステップの問題をやることが大切です。

例題　各ステップに1題ずつ出ています。まずは例題で、設問パターンを理解しましょう。

解法ワンポイントアドバイス　例題の解き方がワンポイントで示されています。ポイントを理解すれば答えはすぐにわかるはずです。

練習　ステップごとに練習問題が6～10題用意されています。ページ右上の制限時間を目安にどんどんやってみましょう。やさしいものから難しいものへと順に並んでいますので、段階的に力をつけることができます。

正答数・正答率チェック表　別冊の解答を見て、自分の答えを確かめてください。表には正答率の目安が出ていますので、どのくらいできたかチェックしてみましょう。

■応用編　中・長文

「日本語能力試験N1」では、中文（500字程度）と、長文（1000字程度）が数題ずつ出されています。設問は1題につき3～4問です。出題される文章パターンには、大きく分けて、「説明文」「論説文」「随筆」「小説」の4つのパターンがあります。より速く、より正解を導くためには、まず、問題を解く前にどんな文章か見分けられることが鍵となります。文章の種類によって読み方も違ってきますので、まず「読み方」でそれぞれの文章パターンを学び、「例題→中文→長文」の順に進んでください。

読み方　文章パターンごとに典型的な「構成」と、それに対応する「読み方」が書いてあります。この読み方にしたがって、中・長文にチャレンジしてください。

例題	各文章パターンに1題ずつ出ています。ここでまずそれぞれの文章パターンの問題を解いてみましょう。
解法	例題の各設問についてその解き方が示されています。本文のどこを見れば解答が導けるのかがわかります。それぞれの文章パターンによって、どこにキーワードや筆者の言いたいことが述べられているのかをつかめるようにしてください。
問題	各文章パターンごとに中文4題と長文5題が用意されています。これも、制限時間を目安にやってみてください。なお、読解力を強化するために、設問数はN1の試験よりも多い問題もあります。
解答	別冊の解答・解説を見て、自分の答えを確かめてください。本文のどこを見たらよいかというヒントと、選択肢の違っているところが示されていますので、自分の解き方がそれと合っているかチェックしてみましょう。

■ 模擬試験

　「基礎編　短文」「応用編　中・長文」すべての問題を解いて、「もうだいじょうぶ！」という自信が持てた人は、「模擬試験」で実力を確認してください。「日本語能力試験N1」の形式に合わせた模擬試験が3回分あります。本試験では「言語知識」と「読解」を合わせて110分で解かなければなりません。したがって、読解にかけられる時間は50分程度。時間との勝負ですので、頑張って解いてみましょう。別冊の最終ページにマークシートの解答用紙が付いていますので、それを利用してください。

◎進め方の例

◎語彙・表記について

　語彙や漢字などの表記は、「日本語能力試験N1」レベルより難解と思われるものや、特殊な読み方をするもの、また問題を解く上で難しいと思われるものには、文章の下に注として、読み方や言葉の意味の説明をつけました。

　なお、選択肢中の語句の表記については、その本文に合わせました。

◎別冊「解答集」

　本書には、別冊で解答集が付いています。別冊には「基礎編　短文」の解答と、「応用編　中・長文」の解答・解説、および「模擬試験」の解答、マークシートがありますので、答えや解き方をよく確認してください。特に中・長文を練習する際には、正解だったものは自分の解法でいいかどうか、間違っていたものはなぜ間違っていたのかを必ず確認し、やり直してみることが大切です。

目次

はじめに ……………………………………………………………… iii
本書の使い方 ………………………………………………………… iv

はじめの4題 …………………………………………………… 2
    正答数・正答率チェック表 ………………………………… 10

基礎編　短文
    STEP 1　〈指示語を問う問題〉……………………………… 12
    STEP 2　〈キーワードの穴埋め問題〉……………………… 18
    STEP 3　〈句や文の穴埋め問題〉…………………………… 22
    STEP 4　〈下線部の意味を問う問題〉……………………… 26
    STEP 5　〈下線部の理由を問う問題〉……………………… 30
    STEP 6　〈全体を問う問題〉………………………………… 34
    正答数・正答率チェック表 ………………………………… 40

応用編　中・長文
    A　説明文　「説明文」の読み方 …………………………… 43
        例題 ………………………………………………………… 44
        中文 ………………………………………………………… 48
        長文 ………………………………………………………… 56
    B　論説文　「論説文」の読み方 …………………………… 67
        例題 ………………………………………………………… 68
        中文 ………………………………………………………… 72
        長文 ………………………………………………………… 78
    C　随筆　「随筆」の読み方 ………………………………… 89
        例題 ………………………………………………………… 90
        中文 ………………………………………………………… 94
        長文 ………………………………………………………… 102
    D　小説　「小説」の読み方 ………………………………… 113
        例題 ………………………………………………………… 114
        中文 ………………………………………………………… 118
        長文 ………………………………………………………… 126
    正答数・正答率チェック表 ………………………………… 140

模擬試験
    第1回 …………………………………………………………… 144
    第2回 …………………………………………………………… 160
    第3回 …………………………………………………………… 176

別冊「解答集」　解答・解説、模擬試験の解答用紙（マークシート）

読解攻略！日本語能力試験

N1
レベル

はじめの4題

問題Ⅰ 次の文章を読んで、後の問いに対する答えとして最もよいものを、1・2・3・4から一つ選びなさい。

　ヒトは音楽を聞いて、その種類を区別することができる。たとえばクラシックの楽曲をジャンルや演奏形態で分ける。 ① a はこんなことができるのだろうか。ストラヴィンスキー※1とバッハ※2の楽曲をハトに聞かせる。そしてストラヴィンスキーが聞こえてきたら右側のキー、バッハが聞こえてきたら左側のキーをつつくようにする。するとハトは、この2つの楽曲を上手に弁別できるようになる。その後で、いままで聞いたことのないストラヴィンスキーの楽曲やその同時代の作曲家の楽曲、あるいはバッハやバッハと同時代の作曲家の楽曲を聞かせる。そうしても、ハトは両者の楽曲を上手に弁別できるのだ（Porter & Neuringer, 1984）。はたしてハトが、 ① b がするように「現代音楽」と「バロック音楽」という分け方をしたのか、それはわからない。けれども、なんらかの手がかりを使って②音楽を区別できるようになることは確かである。

　同じように、ブンチョウ※3にバッハとシェーンベルク※4の楽曲を聞かせた研究もある（Watanabe & Nemoto, 1998）。鳥かごの中に3本の止まり木を用意する。一方の端の止まり木に止まるとバッハが、反対側の止まり木に止まるとシェーンベルクが聞こえてくる。まん中に止まっていると何の音も聞こえない。こんな装置を作って、どの止まり木にどのくらい止まっているか調べた。すると、4羽のうち2羽はバッハが聞こえてくる止まり木によく止まるようになった。そして残りの1羽は音のしない止まり木、もう1羽はシェーンベルクが聞こえてくる止まり木を選ぶようになった。そして、初めて聞くバッハやシェーンベルクの楽曲に対しても、選ぶ止まり木は変わらなかった。この結果はブンチョウは音楽を区別するだけでなく、③音楽を選り好みする※5、言い換えると好きな音楽と嫌いな音楽があることを示唆して※6いるかもしれない。

　以上簡単に音楽に関わる動物研究を紹介した。一連の研究を眺めると、動物は音楽を聞き分けられるといえるだろう。けれども、音楽をヒトと同じように聴いているのか、とたずねた時には、研究事例が少なくわからないことだらけであり、④手にできる答えは残念なことにまだ「？」である。しかし、 ① c の音楽の聴取を知ることによって、音楽の、そして ① d の音楽聴取の生い立ち※7とその独自性を知ることができるのではないか、と考えている。

（石川悟「動物が音楽を弁別する話」、谷口高士編『音は心の中で音楽になる［音楽心理学への招待］』北大路書房による）

注1　ストラヴィンスキー：ロシアの作曲家（1882-1971年）。
注2　バッハ：ドイツの作曲家（1685-1750年）。
注3　ブンチョウ：文鳥、小鳥の一種。
注4　シェーンベルク：オーストリアの作曲家（1874-1951年）。
注5　選り好みする（えりごのみする）
注6　示唆する：（実験の結果から）あることを、明確ではないが示す。
注7　生い立ち（おいたち）

【問1】 ① a ～ ① d に入る組み合わせとして最も適当なものはどれか。
1　動物・ヒト・ヒト・動物
2　動物・ヒト・動物・ヒト
3　ヒト・ヒト・動物・動物
4　ヒト・動物・動物・ヒト

【問2】「②音楽を区別できるようになる」と言えるのはなぜか。
1　違う時代の楽曲を聞くと、ハトがキーをつつく反応が異なったから
2　ハトには学習能力があり、聞いたことがある曲はすぐにわかるから
3　ハトにはもともと音楽的な感性が備わっていることがわかったから
4　ストラヴィンスキーとバッハの楽曲の違いをハトが鳴き分けたから

【問3】「③音楽を選り好みする」とは、どういうことか。
1　同じブンチョウであっても、個体によって楽曲を聞いたあとの反応に傾向の違いがあるということ
2　多くのブンチョウが好んで聞くのはバッハの楽曲であって、シェーンベルクは好まないということ
3　ブンチョウのような小鳥もハトも、それぞれ音楽についての感受性には個性が現れるということ
4　ブンチョウでさえも、人間と同じようによい楽曲であるかないかを感じ取ることができるということ

【問4】「④手にできる答えは残念なことにまだ「？」である」のはなぜか。
1　動物の音楽の聴き方についての研究をしたがる人が少ないから
2　動物の音楽の聴取についての研究がまだ多くはされていないから
3　動物はヒトほど感受性豊かに音楽をとらえることができないから
4　動物が音楽をどう聴いているのかはヒトには想像もつかないから

【問5】この文章で筆者が説明していることと合っているものはどれか。
1　ストラヴィンスキーやバッハ、シェーンベルクの楽曲のすばらしさは、小鳥でさえも十分に理解していることが実験により証明された
2　時代の異なるクラシックの楽曲を上手に弁別する鳥たちは、動物の中でも比較的知能が発達していると言えるかもしれない
3　鳥の聴覚力についての研究が示しているとおり、動物でも作曲者の特徴を正確に知覚できるということは驚くべき事実である
4　鳥の研究から示唆されるように動物も音楽を弁別することは可能かもしれないが、まだ解明されていないことのほうが多い

問題Ⅱ 次の文章を読んで、後の問いに対する答えとして最もよいものを、1・2・3・4から一つ選びなさい。

　この〔日本〕という小さな島国を一升※1マス※2にたとえてみようか。
それは実に、一升しか入らぬ小さな国土なのである。
　戦後、その小さなマスへ、①一斗※3も二斗もある宏大な国に生まれた機械文明を取り入れてしまい、国土も国民の生活も、②これに捲き込まれて※4、どうしようもなくなってしまったのだ。
　経済成長を目ざした日本は、一升のマスへ二斗も三斗も入るという過信※5を抱き、むりやりに、それを押し込んでしまった。
　人間が歩むべき道を車輛が犯し、その車輛を収納する車庫を持たぬ人たちが、多量に自動車を乗りまわすことになった。
　人をひき殺して、賠償金が払えぬ若者の母と祖母が沼に身を投げて、殺された人の遺族にわびたというはなしもある。
　これは一例にすぎない。
　すぎないが、しかし、このはなしは、現代日本の、「万事を、ものがたっている……」のである。
　やむを得ず、経済成長に踏み切らなくてはならないのなら、どこまでも、③一升マスには一升しか入らぬということを、しっかり頭へ入れておくべきだったのだ。それならば、法律を武器にして、国民生活の崩壊を、かなり喰いとめることができたろう。経済成長よりも先に、国民を守る法律を決めなくてはいけなかった。順序が狂っているのだ。
　④a 戦前の西洋文明というものは、ヨーロッパのものが主体で、アメリカも、これにならっていた。フランス・イギリス・ドイツなど、小さな国土に生まれた伝統のある文化ゆえ、同じ小さな日本にも、うまく似合ったのである。
　ところが、④b 戦後のアメリカには、戦争による科学と機械の発達が、そのまま平和時代の文明として大きくひろがり、日本のみか、ヨーロッパも、「便利……」の一点を買い、その新奇なメカニズムに酔い痴れて※6しまった。
　⑤それが、よい悪いという段階は、もはや通りすぎてしまったといってよい。
　一個の動物にすぎぬ人間の肉体は、もう、どうにもやりきれなく※7なってきている。

（池波正太郎『一升桝の度量』幻戯書房による）

注1　一升：容量の単位。約1.8リットル。一斗の10分の1。
注2　マス：液体、粉状、粒状の物の容量を測る容器。
注3　一斗：容量の単位。一斗は10升で、約18リットル。
注4　捲き込む：ある事態に引き込む。
注5　過信：価値や力などを実際より高く評価して、信じすぎること。
注6　酔い痴れる：ある事柄に心を奪われて、いい気持ちになる。
注7　やりきれない：耐えられない。

【問1】「①一斗も二斗もある宏大な国」とは、どこのことを言っているか。
1　日本　　　　2　アメリカ　　　3　フランス　　　4　ドイツ

【問2】「②これ」は何をさしているか。
1　戦争　　　2　政治改革　　　3　機械文明　　　4　伝統文化

【問3】「③一升マスには一升しか入らぬ」とあるが、どんな情勢を批判しているか。
1　人々が働いて収入を得て、貯金ができる前に車などの高い物を買って支出を増やそうとすること
2　安全に運転する技術のない者が、上達しないまま自動車を乗り回して事故を起こしていること
3　国民の生活を守る法律が作られていないのに、無理に経済成長を押し進めようとしていること
4　日本は小さな国土しかないのに宏大な国の機械文明を取り入れて、問題が出てきていること

【問4】「④a 戦前」と「④b 戦後」を比較して、何が変わったと言っているか。
1　戦前はヨーロッパ主体の文明が日本に入って適合していたが、戦後はアメリカの科学と機械の文明が取り入れられた
2　戦前の技術はヨーロッパとアメリカから来たものだったが、戦後はアメリカ一国の技術が大きな影響を与えている
3　戦前の経済大国はヨーロッパの国々が中心だったが、戦後はアメリカ経済が世界を支配するようになった
4　戦前はフランス中心の伝統文化が日本に入ってきたが、戦後はアメリカの新しくて平和な文化が主流になっている

【問5】「⑤それが、よい悪いという段階は、もはや通りすぎてしまった」とあるが、何について言っているか。
1　戦後、国民の生活を守る法律を整備する前に、国中が経済成長を目ざして進んでしまったこと
2　現在は戦争を発端にした科学と機械の文明を受け入れて、各国が競争する時代になっていること
3　以前は伝統のある西洋文明から学んでいたが、今は新奇な科学の文明が最も流行していること
4　アメリカからの科学と機械の発達による文明を、新しくて便利だから積極的に取り入れたこと

はじめの4題

問題Ⅲ 次の文章を読んで、後の問いに対する答えとして最もよいものを、1・2・3・4から一つ選びなさい。

　社会が合理的になって、というより、理屈っぽくなってきて、あたたかい人づきあいが少しずつすたって※きている。隣りと口をきかないからといって別にけんかをしているわけでもない、というのは、マンションの住人では珍しくもない。自分の生活にも立ち入ってほしくないが、他人の生活にも好奇心をもたない。かかわりをもちたくないというのが①都市型の生活である。

　それと表裏をなすのだが、②ことばがうまく通じないという不安がある。どういうことばで話しかけたらわかってもらえるのか、それがよくわからない。めんどうだから黙っていよう。それでなくても世の中はすこしうるさすぎるのだ。そういう市民の感情は、（　③　）をつくりあげる方向へ向かっているといってよい。

　こういう現象が人間砂漠のような社会をつくりあげる。知った人同士が会っても知らぬ顔をしている。当人たちには、別に対立感情があるわけではない。ただ、用がないから黙っていたにすぎないというであろう。

　しかし、行き会っても、あいさつもかわさないでいると、そのうちに、④物理的摩擦が心理的性格をおびるようになる。人間と人間がすれちがえば物理的摩擦が起こるのは当然だが、まったく未知の人なら、それはそのままで終わる。ところが知っている人で、ときどきこの摩擦がくりかえされると、たんなるすれちがいでなくて、心理的摩擦に変質する。そしていつしか、「えたいの知れないやつ」とか「感じのよくない人間」といった印象をもち合うことになる。

　いったん起こった心理的摩擦は解消すべきものがないまま、いよいよ高まってくる。そして、いつのまにか、ほんとうの対立のようなものになってしまうことが少なくない。対立があるから口をきかないのではなくて、［　⑤　］、ということがいかに多いことであろう。敵だと思っていた人が、話してみると思ったよりずっと気心のいい人であった、ということはわれわれのたえず経験するところである。ことばが人間関係の調整にもつ役割を改めて認識する必要がある。

（外山滋比古『ことばの習俗 新版』三省堂による）

注　すたる：少なくなる、衰える。

【問1】「①都市型の生活」として合っていないものはどれか。
1　マンションの隣りの人と口をきかないこと
2　他人に自分の生活にも立ち入ってほしくないと思うこと
3　少しずつあたたかい人づきあいをすること
4　他人の生活にかかわりをもちたくないと思うこと

【問2】ここでいう「②ことばがうまく通じない」とは、どういうことか。
1　日本に来て都会で生活するとき、ことばがうまく通じないということ
2　隣人たちと何をどう話したらよいかがよくわからないということ
3　マンションの隣人に話しかけられてもことばが違っていてわからないということ
4　他人と話をしようとしてもその人の性格がよくわからないということ

【問3】（　③　）に入る適当なものはどれか。
1　創造の社会　　　2　感情の社会　　　3　交流の社会　　　4　沈黙の社会

【問4】「④物理的摩擦が心理的性格をおびるようになる」とは、どういうことか。
1　ことばを交わさずにいるとやがて心理的にも悪い印象を持つようになるということ
2　心理的摩擦は物理的摩擦をくりかえすことによってのみ生じるということ
3　すれちがいによってけんかのような物理的摩擦が起きるのは当然だということ
4　「感じのよくない人間」という印象は未知の人との物理的摩擦で生じるということ

【問5】［　⑤　］に入る適当なものはどれか。
1　口をきかないでいたのに対立してしまう
2　口をきいたとたんに対立になってしまう
3　口をきいたままでいるから対立してしまう
4　口をきかないでいるから対立になってしまう

【問6】筆者がこの文章で最も言いたいことは何か。
1　敵だと思っていた人が話してみるといい人であることを認識しなければならない
2　心理的摩擦は物理的摩擦によってのみ生じることを認識しなければならない
3　人間関係を調整する上で、ことばがもつ役割の大切さを認識しなければならない
4　人間関係が対立しないよう、常にことばの有効性を認識しなければならない

はじめの4題

問題Ⅳ 次の文章を読んで、後の問いに対する答えとして最もよいものを、1・2・3・4から一つ選びなさい。

　商売は繁盛した。資産もできた。福岡では信用を博し※1、商人としての地位も安定した。ここまで伸しあがり、ことごとく※2最良の環境に①わが身が落ちついていることを発見した時、内堀彦介は新しい激しい危惧※3に襲われてきた。
　どこにいるかわからないが、確かにこの世に町田武治が生きている、ということの②不安である。
　あらゆる犯罪は、単独をもって完全とする。共犯者があればあるほど破綻※4の確率は多くなる。世の犯罪の発覚が、いかに共犯者の自供からなされるかは新聞記事を読んでもわかるのである。
　が、内堀彦介が恐れたのは、③そのことよりも、今はもっと別な場合であった。つまり、財産ができてみれば、かつての共犯者から、恐喝される※5かもしれないという危惧であった。
　現在の成功にまだ達しない時には、そのような心配は生れて来なかった。しかし、財産と安定した地位を獲得してみると、いつ彼から脅迫されるかわからぬ、という新しい恐怖が襲ってきたのであった。
　なるほど金と信用と地位は得た。が、④それをゆるがすものは、商売の不況ではない。内堀彦介の既往※6の秘密を握っている共犯者の脅迫だった。財産はできたが、⑤その死命はその男が握っているのだ。ひとたび、脅迫を受ければ、せっかくの財産が枯れるまで、その恐喝はつづくに違いない。あの陰性な顔つきをした町田武治という男は、そんなことを充分にしそうな人物に思えた。
　彦介は、どこかにいるはずの町田武治が、いつかは自分の成功を知って、眼を光らせて歩いて来るような気がしてならなかった。どこかで。——それは、どこにいるかわからない。とにかくいつかは彼は、彦介の財産を嗅ぎつけて※7、あの陰気な顔を見せに来るに違いない。
　いったい、町田武治はどこで、何をしているであろう。彦介は、しだいにそのことが気になって来はじめた。

　　　　　（松本清張「共犯者」『松本清張全集36　地方紙を買う女』文藝春秋　刊）

注1　博する：得る。
注2　ことごとく：例外なく。
注3　危惧：危ないと思っておそれること。
注4　破綻：物事が成立しなくなること。だめになること。
注5　恐喝する：言いがかりをつけて驚かす。金銭を奪うために怖がらせる。
注6　既往：過去のこと。
注7　嗅ぎつけて（かぎつけて）

はじめの4題

【問1】「①わが身が落ちついている」とは、どんなことか。
1　福岡に家を建てて定住していること
2　結婚し、自分の家庭を持ったこと
3　商売に成功し、地位も財産もあること
4　精神的なゆとりを感じていること

【問2】「②不安」は、どんなことから起こってきたか。
1　今は商売に成功し、いい状況にあること
2　最良の環境にならないかもしれないこと
3　犯罪についての新聞記事を読んだこと
4　町田が死んだかもしれないと思ったこと

【問3】犯罪が完全であるためには、どんな条件が必要だと言っているか。
1　犯人が一人であること　　　　2　犯人が複数であること
3　犯行後、隠れ続けること　　　4　犯行後、連絡しないこと

【問4】「③そのこと」とは何か。
1　彦介の犯した過去の犯罪には、共犯者がいたこと
2　共犯者が、彦介の昔の犯罪について自供すること
3　町田は、彦介が一人でした犯罪を知っていること
4　彦介の犯罪を知った町田が、金を取りに来ること

【問5】「④それをゆるがすもの」とは何か。
1　経済の不況　　2　経営の失敗　　3　犯人の逮捕　　4　共犯者の脅迫

【問6】「⑤その死命」とは何か。
1　お金が増えるか減るかということ
2　財産を守れるか失うかということ
3　彦介が生きるか死ぬかということ
4　商店を開くかつぶれるかということ

【問7】彦介が最も恐れていることは何か。
1　今までと同じように、将来も商売が繁盛し続けるかどうかということ
2　彦介の成功をねたむ人が、事業に失敗するようにたくらむかもしれないこと
3　彦介の共犯者が自供し、彦介の過去の犯罪が世間にわかってしまうこと
4　町田に彦介の秘密を話すと脅されて、地位も財産も奪われてしまうこと

はじめの4題　正答数・正答率チェック表

正答数をチェックして自分の弱点を把握しよう！

◆文章パターンで練習するなら〈応用編　中・長文へ〉（右の数字が正答。できたものに☑）

	問1	問2	問3	問4	問5	問6	問7	正答数	正答率		
問題Ⅰ	☐2	☐1	☐1	☐2	☐4	—	—	／5	％	→	説明文
問題Ⅱ	☐2	☐3	☐4	☐1	☐4	—	—	／5	％	→	論説文
問題Ⅲ	☐3	☐2	☐4	☐1	☐4	☐3	—	／6	％	→	随筆文
問題Ⅳ	☐3	☐1	☐1	☐2	☐4	☐2	☐4	／7	％	→	小説文
							合計	／23	％		

◆設問パターンで練習するなら〈基礎編　短文へ〉（できたものに☑）

▲短文編		STEP1 指示語	STEP2 穴埋め①	STEP3 穴埋め②	STEP4 下線部意味	STEP5 下線部理由	STEP6 全体
問題Ⅰ	問1		☐				
	問2					☐	
	問3				☐		
	問4					☐	
	問5						☐
問題Ⅱ	問1				☐		
	問2	☐					
	問3				☐		
	問4						☐
	問5						
問題Ⅲ	問1				☐		
	問2				☐		
	問3			☐			
	問4				☐		
	問5			☐			
	問6						☐
問題Ⅳ	問1				☐		
	問2				☐		
	問3						☐
	問4	☐					
	問5	☐					
	問6	☐					
	問7						☐
正答数		／4	／1	／2	／9	／2	／5

読解攻略！日本語能力試験

N1
レベル

基礎編　短文

STEP 1　指示語を問う問題

> **例題**　次の文章を読んで、後の問いに対する答えとして最もよいものを、1・2・3・4から一つ選びなさい。

　数年前の夏、外出からの帰りに、家のすぐ近くまで来て、飛び立つ鳥の羽音になにげなく
目をあげると、黒いトタン屋根の上に、思いがけないものを見た。あざやかなオレンジ色の
大輪の花が五つ六つ、とつぜんに、という感じでそこに出現していたのである。
　それがのうせんかずらの花で、高い松の木の梢にまつわって咲いているのだということ
はすぐわかったけれど、毎日通るこの道で、今までこの花にぜんぜん気がつかなかったとい
うのがわからない。首をかしげながら二、三歩あるくと、隣家の屋根にさえぎられて、花は
たちまち見えなくなる。おやおや、と思ってさっきの地点までひきかえし、花から目をはな
さずさらに二、三歩あともどりすると、屋根の角度が微妙にかかわってくるらしく、花はま
たもや視界から消えた。はじめに花に気づいた地点を中心にして、その前後ほんの数歩の範
囲だけが、その花の見える指定席だったのである。
　　　　　　　　　　　　　（杉みき子「バックミラーには魔法がかかっている」『がんぎの町から』偕成社による）

【問い】「それ」は何をさしているか。
1　黒いトタン屋根
2　思いがけないできごと
3　あざやかなオレンジ色の大輪の花
4　高い松の木の梢

解法ワンポイントアドバイス　指示語の攻略法

**指示語＝「こそあど言葉（これ、それ、あれ、どれなど）」は、
　　　　　「そ」と「こ」をマスターすればOK！**

☆Point 1　「それ（これ）」or「その（この）＋具体名詞」
　　　　　→　まず探すのは、直前の文の名詞（句）

☆Point 2　「その（この）＋抽象名詞」or
　　　　　「その（この）ため、その（この）ような、そう（こう）など」
　　　　　→　まず考えるのは、直前の文の内容

▲必ずその部分に入れてみて確認！

◎例題では……「それ」だから
　→Point 1（直前の文の名詞（句））！
　→「あざやかなオレンジ色の大輪の花が五つ六つ、とつぜんに、という感じでそこに出
　　現していたのである。（2行目―3行目）」

解答　**3**

STEP 1　練習　　　　　　　　　　　　　　　／2　5分

(1)

　考えるとは、合理的に考える事だ。どうしてそんな馬鹿気た※1 事が言いたいかというと、現代の合理主義的風潮に乗じて、物を考える人々の考え方を観察していると、どうやら、能率的に考える事が、合理的に考える事だと思い違いしているように思われるからだ。当人は考えている積り※2 だが、実は考える手間を省いている。そんな光景が到る処※3 に見える。物を考えるとは、物を摑んだら※4 離さぬという事だ。画家が、モデルを摑んだら得心の行くまで離さぬというのと同じ事だ。だから、考えれば考えるほどわからなくなるというのも、物を合理的に究めようとする人には、極めて正常な事である。だが、これは、能率的に考えている人には異常な事だろう。

（小林秀雄『考えるヒント』文春文庫　刊）

注1　馬鹿気た（ばかげた）
注2　積り（つもり）
注3　到る処（いたるところ）
注4　摑んだら（つかんだら）

【問い】「これ」は何をさしているか。
1　考えているつもりだが、考える手間を省いていること
2　対象を手でつかんで離さないようにすること
3　考えれば考えるほどわからなくなること
4　合理的に考える人にとって困難なこと

(2)

　寄席※1 や小さな劇場で人々が一斉に笑うと、おもしろくもないのにつられて笑ってしまうが、これは笑いが伝染することを示している。この伝染はすばやく伝播して※2 ゆききわめて社会的な現象であることを示しているが、年少の子どもでも就学の年齢までには一緒に笑うという笑いの伝染が認められる。母親が微笑む※3 と新生児もこれに応じて微笑するが、これが伝染の起源になっているのかもしれない。ベルクソンは著書『笑い』のなかで観客席がぎっしり詰まっていればいるほど劇場で笑いが広がると述べている。笑いの伝染は人間が進化の過程で身につけた原初的で自動的な社会適応のかたちなのである。

（苧阪直行「ヒトはなぜ笑うのか」『児童心理』平成24年10月号、金子書房による）

注1　寄席（よせ）：落語などの大衆芸能を行うところ。
注2　伝播して（でんぱして）
注3　微笑む（ほほえむ）

【問い】「これ」は何をさしているか。
1　寄席や小さな劇場でおもしろくもないのにつられて笑ってしまうこと
2　小さな子どもでも就学の年齢までには一緒に笑うこと
3　母親が微笑むと新生児もこれにこたえて微笑むこと
4　人間が進化の過程で身につけた社会適応のかたちのこと

(3)
　日本語の単語を形態の面から眺める時、まず第一の特色は、一定の形をもたず、不安定だということである。これは、日本人はあまり意識していない。気付くのは外国人、ことに欧米人で、日本語を勉強した欧米人は、これを知ると、まずびっくりし、次に不安感をいだき、不快になる人が多いようだ。
　これはまず表記に問題があり、「ひと」という単語は、「人」と書いても、「ひと」と書いても、「ヒト」と書いても、どれも誤りとされない。

(金田一春彦『日本語 新版（上）』岩波書店による)

【問い】「これ」は何をさしているか。
1　日本語の単語を形態面から眺めること
2　日本語の単語が一定の形をもたず、不安定であること
3　日本語の特色に気付くのは外国人、ことに欧米人であること
4　日本語を勉強した欧米人が不安感をいだき、不快になること

(4)
　昭和天皇裕仁が八十七歳の生涯を終えようとしているときである。当時売り出し中の女性エッセイストが、週刊誌の連載コラムのなかで、「天皇って意外にかわいい」といった類の発言をしていることを、わたしは知った。これは戦中派にも、左翼にも、ましてや民族主義者にも、けっして口にできない類の発言であった。わたしは「えっ！」と驚いたが、その時はこの「かわいい」の具体的な意味合いを詳しく確かめることができなかった。彼女は裕仁を余命いくばくもない※1不憫な※2老人として、憐憫※3の眼差し※4を向けたのだろうか。あるいはそれは、無害な老人への敬愛の表現なのだろうか。それとも単に、TVニュースに繰り返し登場する、往時の天皇のおっとりした容貌に、ヌイグルミに似た印象を感じ取ったのだろうか。いずれにせよこの時期までに「かわいい」という形容詞は、従来の狭小な範囲の言葉であることをやめ、より自由に、目的に応じて口にできる流行語のありかたを体現するようになっていた。「かわいい」は子供やヌイグルミばかりか、日本をかつて巨大な破壊へと導いていった老人をも含みこむ形容詞となったのである。

(四方田犬彦『「かわいい」論』筑摩書房刊)

注1　余命いくばくもない：死ぬまでの時間が少ししかない。
注2　不憫（ふびん）な：かわいそうな。
注3　憐憫（れんびん）：あわれに思うこと。
注4　眼差し（まなざし）

【問い】「それ」は何をさしているか。
1　女性エッセイストの「天皇って意外にかわいい」という発言
2　戦中派や左翼や民族主義者たちがよく口にしていた主張
3　病気で死期の近づいた昭和天皇に対するかわいそうだという表現
4　過去の映像に見られる、天皇の穏やかでゆったりとした言動

(5)
　たとえば睡眠と覚醒※1を大きく区別するファクター※2に「意識の有無」がある。このことから、眠りにまつわる現象を分析することによって、「脳」や「意識」の機能を知ることができる。私たちは自分の行動をすべてコントロールしているような錯覚の中で生きているが、実際には「無意識」が私たちの行動を強く支配しているのである。こうした「無意識」に支配された行動の世界は、眠りの中であらわになることがある。場合によっては、眠ったまま歩き回ったり、食事をしたり、あるいはクルマの運転をしたりすることすらある。こうした状態から人の「行動」というものの本質が明らかになる。

（櫻井武『〈眠り〉をめぐるミステリー 睡眠の不思議から脳を読み解く』NHK出版による）

注1　覚醒：目を覚ますこと。
注2　ファクター：要因、要素。

【問い】「こうした状態」とは、何をさしているか。
1　意識の有無によって異なる眠りの深さや眠りの質
2　自分の行動をコントロールしている脳の機能の様子
3　無意識が強く支配する覚醒時の行動のありさま
4　眠ったまま歩き回ったり食事をしたりすること

(6)
　科学は、洪水ならば洪水全体の問題を取り上げ、それに対して、どういう対策を立てるべきかということには大いに役に立つ。すなわち多数の例について全般的に見る場合には、科学は非常に強力なものである。しかし全体の中の個の問題、あるいは予期されないことがただ一度起きたというような場合には、案外役に立たない。しかしそれは仕方がないのであって、科学というものは、本来そういう性質の学問なのである。

（中谷宇吉郎『科学の方法』岩波書店による）

【問い】「そういう性質の学問」とは、どんな学問か。
1　ある特定の地域に起きた問題を取り上げ、研究する学問
2　個々の問題や、一度だけ起こったことについて研究する学問
3　一見役に立たないようなことでも、取り上げて研究する学問
4　多数の例がある問題について、全般的に研究する学問

(7)
　ドイツには「整理整頓※は、人生の半分である」ということわざがある。
　日頃から整理整頓を心がけていれば、それが生活や仕事に規律や秩序をもたらす。だから整理整頓は人生の半分と言えるくらい大切なんだ、という意味だ。
　このことわざに、僕も賛成だ。
　試合に負けた次の日などは、何もしたくなくなって、部屋が散らかってしまうときがある。あの場面でああすれば良かったという未練や悔しさが消えず、自分の心の中が散らかってしまっているからかもしれない。そんなときこそ、整理整頓を面倒くさがらなければ、同時に心の中も掃除されて、気分が晴れやかになる。

（長谷部誠『心を整える。勝利をたぐり寄せるための56の習慣』幻冬舎による）

注　整頓（せいとん）

【問い】「そんなとき」とは、どんなときか。
1　整理整頓を心がけているとき
2　試合に負けて疲れているとき
3　以前の失敗を思い出したとき
4　心の中が整理できていないとき

(8)
　妻の雪絵は私より二歳ばかり年下だから、もう二十八九になるのだろうか。私は年齢に無頓着※1で、そもそも自分が正確に幾つ※2なのかも判らない※3。それにしても、雪絵は実際の年齢よりは上に見える。良くいえば落ち着いているのだが、要は苦労しているのだ、と思う。妻はたいがい疲れている。出会った頃は十八九の娘だったのでそうは感じなかったが、最近は特に疲れているように思う。昨日寅吉が世辞をいっていたが、我が妻ながら、驚く程綺麗に※4見えるときもあるし、十人並に思えるときもある。十人並のときは概ね疲れているときで、だから私はそんなとき少しだけ責任を感じる。

（京極夏彦『姑獲鳥の夏』講談社による）

注1　無頓着：少しも気にかけないこと。
注2　幾つ（いくつ）
注3　判らない（わからない）
注4　綺麗に（きれいに）

【問い】「そんなとき」とは、どんなときか。
1　妻が実際の年齢より下に見えるとき
2　妻が落ち着いて見えるとき
3　妻が驚く程綺麗に見えるとき
4　妻が十人並に見えるとき

(9)

　生物の特徴で、大切なことが一つある。それは、「死ぬ」ということである。
　もっとも、なかなか死なない。そういう動物もないことはない。クマムシという小さな動物である。この動物は、乾くと、カラカラになる。でも、水につけると、もとにもどって、動きだす。凍らせると、コチコチに凍る。でも、とかすと、もとにもどって、また、動きだす。そうはいうものの、燃やしたら、死んでしまう。
　どういう生物も、いずれ死ぬ。しかし、考えてみると、それなら、生物はいなくなるはずである。ところが、いなくならない。なぜか。当然のことだが、子どもをつくるからである。

（養老孟司『解剖学教室へようこそ』筑摩書房刊）

【問い】「そう」の示す内容はどれか。
1　クマムシは死ぬ
2　クマムシはなかなか死なない
3　クマムシは乾くとカラカラになる
4　クマムシはコチコチに凍る

(10)

　青年は「甘い」と言われることをおそれてはならない。というのは、へんにおとなびた青年は好ましくないということだ。青年は自分の「若さ」をとかく隠したがるものだ。これは日本のおとなもわるいので「若さ」とか「甘さ」をなんとなく軽視の気持で使うことが多いからだ。そのため青年は無理に背のびして「おとな」ぶろうとつとめる。「若さ」を真っ向からふりかざし※1「甘い」と言われても平気で自分の理想を述べるような気風がほしい。老人じみた青年ほどやりきれない※2ものはないし、青年をそんな風に押しつめるおとなも大いに反省の要がある。

（亀井勝一郎『青春論 改版』株式会社KADOKAWAによる）

注1　真っ向からふりかざす：前面に出す。
注2　やりきれない：耐えられない。

【問い】「そんな風」とは、どんなふうか。
1　「甘い」と言われても、平気で自分の理想を述べるというふうに
2　無理に背伸びして、「おとな」ぶろうというふうに
3　「甘い」とか「若い」とか言われることを、おそれないというふうに
4　自分の若さを隠さず、無理に背伸びしないというふうに

STEP 2 キーワードの穴埋め問題

例題 次の文章を読んで、後の問いに対する答えとして最もよいものを、1・2・3・4から一つ選びなさい。

　同じく内と外といっても、遠慮が多少とも働く人間関係を内と考えるか、あるいは外と考えるかによって、内容が異なってくる。いま遠慮が働く人間関係を中間帯とすると、その内側には遠慮がない（　①　）の世界、その外側には遠慮を働かす必要のない（　②　）の世界が位置することになろう。面白いことは、一番内側の世界と一番外側の世界は、相隔って[※1]いるようで、それに対する個人の態度が無遠慮であるという点では相通ずる[※2]ことである。ただ同じく無遠慮であるといっても、（　③　）に無遠慮なのは甘えのためであるが、（　④　）に対する無遠慮を甘えの結果であるとはいえない。前者では、甘えていて隔てがないので無遠慮であるのに対し、後者では、隔てはあるが、しかしそれを意識する必要がないので無遠慮なのである。

(土居健郎『「甘え」の構造』弘文堂による)

注1　相隔たる：互いに距離があって離れる。
注2　相通ずる：共通する。似ている。

【問い】（　①　）～（　④　）に入る組み合わせとして最も適当なものはどれか。

1　①　身内　　②　他人　　③　他人　　④　身内
2　①　身内　　②　他人　　③　身内　　④　他人
3　①　他人　　②　身内　　③　身内　　④　他人
4　①　他人　　②　他人　　③　身内　　④　身内

解法ワンポイントアドバイス　対比されている語の攻略法

文中の対比されている言葉を探せ！

☆Point 1　対比されているそれぞれの言葉を、○□などの記号で囲み、修飾語や直後の言葉、説明されている言葉をチェックする。

☆Point 2　言葉の"言い換え"に注意！

◎例題では……　遠慮がない人間関係　＝　内　→　身内
　　　　　　　　遠慮が働く人間関係　＝　中間帯
　　　　　　　　遠慮を働かす必要のない人間関係　＝　外　→　他人

（　③　）に無遠慮なのは甘えのためである　→　甘えていて隔てがないので無遠慮である

（　④　）に対する無遠慮を甘えの結果であるとはいえない
→　隔てはあるが、しかしそれを意識する必要がないので無遠慮なのである

解答　**2**

STEP 2 練習

(1)

　報道のなかへ意見を持ち込むことは、たしかに戒む※べきである。しかし、（　①　）というものは、つねにニュースへの関心を触発する。意見がニュースをつくり、ニュースが意見をつくるのだ。交通事故のニュースは、交通の安全を確保すべきであるという（　②　）に支えられてこそ、はじめて意味を持つ。両者はあくまで相互規定的な関係にある。だいいち、さまざまな（　③　）を評価して紙面をつくる作業、それ自体が、すでに（　④　）を前提としているのではないか。この意味で純粋に客観的な報道などというものはありえない。

(森本哲郎『「私」のいる文章』新潮文庫刊)

注　戒む：戒める。行わない。禁じる。

【問い】（　①　）～（　④　）に入る組み合わせとして最も適当なものはどれか。

1　① ニュース　② ニュース　③ 意見　　④ ニュース
2　① 意見　　　② 意見　　　③ 意見　　④ ニュース
3　① ニュース　② 意見　　　③ ニュース　④ 意見
4　① 意見　　　② 意見　　　③ ニュース　④ 意見

(2)

　テストで同じ80点をとっても、よかったと成功感を感じる人と、失敗したとくやしがる人とがある。この感じ方の違いは、要求水準の高さに依存する。一般に、（　①　）感は次の要求水準を高める効果をもち、（　②　）感はこれを低める。人が課題の目標を達成したいという動機をもった時、（　③　）への期待と（　④　）への恐怖が共存する。目標に対する成功や失敗の主観的確率が期待である。J. W. アトキンソンは、動機づけの強さを、動機×期待×誘因の関数であるとした。

(宮本美沙子執筆、東洋他編『心理用語の基礎知識』有斐閣による)

【問い】（　①　）～（　④　）に入る組み合わせとして最も適当なものはどれか。

1　① 失敗　② 失敗　③ 成功　④ 失敗
2　① 成功　② 成功　③ 成功　④ 失敗
3　① 成功　② 失敗　③ 失敗　④ 成功
4　① 成功　② 失敗　③ 成功　④ 失敗

(3)
　ぼくは右利き、字を左で書くことはできません。
　コップは左右どちらでも扱えます。スプーンとフォークは左でも扱えますが、（　①　）のナイフではハムエッグを切るのに苦労します。
　箸は右でないと使えません。
　鉛筆は（　②　）で削るものと思いこんでいましたが、観察したら左手もけっこう使っています。
　鉛筆を削るとき、ナイフを持つ手は右ですが、その右手はほとんど動かしません。
　背に親指の腹をあてがってナイフを前の方に押し出しているのは（　③　）の親指です。
　親指を除いた残りの四本の左手の指は協同して鉛筆をくるくる回しています。しかも回しながら鉛筆を少しずつ前に押し出しています。
　驚いたことに、ぼくの鉛筆削りではナイフの保持以外の仕事はほとんど（　④　）がやっていたのです。
　　　　　　　　　　　　（秋岡芳夫『竹とんぼからの発想 手が考えて作る』復刊ドットコムによる）

【問い】（　①　）～（　④　）に入る組み合わせとして最も適当なものはどれか。

1　① 左手　　② 左手　　③ 左手　　④ 右手
2　① 左手　　② 右手　　③ 右手　　④ 右手
3　① 左手　　② 右手　　③ 左手　　④ 左手
4　① 右手　　② 右手　　③ 左手　　④ 左手

(4)
　整理というのは、ちらばっているものを目ざわりにならないように、きれいにかたづけることではない。それはむしろ整頓※1というべきであろう。ものごとがよく（　①　）されているというのは、みた目にはともかく、必要なものが必要なときにすぐとりだせるようになっている、ということだとおもう。
　世のなかには、一見乱雑にみえて、そのじつ、まったく（　②　）のいい人がいる。逆に、本や書類を整然とならべているくせに、必要なときには何もでてこないという人もある。整理がよくて整頓のわるい人と、整頓がよくて整理のわるい人とがある、というわけである。（　③　）は、機能の秩序の問題であり、（　④　）は、形式の秩序の問題である。やってみると、整頓よりも整理のほうが、だいぶんむつかしい※2。

　　　　　　　　　　　　　　　　　　　（梅棹忠夫『知的生産の技術』岩波書店による）

注1　整頓（せいとん）
注2　むつかしい：むずかしい。

【問い】（　①　）～（　④　）に入る組み合わせとして最も適当なものはどれか。

1　① 整頓　　② 整理　　③ 整理　　④ 整頓
2　① 整頓　　② 整頓　　③ 整頓　　④ 整頓
3　① 整理　　② 整理　　③ 整理　　④ 整頓
4　① 整理　　② 整頓　　③ 整理　　④ 整理

(5)
　アメリカでは、ひとりのゲストがディズニーランドに入ってから出ていくまで、平均して60人ものキャスト※と話をすると言われています。(中略)
　ディズニーランドは他のテーマパークなどと比べ、案内板の設置数を少なめにしています。これは（　①　）とのコミュニケーションが生じるようにという考えから。結果、（　②　）はトイレの場所やアトラクションの入り口を探して（　③　）に声をかける機会が増えていきます。
　一方、キャストはゲストが困っている様子を見かけたら、積極的に歩み寄り、話しかけます。（　④　）の質問に答えるだけでなく、必ず、あいさつ、答え、見送りのあいさつ、というコミュニケーションをとっていきます。

(『ディズニーの絆力』鎌田洋、アスコム刊)

注　キャスト：ディズニーランドで働いている人。

【問い】（　①　）～（　④　）に入る組み合わせとして最も適当なものはどれか。
1　① キャスト　　② ゲスト　　③ キャスト　　④ ゲスト
2　① キャスト　　② キャスト　　③ ゲスト　　④ ゲスト
3　① ゲスト　　② ゲスト　　③ キャスト　　④ キャスト
4　① ゲスト　　② キャスト　　③ ゲスト　　④ キャスト

(6)
　人間は考える葦※だ——とパスカルはいったが、パスカルのような天才ならいざ知らず、なみの人間にこれはあてはまらないと、ぼくは思う。じょうだんじゃない、と思う。まったく逆だ、と思う。人間は（　①　）葦ではないか。むろん、考えなければならないことは多々あろう。けれど、そういう場合でも、人間はなかなか（　②　）。（　③　）ことからできるだけ逃げまわって、ギリギリになるまで思いわずらわないのである。なぜなら、考えるということは面倒なことだからである。だが、それだけではない。もっとたっぷり時間をかけたら、べつの判断が下せるのではないか、と、いつもそういう気がしているからだ。まあ、まあ、何もそうあわてて（　④　）ことはない、いずれゆっくりと——こうして人間は、いつまでたっても考えないで過ごしてしまうのである。

(森本哲郎『「私」のいる文章』新潮文庫刊)

注　葦：植物の一種。

【問い】（　①　）～（　④　）に入る組み合わせとして最も適当なものはどれか。
1　① 考えない　　② 考えない　　③ 考える　　④ 考える
2　① 考えない　　② 考える　　③ 考えない　　④ 考える
3　① 考えない　　② 考えない　　③ 考える　　④ 考えない
4　① 考える　　② 考える　　③ 考えない　　④ 考える

STEP 3 句や文の穴埋め問題

例題 次の文章を読んで、後の問いに対する答えとして最もよいものを、1・2・3・4から一つ選びなさい。

　ひところいわれた「インスタント・ブーム」という言葉も、今はあまり聞かれない。インスタント食品が衰退したためではない。反対に生活の合理化の風潮や、なにもかもスピーディーな社会の波に乗って、インスタント食品はもう珍しくもない日常品の一つとして、現代生活の中に定着してしまったためである。そのうちに、インスタント食品は［　　　　　］だろうといわれる。

（大塚滋『たべもの文明考』朝日新聞社による）

【問い】［　］に入る適当なものはどれか。
1　家庭では、あまり使われなくなる
2　家庭で、あまり聞かれない言葉になる
3　家庭では、珍しい食品となってしまう
4　家庭の普通の食品材料となってしまう

解法ワンポイントアドバイス　文章の主張、意見を読み取る方法

「何がどうなのか」、因果関係を正しく読み取る！
☆Point 1　［　］のある文の言葉と同じ言葉を追う！
☆Point 2　前の文と［　］のある文の"つなぎ"の言葉に注意！

◎例題では ……「そのうちに、インスタント食品は［　　　　　］だろうといわれる。」
　→「インスタント食品」＝「もう珍しくもない日常品の一つ」（前文）
　→「そのうちに」＝ しばらくすると …… どうなるのか？

解答　4

STEP 3　練習　　　　　　　　　　　　　　　　　　　　/ 2　5分

(1)
　小学校へ行くと「ろうかを走らないこと」という掲示をよく見かけます。この掲示は私が小学校に通っていた頃から出されていたものです。昔から今まで同じ掲示が出されているというのは、小学生が昔も今も廊下を走るということを意味しております。廊下を走るなというのは大人の勝手な考えで、子供はむしろ走る方が自然なのです。子供に自然に反したことを強制しても無理です。それよりも、[　　　　]。

(石河利寛『スポーツとからだ』岩波書店による)

【問い】[　]に入る適当なものはどれか。
1　けがをしてもいいので、子供に積極的に廊下を走らせるべきです
2　廊下を走らないように、大人は子供を根気よく説得するべきです
3　子供たちが廊下を走ったら、大人が厳しく罰を与えるべきです
4　走ってもあぶなくないように見通しのよい広い廊下をつくるべきです

(2)
　たしかに、ひとにいつも悪い顔を見せないというのはむつかしい※ことである。それには少なからぬ忍耐力を必要とする。「つき合いがいい」ということが一つの美徳と見なされるのは、それには自我の一部を殺すことが要求されるからである。自己犠牲なくしてはそれが行われないからである。
　だが、あまり自分ばかりを殺していると、いつのまにか自分自身がなくなってしまう。だれにでもつき合いのいい人になるかわりに、角がとれすぎて、[　　　　]。

(河盛好蔵『人とつき合う法　新装版』人間と歴史社による)

注　むつかしい：むずかしい。

【問い】[　]に入る適当なものはどれか。
1　その人の人間らしさがなくなる
2　その人がつき合いにくい人間になる
3　その人間独特の個性が目立つようになる
4　その人間独特の個性がなくなってしまう

(3)
　ブルーノ・タウトは、「日本人は目で考える」といったそうだが、毎日のテレビ番組をみていると実に多彩である。漢字、ひらかなにカタカナ、それに英語が入りまじっている。反面、どういう意味かということにかけては、視聴者はひどく寛大である。ワイド番組というがなぜワイドなのか、ロングではなぜいけないのか、などと［　　　　　］。生半可な*漢字文化の中で生きてきた、長い間の習性が残っているのかもしれない。

（外山滋比古『日常のことば』廣済堂出版による）

注　生半可な：中途半端な。

【問い】［　　］に入る適当なものはどれか。
1　考えたりはしない
2　考えたことがある
3　考えないのか
4　考えるだろう

(4)
　今の子どもたちを対象にしたある調査によると、両親に対する満足度を調べたところ、子どもたちの九割が親に満足していると答えた。それを額面どおりに*受け取ると、今の子どもたちはほとんど親に不満を持っていないということになる。
　しかし調査の結果を表面的に理解してはならない。子どもたちが両親に不満を持っていないとは、とうてい考えられないからである。私の心理療法の経験から言っても、問題を持つ子どもは誰でも、必ず親に対する不満を持っており、また面接していくと不満を意識化するようになる。子どもたちは、［　　　　］。

（林道義『父性の復権』中央公論新社による）

注　額面どおりに：表面に表れた意味。

【問い】［　　］に入る適当なものはどれか。
1　不満を自覚していても、口に出さないだけなのだ
2　決して不満を持っていないのではなく、自覚していないだけなのだ
3　調査では表面的に答え、本当のことを言っていないだけなのだ
4　問題があるため、不満を意識化できないだけなのだ

(5)

　理系ばなれが問題になったことがあるが、ぼくはそれよりも、理系が固定してしまっていることのほうが心配だった。たしかに今の教育体系で文系から理系に転向することは、理系から文系への転向に比べてやりづらい。このことは、才能の一方的流出であって、理系としては困ったことだ。だから、[　　　]が現在の理系教育の課題だと思う。

（森毅『電脳は自由をめざす』読売新聞社による）

【問い】[　]に入る適当なものはどれか。
1　今の受験体制の問題をどう解決するか
2　若い人たちの理系ばなれをどうやってなくすか
3　理系から文系への一方的な流出をどう進めるか
4　文系から理系への転換をどうしたら進められるか

(6)

　どんな人間でも、心に深い感動を受けたときは、それを適当に言葉として表現出来ないものである。すべて一流の美は、そういう性質を持っていて、私たちに沈黙を迫る。美への愛とは、この沈黙への愛だとさえいってもよい。

　だからほんとうの理解とは、口に出してうまく言えるかどうかということだけではない。説明が上手だからといって、[　　　]。心の底ふかくおさめておいて、つまりは沈黙のうちに、うなずく場合だってある。

　そしてこの沈黙の肯定が一番深いのではないか。すぐれた作品はこれによって支持されてきているのである。

（亀井勝一郎『青春論 改版』株式会社KADOKAWAによる）

【問い】[　]に入る適当なものはどれか。
1　理解しようとしている
2　理解しているとはかぎらない
3　理解するわけにはいかない
4　理解しているといえるだろう

STEP 4 下線部の意味を問う問題

例題 次の文章を読んで、後の問いに対する答えとして最もよいものを、1・2・3・4から一つ選びなさい。

　冬になるとよく体験することですが、
「あ、いま、風邪をひいたな」
と思うことがあります。
　お風呂から出て、薄着でグズグズしていて、気がつくと背筋のあたりがスースーしてくしゃみが出てしまう。「やられた」と思うあの瞬間です。あわてて風邪薬を飲んだりします。
　これと同じことが、老いにもいえます。（中略）
　夕方、買物かごを抱えて買物に出かけます。気の張る人には逢わない※1だろうと多寡をくくって※2、口紅だけの素顔、体をしめつけないだらしのない物を着て、サンダルばきです。こういう時、ふと見ると、ショーウインドーに、私によく似たお婆さんがうつっているのです。
　ドキンとします。
　いま、この瞬間に、年をとったな、と思います。

(向田邦子『男どき女どき』新潮文庫刊)

注1　逢わない（あわない）
注2　多寡をくくる：たいしたことはないと思う。安易に軽く見る。

【問い】「私によく似たお婆さん」とはだれのことか。
1　買物に出かけた筆者自身
2　筆者とそっくりの人
3　逢うと予想しなかった気の張る人
4　だらしのない物を着たお婆さん

解法ワンポイントアドバイス　文中での意味を正しく理解する方法

下線部の前後に要注意！
☆Point 1　下線部内の言葉の"意味"を正しく理解する！
☆Point 2　言葉の"言い換え"に注意！

◎例題では……「私によく似たお婆さん」という言葉の意味は？
　→「よく似た」という意味は？……よく似ていると思ったら、実は……
　→「私」と「お婆さん」は他人なのか？……解答！

解答　1

STEP 4　練習

(1)

　大学の前に壁を赤く塗った古本屋があった。中古の家電製品も一緒に販売している。「安くて豊富！」と看板に書かれているが、その通りだった。靴を脱いで店内に入るのも変っていると感じたが、広い店内に所狭しと並べられた本が文庫本、新書本、漫画本ばかりなのには途惑って※しまった。かなり広い店なのに研究書は見当らない。看板通り「安い」ことは確かだった。それにしても、古本の中に専門書がないのはなぜだろうか。数は豊富だが、古本屋としては質に欠けている。

(松山巖『都市という廃墟』筑摩書房刊)

注　途惑って（とまどって）

【問い】「質に欠けている」のは、どんな点か。
1　古本屋なのに、中古の家電製品を売っている点
2　靴を脱いで店内に入らなければならない点
3　古本屋なのに、文庫本、新書本、漫画本だけしかない点
4　古本屋なのに、安い専門書や研究書が全然ない点

(2)

　平均寿命といえば、日本人なら日本人の寿命の平均値のことをいうように思われますがそうではないのです。普通新聞紙上などに出る平均寿命は、正しくは「ゼロ歳における平均余命」というもので、その年に生まれた人があと何年生きられるか（余命）の平均値です。すなわち、本年の日本人の平均余命とは、今年生まれた日本人の生存率が五十パーセントになるのは何年先か、すなわち今年生れた人の余命は平均何年あるのかという意味です。余命とは読んで字の如く、あと何年生きられるかの年数です。ですから、「今年六十歳の男性の余命の平均は十五年である」といった表現も用います。

(今堀和友『老化とは何か』岩波書店による)

【問い】「今年六十歳の男性の余命の平均は十五年である」の意味として最も適当なものはどれか。
1　今、六十歳の男性は、あと十五年生きられる
2　今、ゼロ歳の男性が六十歳になったときは半数が死んでいる
3　今、六十歳の男性が七十五歳になったときの人数は、現在の半分である
4　今、六十歳の男性の数は六十年前の半分である

(3)
　平安時代の貴族たちは、自然の風物の中からさまざまな色の変化を見つけだして、その発見を色の命名に用いた。季節の風情を感じさせるような優美な色名が、この時代にたくさん生まれている。
　秋に枝から落ちて地に散り敷く木の葉にはいろいろな色のものがある。それらが土に朽ち※ようとする色を朽葉色というが、その中でも紅葉した朽葉を赤朽葉という。もちろん朽葉そのものの色のことではなく、その色を連想させるような染色の色を表す色名である。

（福田邦夫『新版 色の名前507』主婦の友社による）

注　朽ちる：物が腐って形を失う。

【問い】「赤朽葉」とは、どのような色名か。
1　秋に枝から落ちて土に朽ちようとする紅葉を連想させる染色名
2　秋に山の木々が紅葉した美しい様子を連想させるような染色名
3　秋になって紅葉した葉が朽ちた様を実際に模した色の名前
4　枝から落ちてやがて土に朽ちようとする朽葉の一般的名称

(4)
　去年の春は、せっかく日本で過ごしたにもかかわらず、忙しすぎて東京を離れることがむずかしくなったため、予定していた地方旅行は取りやめざるをえなかった。ある日の午後、私は上野公園に足を運び、満開の桜並木を歩いてみた。桜の木の下は、ゴザやビニールのシートが敷かれ、人々はその上にすわって飲んだり食べたりしていた。私が覚えている三十年前の京都の花見風景と同じだった。だが、不思議なことに、そういう花見客に対する私の気持はいつの間にか変わっていた。私には酔った花見客の浮かれ振りが、以前のように美しき春に対する冒瀆※1とは思えなかったのである。むしろ、桜の花が花見客たちのお祭り騒ぎにとって格好の※2"額縁※3"の役割を果たしているように思えたものである。

（ドナルド・キーン「日本人と桜」『人の匂ひ '85年版ベスト・エッセイ集』文春文庫　刊）

注1　冒瀆：汚して傷つけること。
注2　格好の：ちょうどよい。
注3　額縁（がくぶち）

【問い】「"額縁"の役割を果たしている」とは、どういうことか。
1　桜の花が額縁の中の絵のように美しいということ
2　桜の花と楽しそうな花見客が額縁の中の絵のようだということ
3　桜の花の美しさが花見客のお祭り騒ぎで台無しになっているということ
4　満開の美しい桜の花が花見客のお祭り騒ぎと調和しているということ

(5)
　知識をどのように利用し、組み合わせていくかは、意志の問題でもある。また気持ちの問題でもある。だから前頭葉※は自発性や情動と関係があったのだ。知能を紋切り型の知識の量と考えれば前頭葉は関係しなくてもよい。知能の質とは知識を目的に合ったようにいかにうまく利用できるかによって決まる。それは知識を取捨選択し、必要なものだけを配列するはたらきである。創造性とは、そのような点で前頭葉のはたらきと結びついているのである。

（坂野登『しぐさでわかる　あなたの「利き脳」』日本実業出版社より）

注　前頭葉：脳の一部。

【問い】「知能を紋切り型の知識の量と考えれば前頭葉は関係しなくてもよい」とは、どういうことか。
1　知能は知識の量をいかに増やすかということであるため、前頭葉のはたらきは関係がないということ
2　知能は知識の量と比例するため、前頭葉がはたらいている人はそれだけ知識の量が多いのだということ
3　知能は知識を取捨選択し必要な情報を配列して利用することであるため、前頭葉は関与しないということ
4　知能とは単なる知識の量ではなく、前頭葉のはたらきによって知識をうまく利用することだということ

(6)
　職業として芸術家や学者、あるいは創造にかかわるひとびとは生涯コドモとしての部分がその作品をつくる。その部分の水分が蒸発せぬよう心がけねばならないが、このことは生活人のすべてに通じることである。万人にとって感動のある人生を送るためには、自分のなかのコドモを蒸発させてはならない。
　じつをいうと、この世のたいていの職業は、オトナの部分で成立している。とくに法律や経理のビジネスの分野はそうである。ところが、うれしいことに、そういう職業人のなかに豊潤な観賞家や趣味人が多い。ごく自然に人間というのは、精神の平衡をとっているのである。

（司馬遼太郎『風塵抄』中央公論新社による）

【問い】「水分が蒸発せぬよう」とは、ここではどういうことか。
1　創造にかかわる人々が作った作品の、新鮮さを保つということ
2　私たちの生活の中で、水分が蒸発しないように気をつけるということ
3　人が、子どものように感動する部分を失わないようにするということ
4　精神の平衡をとるために、趣味を持つということ

STEP 5 下線部の理由を問う問題

例題 次の文章を読んで、後の問いに対する答えとして最もよいものを、1・2・3・4から一つ選びなさい。

　フルーツ食いを始めたサルには、強力な競争相手がいました。それは森の鳥です。鳥類の食物も、ほとんど虫や果実がおもで葉っぱ食いはきわめて少ない。ということは競争相手がいなくて森の中に豊富にあるものといえば、なんといっても葉っぱです。この葉っぱをほうっておく法はない。なんとしても葉っぱを攻略しなければならない。ところが、葉っぱは毒のものが多い。そこでサルはどうしたかというと、一つの方法は「つまみ食い」をすることです。一種類の葉っぱだけをたくさん食べない。Aの葉っぱをちょっと食うと、すぐ移動して今度はBの葉っぱをちょっと食う。そしてまたどこかへ行ってCの葉っぱをちょっと食う、といったように、つまみ食いをして歩くわけです。一種類の木の葉っぱをたくさん食うと一つの毒が集中しますから、つまみ食いをすることによって毒物を分散させる、という方法をとっているのです。

（河合雅雄『サルからヒトへの物語』小学館による）

【問い】「『つまみ食い』をする」とあるが、それはなぜか。
1　いろいろな木の葉を食べる方が体にいいし、おいしいから
2　一種類の木の葉をたくさん食べると毒に当たるかもしれないから
3　鳥や虫と競争しながら急いで食べなければならないから
4　くだものと似た味の木の葉を探して歩いているから

解法ワンポイントアドバイス　理由を正しく把握する方法

下線部の前後の文に注意！
☆**Point 1**　下線部内の言葉の"意味"を正しく理解する！
☆**Point 2**　理由を示す言葉を探す！

◎例題では ……「『つまみ食い』をする」の「つまみ食い」とは？
　　　　　　…… いろいろなものを少しずつ食べること（ここではいろいろな「葉」）
　　　　　　→ どうして？
　　　　　　……「一種類の木の葉っぱをたくさん食うと一つの毒が集中しますから、つまみ食いをすることによって毒物を分散させる、という方法をとっているのです。（8行目－10行目）」

解答　**2**

STEP 5　練習　　　　　　　　　　　　　　　　　　　　　／2　5分

(1)

　どこかの奥さんが、
「このデンキガマ大丈夫でしょうか」
　と、電気屋さんにきく。
　べつの奥さんが、学校の先生に、
「うちの息子、あの大学に、大丈夫でしょうか」
　あるいは、中年の管理職が、医者の前で、「ところで私の胃、大丈夫でしょうか」
　質問はさまざまながら、問われた側は、一様に太鼓判をおす※。
「ええ、大丈夫ですとも」
　<u>大丈夫とは、へんなコトバである。</u>

　　　　　　　　　　　　　　　　　　　　　　　（司馬遼太郎『風塵抄』中央公論新社による）

注　太鼓判をおす：絶対に間違いがないことを保証する。

【問い】「大丈夫とは、へんなコトバである」とあるが、それはなぜか。
1　ダイジョウブという発音は日本語らしくないから
2　質問者が間違った使い方をしても通じてしまうから
3　さまざまな状況を、これ一語で言い表しているから
4　本当の意味を知らずに、だれもが使っているから

(2)

　希土元素※のようなものは、めったに見られないし、またほとんどの人が一生見たことがないものであるが、今日の科学の示す学理に従って、こういう順序を経たならば見ることができる、という確信がもてる。幽霊はいくら大勢の人が見たにしても、どういう<u>手段</u>を用い、どういうことをしたならば、必要な時に必要なところで幽霊を見ることができるか、あるいはどういう条件の時ならば、見えるはずだという確信をもつことができない。すなわち<u>幽霊</u>というものは、現在の科学が自然界についてもっている認識とは、性質の異るものである。それで<u>幽霊は科学の対象にはならない</u>のである。

　　　　　　　　　　　　　　　　　　　　　　　（中谷宇吉郎『科学の方法』岩波書店による）

注　希土元素：(rare earth elements) スカンジウム、ランタノイドなどの17種の金属元素の総称。

【問い】「幽霊は科学の対象にはならない」とあるが、それはなぜか。
1　幽霊についての科学的学理を示すことができないから
2　ほとんどの人が一生見ることのできないものであるから
3　必要な時に必要なところで見ることができるものであるから
4　一人に見えることもあれば、大勢に見えることもあるから

(3)
　意外に思われるかもしれませんが、私たちがデジタル文字を操るようになって、その利用頻度が上がったと思われるものとして、漢字があります。手書き時代には、漢字が思い出せないようなときは、手元に辞書等がなければ、とりあえず、ひらがなやカタカナで書くしかありませんでした。しかし、今はどうでしょう。かなを入力すれば、ケータイやパソコンのかな漢字変換システムが漢字に変換してくれます。漢字選択の問題はあるにせよ、思い出せないので書けない（打てない）ということは、デジタル文字においてはなくなったのです。

（秋月高太郎『日本語ヴィジュアル系——あたらしいにほんごのかきかた』株式会社KADOKAWAによる）

【問い】「利用頻度が上がったと思われるものとして、漢字があります」とあるが、それはなぜか。
1　漢字を忘れてしまうことに対する危機感から多くの人が辞書を使うようになったから
2　わざわざ思い出さなくてもケータイやパソコンが自動的に漢字に変換してくれるから
3　漢字への変換がシステム化されているためにデジタル文字には漢字の制約がないから
4　辞書を調べなくてもかな漢字変換システムが的確な漢字を自動的に変換してくれるから

(4)
　ある日、ぼくの話し相手をつとめていたSさんが何気なくぼくにこう言った。
「あなたは、知らないって言えないひとなんですね」
　この〈ことば〉はまさにぼくにとって大きなショックだった。Sさんからたずねられれば、ともかくもありったけの知識を総動員してなんとか答えようとする姿を見て、Sさんは何気なく言ったのかもしれない。にもかかわらず、この一言は、自分というものを、あるいは自分の〈ことば〉というものを考え直すきっかけを与えてくれたように思う。
　知らなければ、知らないと答えればいい。
　こんな簡単な、ある意味では平凡なことをとらえなおすことで、ぼくは、自分の〈ことば〉というものが、〈語る〉ということだけに向けられてしまい、自分が相手との関係を優劣関係のなかでしか受けとれなくなっていることに気づいたのだと言っていい。（中略）ひとの話を〈聞く〉ちからを持たなければ、〈話す〉ちからも生まれてはこないに違いない。

（桜井哲夫『ことばを失った若者たち』講談社による）

【問い】「大きなショックだった」とあるが、それはなぜか。
1　自分の〈ことば〉が相手に全然伝わらないことがわかったから
2　尊敬しているSさんが平凡なことしか言えない人だとわかったから
3　Sさんと話すにはすべての知識を総動員しなければならなかったから
4　それまで自分が考えてもいなかった自分の言葉の使い方について指摘されたから

(5)

　みちたりた生活のなかで安らっている人には意識は生まれにくい。いまもしはじめから完全に自由な生活にひたっている人にむかって「自由の感」を、自由の意識をたずねたとしたら、この人は返答にこまるにちがいない。自由の意識は人間が一旦※1不自由になって、束縛の状態に身をおいて、はじめて生まれてくるのであり、行動の自由の阻止をとおして自由とは何かを知ったのである。まして幽閉※2の身のように生活行動が完全にうばわれた状態となれば、ひとはうす暗い石牢※3のなかでありとあらゆることを頭にえがき夢みるにちがいない。意識だけで生きている身となるにちがいない。そこで次のような原理が理解できる。──「意識は行動がとめられ、生活がさまたげられて発生するものである」。

（島崎敏樹『感情の世界』岩波書店による　＊一部改変あり）

注1　一旦（いったん）
注2　幽閉：人を閉じこめること。
注3　石牢：罪人を閉じこめる石で囲まれた場所。

【問い】「この人は返答にこまるにちがいない」とあるが、それはなぜか。
1　幽閉の身になって石牢のなかで生活したことがないから
2　自由についていろいろと考えたのは夢の中のことにすぎないから
3　人間の行動や意識についての原理が理解できないから
4　不自由を経験したことがないため自由の感がわからないから

(6)

　しかし一方で、「エリート」ということばは、壁にもなりました。
　日本の社会で、このことばに対する抵抗感が予想以上に強いことを、実感せざるをえませんでした。
　日本の教育現場ではご存じのように、極端な「平等主義」が浸透しています。その結果、全体のレベルが低下してしまい、優秀なリーダーが育っていないという状況が続いています。でも、本来の平等とは、「個人の能力に応じた、機会の平等」であり、「エリート」の存在や役割と、決して矛盾するものではありません。

（『「言語技術」が日本のサッカーを変える』田嶋幸三／光文社新書）

【問い】「『エリート』ということばは、壁にもなりました」とあるが、それはなぜか。
1　日本の社会で、このことばに対する抵抗感が強いことを実感したから
2　日本では、優秀なリーダーが育っていない状況が続いているから
3　日本の教育現場では、極端な平等主義が浸透していたから
4　本来の平等と「エリート」の存在や役割は矛盾するものであったから

STEP 6 全体を問う問題

> **例題** 次の文章を読んで、後の問いに対する答えとして最もよいものを、1・2・3・4から一つ選びなさい。

　科学は多くの謎を解明してきたので、その発達によって、ものごとの白黒がはっきりつけられるようになると思われがちである。ところが、実状はその逆であり、白とも黒ともいいきれないグレーゾーン（灰色領域）が一層広がっていくのである。その一例は生死の境であろう。かつて死は心臓や脈の停止、あるいは瞳孔※1が開くことによって確認されていたため、生死の境界線は比較的はっきりしていた。だが、現在は人工呼吸も、心臓に電気的刺激を与えることも可能になった。脳波も測定できるようになり、話は一層複雑になった。

（黒田玲子『科学を育む』中央公論新社による）

注　瞳孔（どうこう）：眼球の真ん中にある小さな穴。大きさが変わり、光の量を調節する。

【問い】筆者がこの文章で最も言いたいことは何か。
1　科学の発達によって、これまでに多くの謎が解明されてきたということ
2　科学の発達によって、ものごとの白黒がはっきりつけられるだろうということ
3　科学の発達によって、ものごとのグレーゾーンが広がっていくということ
4　科学の発達によって、生死の境界線が一層複雑になったということ

解法ワンポイントアドバイス　筆者の主張、意見を正しく理解する方法

主張や意見を述べる表現に要注意！
☆Point 1　設問中のキーワードを本文で追う！
☆Point 2　「〜だ」「〜である」「〜だろう」などの文末表現や、接続詞などのつなぎの言葉に着目！

◎例題では ……　キーワード＝「科学の発達」
　→「その（科学の）発達によって」以下の文
　文末表現やつなぎの言葉に着目
　→「〜思われがちである。」「実情はその逆であり〜」「〜広がっていくのである。」
　「その一例は〜」

解答　**3**

STEP 6　練習

(1)

　テープレコーダーに録音した自分の声を聴いたときのことを思い出してみよう。録音された自分の声は、やたらと甲高く※、軽薄に聞こえたに違いない。機械の調子がおかしいのかと疑って、「僕ってこんな声？」とまわりの人たちにたずねても「そんな声だよ」と答えられ、納得できないようすが容易に想像できる。確かに、同じテープレコーダーで、他人の声や音楽を録音・再生しても、自分の声を聴いたときのような違和感はない。実はこれは、機械の調子がおかしいのではなく、あなた以外の人たちは皆、あなたの声を、テープレコーダーから流れる声のように聴いているのである。逆にいうと、あなただけが、あなたの本当の声を聴くことができず、他人が聴くよりもこもった音色に感じているのである。

（日本音響学会編『音のなんでも小事典』講談社による）

注　甲高い：声や音の調子が高く鋭い。

【問い】この文章の内容と合っているものはどれか。
1　テープレコーダーに録音された声は甲高い
2　テープレコーダーに録音された声はこもっている
3　テープレコーダーに録音された声はほぼ正確である
4　テープレコーダーに録音された声は軽薄である

(2)

　人間の生活において、狩猟・漁猟・採集等においてもそうであるが、ことに農耕生活を営むことになると、季節を立て、時を知り計り、時を違えぬことが生活の保障上最も重要なことであった。そこで、季・節・週を定め、また年・月・日を知る知識をたくわえた。
　このうち最も身近で最少の日を知ることが根本であり、その日を数えることがカヨミ（日読み）であり、コヨミ（暦）である。したがって暦（カヨミ）は生活の根本であり、中国では政治の根幹とし、ヒジリ（日知り）をヒジリ（聖）とした。すなわち、聖は知徳が高くて万人の師と仰がれる人の意として、天子※1や高僧など有徳※2の人を指したのであった。そのため暦は天子の名において制定発布され、わが国においても暦は天皇の名において制定されたので、暦には天皇名あるいはその治世名※3が付けられるのが習わしとされていたのであった。

（岩井宏實『日本人　祝いと祀りのしきたり』青春出版社による）

注1　天子：天皇。
注2　有徳：すぐれた人格を持つこと。
注3　治世名：国を治めた君主の名。

【問い】この文章全体からわかることは何か。
1　季節を知って採集や農耕をすると最も多く収穫できたため、暦が決まって社会が安定した
2　区切りの日を数えることをカヨミと言い、のちに地位の高い人の名で定められるようになった
3　農耕の日取りを決めることをカヨミと言い、そこから国を統治するための法律が作られた
4　人々の生活のしかたを決める暦は、昔から国の支配者である天皇一人が制定して従わせていた

（3）
　ヨーロッパ社会において、「坐る※1」という行為には「椅子※2」や「ベンチ」などが用いられ、その姿勢は、休息や寛ぎ※3、手工業の作業姿勢や食卓における親密な情景をあらわす。しかし「床に坐る」という習慣については、ヨーロッパ社会に定着することはなく、この点については、日本との大きな違いが見られる。
　しかし床坐※4の生活スタイルを伝統的に定めてきた日本では、衣服の形や食事の仕方、人との挨拶や対話の作法まで、床に坐ることが前提とされてきた。それぞれの社会が歴史的に採用してきた「身体技法」のなかでもとくに、「生活上の基本姿勢」をどのような形に定めるのか、という問題は、その周辺に広がる物質文化の様式を、根本のところで方向づけていることが考えられる。
（矢田部英正『たたずまいの美学──日本人の身体技法』中央公論新社による）

注1　坐る（すわる）
注2　椅子（いす）
注3　寛ぎ（くつろぎ）
注4　床坐（ゆかざ）

【問い】この文章全体からわかることは何か。
1　ヨーロッパ社会では椅子などを用いて坐る習慣が支配的で、基本的な姿勢もそれに基づく
2　坐る姿勢は休息や作業姿勢、食卓での親密さを表す点でヨーロッパも日本も共通している
3　衣服の形や食事の仕方などから床に坐る姿勢が生み出され、それが文化的に定着した
4　日本では床に坐る習慣が続き、日常生活の前提となっていて文化の様式を方向づけている

（4）
　作家の城山三郎氏は、それを〝無所属の時間〟と呼んで、大切にした。〝無所属の時間〟とは書いて字のごとく、その時間がどこにも所属しないことだ。例えば自動車のセールスマンが旅に出て、時間が空いたのでライバル社のセールス振りをのぞいてみる、という行動は、すでにその時間が仕事に所属してしまっている。妻がガーデニングが好きなので花の種でも買いに行くか。これもすでに家庭、夫というものに所属している。一度、どこにも所属しない時間を過ごしてみたまえ。これが案外と難しいことがわかる。初手※1でやるならホテルの一室でじっと過ごすか、街を理由もなく歩いてみることだ。何かがあるものだ。
　作家の吉行淳之介氏は〝煙草屋※2までの旅〟と語った。大人の男は近所の煙草屋まで、煙草を買いに出かける行動がすでに旅なのだと粋な※3ことを一冊の本にまとめている。家から煙草屋までのひとときでさえ、人は何かにめぐり逢う※4ものである。
　それが私たちの生、社会なのだ。
（伊集院静『大人の流儀』講談社による）

注1　初手：物事のしはじめ。
注2　煙草屋（たばこや）
注3　粋な（いきな）
注4　めぐり逢う（めぐりあう）

【問い】筆者がこの文章で大切だと言っているのは、どのように過ごすことか。
1　空いた時間を仕事に役立つことに使うこと
2　家族や身近な人のために動くこと
3　大人の男が煙草を買いに煙草屋に行くこと
4　役割や立場から離れて時間を使うこと

(5)
　私は数字に弱く、機械に弱い。自分で写真をとらないし、自動車の運転もできない。できないというよりも、しようとしないのである。機械ばかりでなく、建築や美術工芸品にも興味をおぼえない。近ごろいろいろと出まわってきた薬品類などにも、こちらからすすんで接近しようという気にはなれない。つまり、あらゆるといっては言いすぎであるが、おおかたの人工物ないしは※人工品に対して、お世話になってもなりっぱなしで、いっこうに愛着をおぼえない、ということである。
（今西錦司『私の自然観』講談社による）

注　ないしは：あるいは。

【問い】筆者がこの文章で最も言いたいことは何か。
1　数字や機械が苦手であることを自覚しているので、自動車の運転をする意思はない
2　建築や絵画、工芸品などを鑑賞してよさを語る人がいるが、まったく理解できない
3　新薬が開発されて病気が治せるようになってきたが、人工的なものは信用できない
4　人が作り出したものを利用することはあるが、興味は持てないし愛着もない

(6)
　日本人は庭の愛好民族だといわれる。これは、外国人がこのんで日本人を評する言葉だが、私たち自身も、なんとなくそうおもっている。しかし、はたして、ほんとうにそうだろうか。たしかに、寺院や旧跡には、古今の名園といわれるものが数しれずある。名もない民家にも、国宝級の庭があったりする。どんなにたてつまった※1町家の奥にも、丹精こめられた※2坪庭※3が、幽玄※4のかまえをみせる。しかしそれらは、たいてい過去のものだ。現代住宅をみていると、いちがいにそうはいえない。
（上田篤『日本人とすまい』岩波書店による）

注1　たてつまる：すきまなく建てられている。
注2　丹精こめる：心をこめて大切に育てたり、作ったりする。
注3　坪庭：建物の間や敷地内に作った小さい庭。
注4　幽玄：言葉に表せないように深い雰囲気がある。

【問い】筆者がこの文章で最も言いたいことは何か。
1　日本人は庭の愛好民族だといわれるが、過去はともあれ現代住宅では例外もある
2　外国人から、日本人は庭を愛する民族だといわれていて、寺院や旧跡に名園がある
3　寺院や旧跡の庭園に注目が集まるが、民家や小さな町家にある坪庭が本物の名園だ
4　現代住宅に作られる庭には、伝統的な町家の庭の形式を継承したものが数多くある

(7)

　ある芸ごと※1の名人の言だということだが、つぎのようなことばをきいたことがある。「芸ごとのコツというものは、師匠※2からおしえてもらうものではない。ぬすむものだ」というのである。おしえる側よりもならう側に、それだけの積極的意欲がなくては、なにごとも上達するものではない、という意味であろう。

　芸ごとと学問とでは、事情のちがうところもあるが、まなぶ側の積極的意欲が根本だという点では、まったくおなじだと、わたしはかんがえている。うけ身では学問はできない。学問は自分がするものであって、だれかにおしえてもらうものではない。

　そういうことをかんがえると、いまの学校という制度は、学問や芸ごとをまなぶには、かならずしも適当な施設とはいいにくい。

(梅棹忠夫『知的生産の技術』岩波書店による)

注1　芸ごと：ピアノや茶道など個人的に先生に習う芸能や趣味。
注2　師匠：先生。

【問い】筆者は、「いまの学校」についてどのように考えているか。
1　芸ごとの師匠ではないのだから、教師はもっと積極的に教えるべきだ
2　学生に積極的意欲を持たせるために、学校の設備を充実させるべきだ
3　今の学校制度では、学生は積極的にまなぶよりむしろうけ身になっている
4　芸ごとも学問も根本は同じだから、学校では芸ごとも教えたほうがよい

(8)

　テレビのインタビューなどで、アナウンサーが僻地※1に出かけてゆき、そこで生活している人々にものをたずねたりしているのを見ているとき、ぼくはしばしば感動する。ふだんは意識にものぼらない無数の未知の人々の生活が、たとえば毎日青函連絡船で本州と北海道のあいだを往復しながら行商しているかつぎ屋のおばさんたちの、屈託なさ※2そうなおしゃべりやインタビューでの受け答え——じつは彼女たちも、戦争で夫を失ったような人々なのだが——を通して、とつぜん潮のような※3実感をともなって肌身に感じられてくるのだ。テレビの映像は、今まで決してすくいあげられることのなかったそういう無数の庶民の生活的な表情をすくいあげるとき、最もすぐれてテレビ的であるように思われる。

(大岡信『肉眼の思想』中央公論新社による)

注1　僻地：都会から遠く離れたところ。
注2　屈託ない：問題があっても気にしない様子。
注3　潮のような：押し寄せるような。

【問い】筆者は、テレビのよい点はどんなことだと述べているか。
1　人の行けないような僻地で、アナウンサーがインタビューできること
2　ふだん見落とされているような庶民の生活感情を映し出すときがあること
3　たとえば、戦争で夫を失った女性の話が実感を持って語られたりすること
4　北海道の行ったことのない場所でも、行っているかのように実感できること

(9)
　思春期というのは、より高いものを求める心理が強いので、親が十分に権威を持っているときでさえも、親以外のもっと尊敬できると思われる人物に傾倒し、それと比較して親を否定してくることがある。ましてや、親が十分に権威を持っていない場合には、子どもの反抗は必ず起こると言っても過言ではない。その場合には、他に具体的なモデルがなくても、親を不十分なモデルとして否定する気持ちが反抗として現れるのである。それは、より普遍的な価値を獲得しようという心の動きであるから、親は子どもの反抗に出会ったなら、そうした高いものを求める心が子どもに生じてきたことを喜ぶことのできる心の余裕を持ちたいものである。

（林道義『父性の復権』中央公論新社による）

【問い】筆者は、親は子どもの反抗をどう考えるべきだと言っているか。
1　普遍的な価値を求める心が子どもに生じてきたと考えるべきだ
2　親が子どもの手本になれなかったのは、親の努力不足だと考えるべきだ
3　反抗は一時的なもので、親の権威が否定されるわけではないと考えるべきだ
4　反抗はどんな子どもにもある普遍的な価値だから仕方がないと考えるべきだ

(10)
　理論というのは仮説を立て、その仮説が普遍的に成り立つことを証明します。同じ条件ならある現象がいつでも繰り返されると証明することによって理論が成立します。
　しかし、私にはいつも「ひょっとしたらこの理論は間違っているかもしれない」という思いがありました。科学的な心理と本当の心理の間に何か格差があるように思われたのです。努力して探究していれば、ある程度、科学的な成果をあげることはできるし、未知の領域に少しずつ踏みこんでいけます。しかし、その領域はほんのわずかな部分にすぎず、その奥にははかりしれない神秘の領域が横たわっていると感じるのです。どんな新理論も、その入口のあたりをうろうろしているにすぎない。
　こうして、科学の世界でも文学の世界でも、成果をあげればあげるほど、謙虚な※気持ちにならざるをえない心境に追いこまれていきました。

（加賀乙彦『科学と宗教と死』集英社による）

注　謙虚な（けんきょな）

【問い】筆者がこの文章で言っていることは何か。
1　科学の理論を探究し続けたが、成果をあげてもその先に無限の領域があると感じた
2　仮説を立て検証を繰り返したが、最後まで理論の正しさが信じられなかった
3　科学者として研究を続ける中で、自分の気持ちに反することをしていたと気づいた
4　真理を追究するにはあまりにも領域が大きすぎて、生きている間にはできないと思った

短文　正答数・正答率チェック表

できた問題をチェックし（□）、正答数と正答率を計算しよう！

STEP1〈指示語を問う問題〉…………　□ (1)　□ (2)　□ (3)
　　　　　　　　　　　　　　　　　　□ (4)　□ (5)　□ (6)
　　　　　　　　　　　　　　　　　　□ (7)　□ (8)
　　　　　　　　　　　　　　　　　　□ (9)　□ (10)　　計　／10

STEP2〈キーワードの穴埋め問題〉……　□ (1)　□ (2)
　　　　　　　　　　　　　　　　　　□ (3)　□ (4)
　　　　　　　　　　　　　　　　　　□ (5)　□ (6)　　計　／6

STEP3〈句や文の穴埋め問題〉…………　□ (1)　□ (2)
　　　　　　　　　　　　　　　　　　□ (3)　□ (4)
　　　　　　　　　　　　　　　　　　□ (5)　□ (6)　　計　／6

STEP4〈下線部の意味を問う問題〉……　□ (1)　□ (2)
　　　　　　　　　　　　　　　　　　□ (3)　□ (4)
　　　　　　　　　　　　　　　　　　□ (5)　□ (6)　　計　／6

STEP5〈下線部の理由を問う問題〉……　□ (1)　□ (2)
　　　　　　　　　　　　　　　　　　□ (3)　□ (4)
　　　　　　　　　　　　　　　　　　□ (5)　□ (6)　　計　／6

STEP6〈全体を問う問題〉………………　□ (1)　□ (2)　□ (3)
　　　　　　　　　　　　　　　　　　□ (4)　□ (5)　□ (6)
　　　　　　　　　　　　　　　　　　□ (7)　□ (8)
　　　　　　　　　　　　　　　　　　□ (9)　□ (10)　　計　／10

◆ 正答率

　　　～100%　　合格！　中・長文編へ進もう！
　　～90%　　もう一度間違えた問題を復習しよう！
　0～50%　　はじめから再チャレンジ！

総計　／44
正答率　　％

読解攻略！日本語能力試験

N1
レベル

応用編　中・長文

A 説明文 「説明文」の読み方

▮内容▮ ・ある知識や情報についての具体的で詳しい説明。

▮特色▮ ・構成がわかりやすい。→説明が具体例と共に順序立てて述べられている。
・キーワードがある。→重要語句の繰り返しがある。
・名称・数値・具体例が多く使われている。
・話題の提示は文章の初めに、筆者の意見は文章末にあることが多い。

▮構成▮

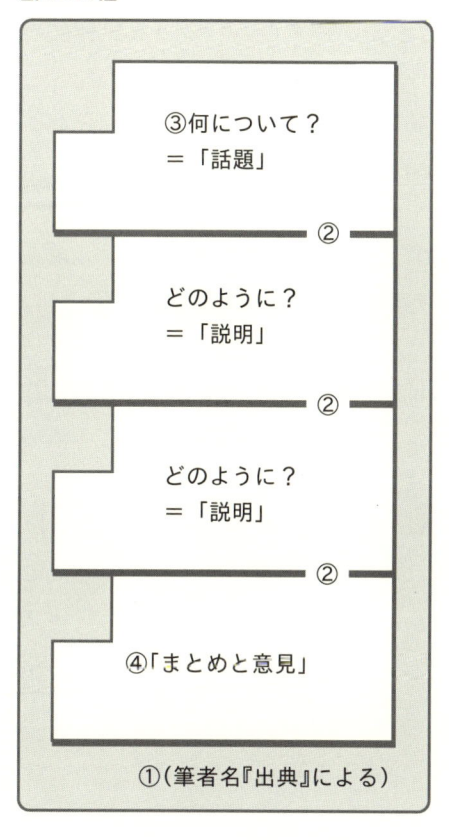

```
┌─────────────────────────┐
│  ┌───────────────────┐  │
│  │ ③何について？      │  │
│  │ ＝「話題」         │  │
│  └───────────────② ─┘  │
│  ┌───────────────────┐  │
│  │ どのように？       │  │
│  │ ＝「説明」         │  │
│  └───────────────② ─┘  │
│  ┌───────────────────┐  │
│  │ どのように？       │  │
│  │ ＝「説明」         │  │
│  └───────────────② ─┘  │
│  ┌───────────────────┐  │
│  │ ④「まとめと意見」   │  │
│  └───────────────────┘  │
└─────────────────────────┘
   ①（筆者名『出典』による）
```

▮読み方▮

①出典をチェック！
出典名や本の名前にキーワードがあるかも。
↓
②段落分け！
段落の分かれ目に線を引こう。
↓
③最初の一文に着目。
何についての文章か、をまず捉える。
↓
④最後の段落を読む！
ここまででザッと内容を類推する。
↓
⑤たくさん出てくる言葉をマークしながら最後までザッとひと読み。
○□△などの記号を使って整理しよう。
↓
⑥さあ、設問へ。
設問は段落単位で考えよう。

応用編 中・長文

A 説明文 「説明文」の読み方

> 注意
> ・「指示語」「接続詞」は言葉と言葉の関係や文と文の関係をはっきりさせるために重要な働きをしているので、それらを正しく捉える！

043

説明文

例題 次の文章を読んで、後の問いに対する答えとして最もよいものを、1・2・3・4から一つ選びなさい。 ⏱6分

　久しぶりに同窓会へ行ったら、かつてのクラスメートが会社を立ち上げて大成功をおさめていた。話を聞けば、立場も収入も自分とは天と地ほどの差がある。
　その友人がどれほど"いいヤツ"だったとしても、こんなときの①胸中は複雑である。仲間の成功を手放しで祝福できればいいが、現実はなかなかそうもいかない。かつては同じ教室で机を並べていたのに、いつの間に差がついたのか。どこか妬ましい※1ような気持ちを抱くのは、人間としてごく当たり前の感情だろう。
　しかし、他人の幸運や成功を心から願い祝福できる人間は好感度が高いというのはキレイ事※2ではなく、深い裏づけがあることなのだ。
　②「環境」というものは、すべて原因と結果で作られている。あなたがいまの会社で働いているのにも、それに至る原因が必ず存在するからである。他人への妬みは、負のエネルギーから発せられる。これをバネにのし上がることもできるが、それは自分の内面で葛藤し続ける※3孤独な戦いだ。
　しかし、妬みを捨てる潔さや他人の幸運を喜ぶ素直さは周囲の人を味方につけ、さらに物質的な協力をも得る結果となる。他人の成功を願う寛大さやゆとりが好感を呼び「この人のためなら支援しよう」という心理につながるのだ。
　つまり、良い行いには良い結果がついてくるというわけである。「情けは人のためならず」ということわざがあるように、他人にかけた情けはめぐりめぐって自分にかえってくる。これは仏教的な因果応報説※4からくる言葉であるとともに、心理学という側面からみても、「人心掌握※5術」の王道なのである。

（知的生活追跡班編『この一冊で「学ぶ力」と「伝える力」が面白いほど身につく！』青春出版社による）

注1　妬ましい（ねたましい）
注2　キレイ事（ごと）：見かけや口先だけで実質を伴っていないこと。
注3　葛藤し続ける（かっとうしつづける）
注4　因果応報説（いんがおうほうせつ）：過去の行いの善悪に応じてその報いがあるという説。
注5　人心掌握（じんしんしょうあく）：人の心を手に入れて自分のものとすること。

【問1】「①胸中は複雑である」のはなぜか。
1 友人の成功や収入の高さを聞いてその人のことが嫌いになりそうだから
2 友人の成功を聞いて自分の実力が足りないことに気づいてしまったから
3 友人の成功を妬ましく思ってしまう気持ちがどうしても生じてしまうから
4 友人の成功は心から祝福できるようなすばらしいものではないと思うから

【問2】「②『環境』というものは、すべて原因と結果で作られている」とは、例えばどういうことか。
1 必ず何かしらの原因があって、現在その会社の中で働いているのだということ
2 自分が働く環境を整備するために、悪い原因を取り除く必要があるということ
3 大きな原因や理由がなければ、一流企業に就職することは不可能だということ
4 会社の環境は、社員たちの個人的な感情に基づいて成り立っているということ

【問3】筆者がこの文章で説明しているのは、どのようなことか。
1 成功した友人に対して妬ましいような気持ちを抱くことは、人間である以上は仕方がないことだ
2 妬みを捨てる潔さや他人の幸運を喜ぶ素直さは、仏教だけではなく心理学においても重要である
3 「情けは人のためならず」というように、常に他人に情けをかけることがよい結果を生むのだ
4 他の人の幸運を素直に喜ぶ姿勢こそが、周囲の人々の好感を呼びやがて成功につながるのである

解法 次の文章を読んで、後の問いに対する答えとして最もよいものを、1・2・3・4から一つ選びなさい。

　久しぶりに同窓会へ行ったら、かつてのクラスメートが会社を立ち上げて大成功をおさめていた。話を聞けば、立場も収入も自分とは天と地ほどの差がある。
　その友人がどれほど"いいヤツ"だったとしても、こんなときの①胸中は複雑である。仲間の成功を手放しで祝福できればいいが、現実はなかなかそうもいかない。かつては同じ教室で机を並べていたのに、いつの間に差がついたのか。どこか妬ましい※1ような気持ちを抱くのは、人間としてごく当たり前の感情だろう。
　しかし、他人の幸運や成功を心から願い祝福できる人間は好感度が高いというのはキレイ事※2ではなく、深い裏づけがあることなのだ。
　②「環境」というものは、すべて原因と結果で作られている。あなたがいまの会社で働いているのにも、それに至る原因が必ず存在するからである。他人への妬みは、負のエネルギーから発せられる。これをバネにのし上がることもできるが、それは自分の内面で葛藤し続ける※3孤独な戦いだ。
　しかし、妬みを捨てる潔さや他人の幸運を喜ぶ素直さは周囲の人を味方につけ、さらに物質的な協力をも得る結果となる。他人の成功を願う寛大さやゆとりが好感を呼び「この人のためなら支援しよう」という心理につながるのだ。
　つまり、良い行いには良い結果がついてくるというわけである。「情けは人のためならず」ということわざがあるように、他人にかけた情けはめぐりめぐって自分にかえってくる。これは仏教的な因果応報説※4からくる言葉であるとともに、心理学という側面からみても、「人心掌握※5術」の王道なのである。

（知的生活追跡班編『この一冊で「学ぶ力」と「伝える力」が面白いほど身につく！』青春出版社による）

注1　妬ましい（ねたましい）
注2　キレイ事：見かけや口先だけで実質を伴っていないこと。
注3　葛藤し続ける（かっとうしつづける）
注4　因果応報説：過去の行いの善悪に応じてその報いがあるという説。
注5　人心掌握：人の心を手に入れて自分のものとすること。

【問1】「①胸中は複雑である」のはなぜか。

1 友人の成功や収入の高さを聞いてその人のことが嫌いになりそうだから
2 友人の成功を聞いて自分の実力が足りないことに気づいてしまったから
3 友人の成功を妬ましく思ってしまう気持ちがどうしても生じてしまうから
4 友人の成功は心から祝福できるようなすばらしいものではないと思うから

> **ポイント** 下線部分の前後の文で、状況と理由を理解する。
> かつての「クラスメート＝友人＝仲間」が大成功したことを「手放しで祝福」できないで、かえって"私"は「どこか妬ましいような気持ちを抱く」(5行目)。このような、感情に矛盾が生じることを「胸中は複雑」と表現している。……解答 3

理由を問う設問

【問2】「②『環境』というものは、すべて原因と結果で作られている」とは、例えばどういうことか。

1 必ず何かしらの原因があって、現在その会社の中で働いているのだということ
2 自分が働く環境を整備するために、悪い原因を取り除く必要があるということ
3 大きな原因や理由がなければ、一流企業に就職することは不可能だということ
4 会社の環境は、社員たちの個人的な感情に基づいて成り立っているということ

> **ポイント** 下線部分の直後の文に着目する。
> 9行目-10行目「あなたがいまの会社で働いているのにも、それに至る原因が必ず存在するからである」を言い換えると、「それに至る原因が必ず存在するから、あなたは今の会社で働いている」となる。……解答 1

文意を問う設問

【問3】筆者がこの文章で説明しているのは、どのようなことか。

1 成功した友人に対して妬ましいような気持ちを抱くことは、
   人間である以上は仕方がないことだ（→これが説明したいことではない）
2 妬みを捨てる潔さや他人の幸運を喜ぶ素直さは、
   仏教だけではなく心理学においても重要である（→「重要」という表現が曖昧）
3 「情けは人のためならず」というように、常に他人に情けをかけることがよい結果を生むのだ
4 他の人の幸運を素直に喜ぶ姿勢こそが、周囲の人々の好感を呼びやがて成功につながるのである

> **ポイント** 後半の部分から筆者の主張を表す文を見つける。
> 13行目-14行目に、「妬みを捨てる潔さや他人の幸運を喜ぶ素直さは周囲の人を味方につけ、さらに物質的な協力をも得る結果となる」とある。……解答 4

筆者が最も伝えたいこと

応用編　中・長文

A 説明文　解法

中文

問題Ⅰ 次の文章を読んで、後の問いに対する答えとして最もよいものを、1・2・3・4から一つ選びなさい。

6分

　一概にいって、①男子は女子ほどに「かわいい」について真剣に、自分のアイデンティティの問題として考えていない。彼らは「かわいい」と呼ばれることに当惑し、とりわけ女子からそう呼ばれることに強い抵抗を感じている。「かわいい」は男としての自己認識を攪拌させ※1混乱させる言葉であり、思考の枠の外側に置かれている観念である。

　それに対して女子は、「かわいい」という語を受け入れるにせよ、それに反撥※2を示すにせよ、一貫してヴァルネラビリティ（攻撃誘発性、やられやすさ）に満ちた態度を示している。彼女たちの過半数は「かわいい」と呼ばれたいと思い、この言葉を通して幸福な自己肯定に到達できると信じているが、自分を「かわいい」とは思っていない。ある女子たちは、社会のなかで女性としての「かわいい」媚態※3を戦略とすることが自分に有利に働くことに、充分に気付いている。男子の大半は年齢と自分の身体に無頓着※4であるが、女子のかなりの部分は、年齢に強い焦燥感※5を感じており、若さと成熟の狭間※6にあって、②「かわいい」という言葉を過敏に受け止めている。これまでの人生で一度も「かわいい」と呼ばれたことがないと答えた者が10％強、存在していることにも、気を留めなければならない。おそらく同年齢の男子には、そのような懸念※7はほとんど存在していないことが推測される。

（四方田犬彦『「かわいい」論』筑摩書房刊）

注1　攪拌する：ごちゃごちゃにすること。
注2　反撥（はんぱつ）
注3　媚態：男性の気を引くような態度。
注4　無頓着：少しも気にかけないこと。
注5　焦燥感：いらいらしたりあせる気持ち。
注6　狭間（はざま）
注7　懸念：不安や心配。

【問1】「①男子は女子ほどに『かわいい』について真剣に、自分のアイデンティティの問題として考えていない」のはなぜか。
1　男は一般的に「かわいい」と言われると恥ずかしく感じてしまうから
2　男子は「かわいい」と言われてもそれをそのままでは信用しないから
3　「かわいい」という言葉自体が女性を対象とした言葉であるから
4　そもそも「かわいい」は男としての自己認識にはない概念であるから

【問2】「②『かわいい』という言葉を過敏に受け止めている」とは、どういうことか。
1　他の人から「かわいい」と言われるかどうかを非常に気にする女子が多いということ
2　若いときにしか「かわいい」と言われないと信じている女子が非常に多いということ
3　「かわいい」と言われなければ成熟した大人になれないと思う女子が多いということ
4　男性から「かわいい」と言われるようにいつも気をつけている女子が多いということ

【問3】筆者がこの文章で説明しているのは、どのようなことか。
1　他人から「かわいい」と言われることの受け止め方には明確な男女差が存在する
2　他の人に「かわいい」と言ってもらいたいという願望が日本人には存在している
3　「かわいい」と言われたい女子のアイデンティティは、男子には理解不能である
4　「かわいい」という言葉のとらえ方は、性差よりもむしろ年齢差の方が大きい

問題Ⅱ 次の文章を読んで、後の問いに対する答えとして最もよいものを、1・2・3・4から一つ選びなさい。

6分

　一八六九年の東京遷都※1によって、江戸改め東京は近代国家日本の首府として政治・経済・文化の実質的な中心地となった。時の政府の急務は、中央集権国家として政治的・社会的に全国的な統一をはかることにあった。このような明治の社会情勢は、必然的に国家語の確立、全国のことばの統一化といった政策を求めたのである。そして、その国語の基準が首府である東京でのことばに求められたのは、いわば当然のなりゆきであった。

　しかし、①当時求められた標準的なことばというものは、従来の江戸でのことばそのままのものではなく、訛り※2などの少ない、いわば由緒正しい※3ことばでなければならなかった。江戸のことばは、関東の方言を基盤として、そこに各地から寄り集った人々のことばがまじりあって自然にできあがったことばであって、俗な※4ものも多く含んでおり、それをそのまま国語とするわけにはいかなかった。江戸語においてすでに、上品な表現形式には、古くからの文化的な中心であった上方※5のことばの要素がとり入れられていたようである。たとえば、断定の「じゃ」や打消の「ぬ」などがそれである。明治期には、これにさらに人為的な洗練、たとえば知識階級の使用語の採用、文章語の採用なども加わって、在来の江戸弁とは異なった価値観の含まれた、②規範としての「東京語」が形成されたのである。そして、この言語は新時代の主として支配階級の人々の間で使用される中で標準語としての勢力を得、その後、学校教育の普及、マス・メディアの発達などによって全国のすみずみにまで及ぶにいたった。

（徳川宗賢編『日本の方言地図』中央公論新社による）

注1　遷都（せんと）
注2　訛り（なま）り：ある地方特有の発音。標準語とは違った発音。
注3　由緒正しい（ゆいしょただしい）
注4　俗（ぞく）な：いやしく、下品である様子。また、ありふれている様子。
注5　上方（かみがた）：近畿地方。京都や大阪方面。

【問1】「①当時求められた標準的なことば」とは、どんなものか。
1　従来からの江戸のことば
2　訛りの少ない由緒正しいことば
3　関東の方言に各地のことばがまじりあってできたことば
4　上品な表現形式の上方のことば

【問2】「②規範としての『東京語』」を形成しているものとして、正しくないものはどれか。
1　上方のことばからとり入れた上品な表現形式
2　知識階級の使用語
3　俗なことば
4　文章語

【問3】「②規範としての『東京語』」はどのように全国に広まっていったか。次の中で正しくないものはどれか。

1　東京に遷都し、江戸を東京と改めることによって
2　マス・メディアが発達していくことによって
3　学校教育が普及していくことによって
4　新時代の支配階級の人々が使用することによって

問題Ⅲ　次の文章を読んで、後の問いに対する答えとして最もよいものを、1・2・3・4から一つ選びなさい。　6分

　協力や処罰が、それを実行する人の経済的・物質的利益に結びつかないとしたら、いったい人はなぜそのような行動をするのであろうか。
　その理由の一つとして考えられているのが、人は①公正（フェア）であることを求めるという性質である。何をもって公正とみなすのだろうか。最も一般的に考えられているのは不平等回避性である。すなわち、自分と他者の利得の差がなるべく小さいことをもって公正とみなすという考え方である。他者の利得が参照点となっており、それと比べて自分の利得の差が大きいと不公正と判断されるのである。
　ここで他者とは他者一般ではなく、自分と関わりの深い周りにいる人のことである。地域社会や勤務先、学校などの同僚、友人、知人などの人々のことである。このような人々を「参照グループ」という。人が気にかけるのは、このような参照グループに属する他者であって、②その他の人はどうでもよい。
　隣の家の人が新しい車に買い換えたのを知ったら、少しうらやましいと思うが、セレブ※が別荘や高級外車を持っているのをテレビで見たら、好奇心はわくが嫉妬心は生じないであろう。別の世界の人なのだ。山本周五郎や、英国の随筆家ハズリットの言葉の中にある「世間」とはまさにこのような参照グループのことである。

（『行動経済学　経済は「感情」で動いている』友野典男／光文社新書）

注　セレブ：有名人。

【問1】「①公正（フェア）であること」とは、どういうことか。
1　自分と他者を比べてみたときに、利得の差がなるべく小さい状態であること
2　自分と他者の間の利害関係において、自分の優位性が失われない状態のこと
3　自分を他者と参照したときに、他者の利得の方が多少劣っている状態のこと
4　自分と他者の利得の差を一般的に評価したときに、大差ない状態であること

【問2】「②その他の人はどうでもよい」のはなぜか。
1　自分と関係ないセレブを参照したとしても、結局はその違いの大きさに嫉妬してしまうだけだから
2　自分が関係あると思う人だけを参照すれば、その他の人の存在は一切無視することができるから
3　自分に利害関係をもたらさない他者の存在は、自分にとってはまったく無視をしてもかまわないから
4　自分と関わりの深い周りにいる人以外は、参照対象とならない、いわば別の世界の人であるから

【問3】 筆者は「世間」についてどのように説明しているか。

1 「世間」とは不平等回避性が行われる社会空間、つまり隣人からセレブまでを含めた個人的好奇心が及ぶ範囲の人々のグループのことである
2 「世間」とは地域社会や勤務先、学校などの同僚、友人、知人など、すなわち自分が大切にしていきたいと願う人々のグループのことである
3 「世間」とは世の中の一般的な人すべてをさすのではなく、利得の参照対象となるような自分との関わりの深い人々のグループのことである
4 「世間」とはその人が属する社会一般のことではなく、自分にとって利益をもたらしてくれるような関係の深い人々のグループのことである

問題Ⅳ 次の文章を読んで、後の問いに対する答えとして最もよいものを、
1・2・3・4から一つ選びなさい。

　人々は「平家物語」を琵琶※1に合わせて、盲目※2の法師※3が語るのを、涙して聞いた。こうして諸行無常の世界観の統一のもとに成る叙事詩※4を、はじめて、日本人は持つようになったが、同時にこれは①日本語の歴史の上での画期的な出来事でもあった。
　それはこういうことである。貴族や官僚・僧侶は使っていたが、民衆には遠いものと思われていた「漢字に頼る語彙」が、多量に、民衆の耳に入り込み、人々の興味をそそる話題に使われ、たとい耳からにせよ、ともかくも、民衆が漢語を理解する直接の触れ合いの場が、広く生じた、ということである。
　「祇園精舎の鐘の声、諸行無常の響あり、沙羅双樹の花の色、盛者必衰の理を顕す。驕れる人も久しからず※5……」こういう文章に見られる漢語と和文の調和は、これまでの文字には無い種類のものであった。四、五世紀ごろから輸入され、多くの帰化人※6によって教えられた漢語。それは、あるいは国家鎮護の呪法※7として取り入れられた夥しい※8仏教の経典の中で、あるいは、国の正式な学問として学習させられた儒教※9の典籍※10の中で、あるいは、政治の記録としての史書・公文書の中で、これまで使用されていた。文章の上だけに存在した②それが、ここに至って質的な変化を遂げた。いまや漢語は（中略）、和文の一つの成分となった。輸入以来数百年を経て、ようやく漢字を消化しきった日本人が、漢語を今度は自分のものとして、民衆の藝術の中に導入し、文学作品の欠くべからざる要素とした。それが「平家物語」だった。

（大野晋『日本語の年輪』新潮文庫刊）

注1　琵琶：弦楽器の一種。
注2　盲目：目の見えないこと。
注3　法師：僧または僧の姿をした人。
注4　叙事詩：詩の一種。
注5　祇園精舎の鐘の声、諸行無常の響あり、沙羅双樹の花の色、盛者必衰の理を顕す。驕れる人も久しからず：「平家物語」の冒頭部分。世の中は無常だという意味。
注6　帰化人：七世紀以前に海外から移住してきた人。
注7　国家鎮護の呪法：国を守るための祈りや願いの方法。
注8　夥しい：非常に多い。
注9　儒教：孔子（中国の学者）の教え。
注10　典籍：書物、書籍。

【問1】「①日本語の歴史の上での画期的な出来事」だったのはどんなことか。
1　民衆が、法師の語る仏教の言葉を解釈してやさしい話し言葉に変化させたこと
2　それまで民衆が使っていなかった漢語に直接触れ合う機会が広く生まれたこと
3　諸行無常の世界観で統一された叙事詩「平家物語」が成立して、各地に広まったこと
4　仏教の経典や公文書に記された書き言葉が、話し言葉として民衆に伝えられたこと

【問2】「②それ」は何をさしているか。
1　漢語と和文の調和
2　漢語
3　国家鎮護の呪法
4　政治の記録

【問3】 筆者は「平家物語」の意義はどのようなことだと言っているか。
1　貴族や官僚、僧侶が文章の上だけで使っていた漢語が、民衆の文学作品に不可欠の要素となったこと
2　漢語を多く導入して和文の中に調和させ、民衆も読んで理解できる芸術作品に仕上げたこと
3　長い間貴族や官僚、僧侶が用いていた漢語を、だれにでも使えるようになるきっかけを作ったこと
4　各地で多くの法師が語り継ぎ、広めていく中で結果的に新しい言葉の使い方が普及するようになったこと

長文

問題Ⅰ 次の文章を読んで、後の問いに対する答えとして最もよいものを
1・2・3・4から一つ選びなさい。

10分

　この葉っぱは毒だ、ということを知ると、サルは、当然それを食べませんが、①これはやがて子どもたちにも伝承されて※1 いきます。つまり学習を通じて食べられる植物を覚えていく。やがてそれが群れ全体に拡がって、これは食べてはいけない、これは食べてもいい、といった（　②　）ができていくことになります。
　たとえば、こんな例があります。マウンテンゴリラのすんでいる森に、デメラというツタの植物がある。このツタの葉っぱはとてもおいしいので、現地の人も食べているし、われわれも時折食べました。ところが、この植物にはおいしそうな ③ a がなるのですが、これはものすごく有毒です。これを食ったらほんとに死んでしまう。ゴリラはこのことを知っていて、③ b だけ食って、③ c はぜったいに食わない。ゴリラの子どもが食べようとしたら、だめ、いけない、と制止します。そうやって、ちゃんと子どもに教えていく、学習をさせる。だから、サルたちは周りにあるものを手当たりしだい※2 に、何でも食っているのではなくて、④食物レパートリー※3 が群れによって決まっているわけです。つまり群れに固有の食物文化というものができている。だから、⑤文化というものを育てる基盤は、葉っぱを食べることから形成されたのではないかと思えてならないのです。西田利貞さんの最近の調査によると、野生チンパンジーがどうも薬草を使っているらしいという。つまり毒物も少量うまく摂れば薬になるわけですから、チンパンジーくらいになると、どういう薬草にどういう薬効があるかわかっていて、それをうまく食べ分けているのではないかというのです。

（河合雅雄『サルからヒトへの物語』小学館による）

注1　伝承する：古くからの制度や習慣などを、受けついで伝えて行く。
注2　手当たりしだい：選ばないで何でも。見たものや触れるものは何でも。
注3　レパートリー：（食べられる食べ物の）種類。

【問1】「①これ」はどんなことか。
1　自分で経験しながら学習していくこと
2　危険のない場所で生活すること
3　毒のある葉を食べないようにすること
4　群れのルールを守って行動すること

【問2】（　②　）に入る適当なものはどれか。
1　生活様式のパターン
2　森林の征服
3　葉食の対象化
4　食物文化の伝統

【問3】 ③a ～ ③c に入る組み合わせとして最も適当なものはどれか。
1　花・葉っぱ・実
2　実・葉っぱ・実
3　実・茎・葉っぱ
4　花・葉っぱ・茎

【問4】「④食物レパートリーが群れによって決まっている」というのはどんな意味か。
1　サルのグループによって、食べる物と食べない物の種類が違っていること
2　サルのグループによって、食べ物を見つける場所が限られていること
3　サルのグループによって、別々の方法で有毒の植物を見分けていること
4　サルのグループによって、子どもへの食べ物の教育法がいろいろあること

【問5】「⑤文化というものを育てる基盤は、葉っぱを食べることから形成された」とは、サルの食行動のどんな点から考えたのか。
1　手当たりしだいに身の回りの葉っぱをたくさん食べている点
2　群れの中で決められた食べ方を、どのサルにも学ばせる点
3　おいしい葉や有毒の植物を見分け、それを子どもにも伝えている点
4　いろいろな葉っぱを食べる経験を通じて知能が発達した点

【問6】野生のチンパンジーの観察から、彼らがどんなことをしていると考えられるか。
1　有毒の植物でも、少量ならおいしく食べられることを知っている
2　植物の種類の違いと食べる量を考えて、効果的に摂ることができる
3　毒を消すために、たくさんの種類の植物を摂ることを伝承している
4　ある種の葉っぱを加工して、病気のときに薬にすることを考えた

問題Ⅱ 次の文章を読んで、後の問いに対する答えとして最もよいものを 1・2・3・4から一つ選びなさい。

10分

　市場経済において、貨幣※1の果たしている役割は非常に大きい。貨幣が存在しない経済では、モノとモノが直接交換される（物々交換）。しかし、物々交換の経済では、自分が生産し所有しているモノと、他人が生産し所有しているモノとが、ともに交換したいと思わなければ交換は成立しない。①a 、一方の人が他の人のモノを欲したとしても、他の人がその人のモノと交換したいと思わなければ片思いになってしまって、交換が成立しないのである。物々交換では、交換両当事者の欲求の一致（二重の欲求の一致）が存在しなければならない。ということは、物々交換の経済では、交換は限られてしまい、交換、あるいは取引を中心とする［　②　］。
　このような、物々交換の中から、人類は貨幣というモノを見つけ出した。つまり、物々交換の範囲と頻度が増えるにしたがって、③誰もが交換したいという商品が出てきて、その商品との交換が頻繁に行われるようになると、④交換当事者はその商品と自分の生産物をいったん交換すれば、次からは、他の多くの商品を手に入れることができるようになるからである。誰もが交換したい商品、それはある意味では何でもよいのであるが、歴史的には稀少性※2のある貴金属、①b 、金や銀という商品であった。人類は、特に農業における生産力を増加させ、自給自足経済から脱すると、物々交換を行うようになり、そして貨幣による交換経済を作り出してきた。貨幣は交換の仲立ち（媒介※3）、つまり、それ自身が商品であるとともに、⑤c としての役割を果たすようになり、さらには、純粋な⑤d に転化するに至ったのである。生産物はいったん貨幣に交換（販売）されると、次からは、その貨幣であらゆる商品、生産物が交換（購入）できるのであるから、⑥欲求の二重の一致を必要とする物々交換において交換に投じられたコストを削減することができるようになり、交換、つまり⑤e が急速に増加するようになった。

（大塚勇一郎、永井進、岩本武和『基本現代経済学入門』有斐閣による）

注1　貨幣（かへい）：お金。社会に流通して、交換の仲立ちや支払いの手段になるもの。
注2　稀少性（きしょうせい）：とても数が少ないということ。珍しくて価値があること。
注3　媒介（ばいかい）

【問1】 ①a と ①b には同じ言葉が入る。適当なものはどれか。
1　そして　　2　だが　　3　つまり　　4　さらに

【問2】 ［　②　］に入る適当なものはどれか。
1　商品経済の発展は限定されてしまうのである
2　商品経済の過程は不透明になってしまうのである
3　自給自足経済の流通は停滞してしまうのである
4　自給自足経済のコストは減少してしまうのである

【問3】「③誰もが交換したいという商品」は、現在何になったと考えられるか。
1　アクセサリー
2　貨幣
3　農産物
4　工業生産物

【問4】「④交換当事者はその商品と自分の生産物をいったん交換すれば、次からは、他の多くの商品を手に入れることができるようになる」とは、例えばどんなことか。
1　自分の作った野菜を貨幣と交換すれば、後は誰かが欲しいものと交換できる
2　自分の作った野菜を銀と交換すれば、銀と他のいろいろなものと交換できる
3　自分がもらった品物を集めて他の人に売れば、美しい貴金属が手に入る
4　自分がもらった品物を用いて生産力を上げれば、何でも得ることができる

【問5】⑤c、⑤d、⑤e に入る組み合わせとして最も適当なものはどれか。
1　交換経済・市場取引・市場取引
2　生産物・金・貨幣
3　市場・金・市場取引
4　交換手段・交換手段・市場取引

【問6】「⑥欲求の二重の一致」とは、誰と誰の欲求のことか。
1　モノの生産者と消費者
2　モノを交換したいと思っている人たち同士
3　稀少性のあるモノを持っている人と交換したい人
4　農産物を交換したい人と、銀を交換したい人

問題Ⅲ 次の文章を読んで、後の問いに対する答えとして最もよいものを
　　　　1・2・3・4から一つ選びなさい。

　ここで知的生産とよんでいるのは、人間の知的活動が、なにかあたらしい情報の生産にむけられているような場合である、とかんがえていいであろう。この場合、情報というのは、なんでもいい。知恵、思想、かんがえ、報道、叙述※1、そのほか、十分ひろく解釈しておいていい。（　①　）、かんたんにいえば、知的生産というのは、頭をはたらかせて、なにかあたらしいことがら——情報——を、ひとにわかるかたちで提出することなのだ、くらいにかんがえておけばよいだろう。この場合、知的生産という概念は、一方では知的活動以外のものによる生産の概念に対立し、他方では知的な消費という概念に対立するものとなる。

　人間の生産活動には、いろいろの種類のものがある。たとえば、肉体労働によって物質やエネルギーを生産する。ところが、知的活動というものは、もしなにかを生産しているとすれば、それはいつも情報を生産しているのである。その情報が、物質やエネルギーの生産に役だつものであるにせよ、とにかく第一次的に知的活動の結果として生産されるのは、情報である。

　ところが一方では、②情報はいつでも知的活動の結果として生産されるとはかぎらない。情報生産のなかにも、さまざまなものがあって、なかには ③ a とはいえないような情報生産もある。たとえば、ピアノやバイオリンの演奏とか、舞踊※2の上演とか、おいしい料理をつくるとか、こういうものもいずれも情報生産にはちがいないが、知的情報生産とは区別したほうがいいだろう。いうならば、④感覚的あるいは肉体的情報生産とでもいうべきであろうか。

　つぎに、 ③ b に対立する ③ c とはどういうことか。人間の知的活動には、いろいろのものがあって、知的活動をしたからといって、かならずしも情報生産をするとはかぎらない。なかには、まったく消費的な性質のものもすくなくない。たとえば、マージャンや将棋※3をたのしむのは、一種の知的消費である。それらのものは、高度の知的活動をともなうけれども、それはそれでしまいのもので、なにもあたらしい情報を生産するものではない。また、趣味としての読書というのも、知的消費の一種であって、そのかぎりではマージャンや将棋とおなじ性質のものである。読書については、（中略）今日おこなわれている読書論のほとんどすべてが、読書の「たのしみ」を中心にして展開しているのは、注目してよいことだとおもう。今日、読書はおもに知的消費としてとらえられているのである。

（梅棹忠夫『知的生産の技術』岩波書店による）

注1　叙述：順序だてて説明すること。事柄を言葉で述べること。
注2　舞踊：踊り。
注3　将棋（しょうぎ）

【問1】（　①　）に入る適当なものはどれか。
1　ようやく
2　このように
3　つまり
4　そして

【問2】「②情報はいつでも知的活動の結果として生産されるとはかぎらない」のはなぜか。
1　読書などの行為も知的活動に入るから
2　肉体労働によっても生産が可能だから
3　感覚的または肉体的な情報生産も存在するから
4　伝達技術が発達して、だれでも発信できるから

【問3】　③a　～　③c　に入る組み合わせとして最も適当なものはどれか。
1　知的活動・知的生産・知的活動
2　知的生産・知的生産・知的消費
3　知的活動・知的活動・知的消費
4　知的消費・知的消費・知的活動

【問4】「④感覚的あるいは肉体的情報生産」ではないものはどれか。
1　ピアノの演奏
2　料理を作ること
3　バレエの練習
4　小説の執筆

【問5】知的生産という概念と対立するものはどれか。
1　知的消費
2　労働力
3　生産活動
4　情報収集

【問6】知的生産とは何か。
1　専門家が研究活動に従事して、その成果を一般に知らせること
2　研究者が情報を収集して、その内容をわかりやすく提出すること
3　人々が肉体労働によって、物質やエネルギーを生産すること
4　人間が知的活動を行って、なにかあたらしい情報を生み出すこと

問題Ⅳ 次の文章を読んで、後の問いに対する答えとして最もよいものを1・2・3・4から一つ選びなさい。

　たとえばある薬がある病気に効く、というような一番簡単そうに見える事柄でも、考えてみるとなかなかむつかしい※1問題である。ある人が、ある薬を飲んだときに、病気が治ったら、その薬は効いた、とそう簡単にいってしまうことはできない。（　①　）、飲まなくても治ったかもしれないからである。（中略）

　それでは、②一人の熱のある病人が、ある薬を飲んだら熱が下った、次の日飲まなかったら熱が出た、また次の日飲んだら下った、というふうに、何回もくり返してみて、その度毎に熱が下ったら、その薬が効いたといっていいであろうといわれるかもしれない。しかし厳密にいえば、病人の身体は、一日毎に変化しているので、同じ条件で何回もくり返したのではない。それで③再現可能の原則は、近似的※2にしか成り立っていないのである。

　しかしこういう場合に、科学はそれを取り扱う方法をもっている。それは統計という方法である。できるだけ　④a　を同じくして、あるいは同じような条件のものを選んで、それでも決められない条件の方は、そのままにしておいて、そのかわり　④b　について、測定をしてみる。そしてその結果を、全体的に眺めて、全体としての　④c　を見るというやり方である。これが統計的方法といわれているものである。一人の病人が、何回もくり返して薬を飲んでみる場合、その結果は、統計的に調べるより仕方がない。一回毎に少しずつ条件がちがっているのであるから。

　ところで、統計によって得られる結果は、資料の数が多いほど確からしさが増すのであって、数例の結果などから出した統計的な結論は、ほとんど意味がない。しかし一人の病人に、数千回くり返して、薬を飲ませてみることはできない。

　それではこの問題を、実際にはどういうふうに取り扱っているかというと、それは同じような病気にかかっている大勢の人に飲ませてみるのである。大勢の人に飲ませてみて、百人のうち九十九人までの人が治ったとすれば、これは確かに効いたといわざるを得ないし、また現に薬が効くというのは、⑤そういうことなのである。これは一人の人間が何度もくり返すかわりに、大勢の人間を一度に使ったので、やはり統計的な取り扱い方である。少しずつちがった条件にあるたくさんの例について行なった実験の結果を、少しずつちがう条件にある一人の人についてくり返した場合と、同等に扱っているわけであるが、これは一つの仮定なのである。これは仮定ではあるが、この仮定がなければ、統計の学問は成り立たないのであって、事実その仮定の上に組立てた統計学が実際に役に立っているのである。実際に全く同じ条件ということはないのであるから、広い意味でいえば、科学は統計の学問ともいえるのである。

（中谷宇吉郎『科学の方法』岩波書店による）

注1　むつかしい：むずかしい。
注2　近似的：ある状態に非常に近い状態であること。

【問1】（　①　）に入る適当なものはどれか。
1　それで
2　というのは
3　ところが
4　したがって

【問2】「②一人の熱のある病人」の例で、薬が効いたといい切れないのはなぜか。
1　一人だけの例では環境に左右されるので、条件を限定できないから
2　もし効果が長く続く薬だったら、飲まない場合を設定するのが困難だから
3　熱のある状態と下った状態を厳密に区別することはできないから
4　体質も病状も一定で、条件が同じでなければ効果がわからないから

【問3】科学の「③再現可能」とは、どういう意味か。
1　すぐくり返して実行すれば、だれでも同様の理論が導けるということ
2　起こったことについて正確に記したら、見えないものでもよいということ
3　同じ条件で同様に行ったら、再び同じ結果が出るだろうということ
4　自然界のある事象が、どのような手段を用いても同じように出現すること

【問4】　④a　～　④c　に入る組み合わせとして最も適当なものはどれか。
1　対象・複数の場合・規則
2　対象・一つの定理・まとまり
3　条件・多数の資料・傾向
4　条件・限られた設定・変化

【問5】「⑤そういうこと」とは何か。
1　確かに薬が効いたといわざるを得ない場面
2　同じ病気の百人が薬を飲んで、九十九人が治ったという結果
3　統計の方法を、実際にどういうふうに取り扱うかという問題
4　一人の人間が何度もくり返して同じことをするという実験

【問6】薬の実験で、「一人の人間に何回も飲ませる」のと同等だと仮定したことは何か。
1　少しずつちがった条件にある大勢の人に一回飲ませる
2　ほとんど同じ症状のある大勢の人に多量に飲ませる
3　全く同じ条件にそろえた大勢の人にくり返し飲ませる
4　できるだけ大勢の人に時間をおいて少しずつ飲ませる

応用編　中・長文

A　説明文　長文

問題Ⅴ 次の文章を読んで、後の問いに対する答えとして最もよいものを
1・2・3・4から一つ選びなさい。

14分

Ⅰ　野尻湖の発掘がはじまったのは、昭和三七年（一九六二年）の三月だった。（中略）
　発掘にあたって、当時に考えられていたナウマン象の姿や、その周囲の環境を図にすると、それは図1のようなものだった。つまり、日本から化石となって発見されるナウマン象は、第四紀洪積世（いまから二〇〇万年まえから一万年まえまで）の初期にインドにすんでいたナタバル象の子孫だ、と考えられていたので、図のように背丈が三・七メートルもあり、皿をかぶったような頭蓋※1と、すらりとのびた長い牙※2をもち、温―暖帯の森林にすむ象の仲間だ、と信じられていた。（中略）

Ⅱ　しかし、①一ばん驚いたことは、発掘された数十個のナウマン象の骨や歯の化石にまじって、数こそすくないがオオツノシカの骨と歯が発見されたことであった。オオツノシカという動物は、図2のように、角のさきが手のひらを開いたような形をし、左右にのびた角の先と角の先の間の幅が三メートルもある、という大型のシカの仲間である。しかも、オオツノシカは、現在、北極圏にすんでいるトナカイのように寒い気候を好み、マンモスとともに、第四紀の氷河時代の代表的な動物の一つになっている。
　こうなると、南方型のナウマン象と、北方型のオオツノシカが同居していた、という世にも奇妙な結論が出てくる。そこで、わが古生物学者が、世にいう日和見※3主義の精神でかいた復元図が図2である。
　ここで遠くみえるのが黒姫火山であり、妙高火山はまだ噴火していない、と解釈されている。
（中略）

Ⅲ　つづいて、昭和三八年三月の、二年目の発掘のさいには、一年目の発掘のとき、野尻湖底（野尻湖層）の深さ六一センチのところにある砂のなかからよりわけられた、花粉の化石の鑑定結果が報告された（中略）。
　それによると、（中略）当時の野尻湖の気候は、現在の北海道ないしはそれよりも北の地方のようであった、ということになる。
　そのうえ、掘るほどに七〇個も出てきたナウマン象の化石にまじって、オオツノシカの化石もしだいに数をましてきた。しかも②奇妙なことに、出てくる化石はどれもこれも、ナウマン象とオオツノシカのものばかりで、当時、いっしょにすんでいたと思われるオオカミ・キツネ・ウサギ、といった③小型の動物の化石は、二年間掘っても、一つもでてこなかった。（中略）
　この説明としては、雪庇※4や崖ふちでは、小型の動物は平気で通りぬけられても、大型の動物は体重があるので、足場をふみぬき、かれらだけが化石になって残る、といわれている。
　これにヒントをえて、野尻湖のばあいには、大型の動物は凍った湖水の氷をふみわって、おぼれ死んだのではないのだろうか、というアイディアがうかんできた。そして、このアイディアをもとにしてえがいた復元図が図3である。（中略）

Ⅳ　（一年目と二年目の発掘で発見された自然の木炭から、当時が第四氷期の中でも、いちばん寒い時期に当たることが判明した。）こうしてえがかれたのが、マンモスのような厚い毛でおおわれたナウマン象の姿である（図4）。この図では、ナウマン象の牙はかなり曲り、背丈も二・

五メートルと小さくなっているが、これは三年目の発掘で曲った牙が発見されたことや、鈴木誠氏・亀井節夫氏らがおこなった、これまでに発掘された骨の計測の結果からである。(中略)
　なお三年目の発掘で私たちを興奮させたできごとは、ナウマン象の骨にまじって、石器をつくったときにできた④石片（人工物）が二個発見されたことであった。この石片は、私たちに無限の夢をいだかせるが、すくなくとも、その当時、象や鹿のむれる野尻湖畔に、人間の臭いがしていたことだけは事実である（中略）。
　また、地層の調査がすすむにつれて、当時、すでに妙高火山も活動をはじめていたらしいこともわかってきたので、図4にはそれも加味されている。
V　野尻湖の発掘も四年目をむかえた昭和四〇年、発掘に先だって私が心にえがいてみたナウマン象や野尻湖の復元図は、図5のようなものであった。すなわち、今から三万年まえから一万年まえ、といえば、日本にも、ヨーロッパのクロマニヨン人※5に相当する人間の先祖（新人）がすみついていたことは、日本の各地からこの時代の旧石器が発見されていることからみても疑いの余地のないところである。そして、野尻湖層からも石片がでてきているではないか。

(井尻正二『化石』岩波書店による)

注1　頭蓋（ずがい）
注2　牙（きば）
注3　日和見：どちらが優勢になるか情勢を見ていて、すぐに動かないこと。
注4　雪庇（せっぴ）：山などの風下になる方に屋根のように張り出して積もった雪。
注5　クロマニヨン人（じん）：南フランスで発見された最古の現生人類。

【問1】「①一ばん驚いたこと」とあるが、何に驚いたのか。
1　ナウマン象の骨や歯の化石が数十個も発掘されたこと
2　オオツノシカの骨と歯の化石の数がナウマン象のものより少なかったこと
3　ナウマン象の骨と歯の化石にまじって、オオツノシカのものが発掘されたこと
4　オオツノシカが、角の先の幅が三メートルもある大型のシカの仲間だったこと

【問2】「②奇妙なことに」とあるが、何が奇妙なのか。
1　当時の野尻湖の気候が現在の北海道のように寒かったこと
2　当時の気候は寒かったのに、南方型のナウマン象の化石がでてきたこと
3　ナウマン象だけでなく、オオツノシカの化石も数をましてきたこと
4　ナウマン象とオオツノシカ以外の化石がでてこなかったこと

【問3】「③小型の動物の化石は、二年間掘っても、一つもでてこなかった」のはなぜか。
1　小型の動物は骨が残りにくく、化石にもなりにくいから
2　小型の動物は大型の動物がたくさんいる湖の近くに行くことはなかったから
3　小型の動物はこのような寒い地方には生息していなかったから
4　小型の動物は湖の氷をふみわって、おぼれ死ぬことがなかったから

【問4】「④石片（人工物）が二個発見された」とあるが、そこからどんなことがわかるか。
1 当時、この地方で人間が狩りをしていた可能性があるということ
2 当時、クロマニョン人よりすぐれた石器の加工技術があったということ
3 人間の臭いを追ってナウマン象やオオツノシカが集まってきていたということ
4 ナウマン象の骨を使って人間が石器を作っていたということ

【問5】野尻湖の象の特徴を表しているものはどれか。
1 すらりとした牙／皿をかぶったような頭蓋／背丈二・五メートル
2 すらりとした牙／厚い毛／背丈三・七メートル
3 曲った牙／厚い毛／背丈二・五メートル
4 曲った牙／皿をかぶったような頭蓋／背丈三・七メートル

【問6】最初の復元図をかきかえなければならなかった原因は何か。
1 オオツノシカとナウマン象がいっしょにいたと考えたこと
2 ナウマン象を南方型の動物だと考えたこと
3 当時、日本には人間がいなかったと考えたこと
4 妙高火山がまだ噴火していなかったと考えたこと

【問7】文中の図1〜図5に当たるものとして、正しい組み合わせはどれか。

1 図1：B 図2：A 図3：E 図4：D 図5：C
2 図1：B 図2：E 図3：D 図4：A 図5：C
3 図1：A 図2：B 図3：E 図4：C 図5：D
4 図1：A 図2：B 図3：D 図4：E 図5：C

B 論説文　「論説文」の読み方

■内容■　・ある話題、事柄についての筆者の意見・主張。

■特色■　・構成がわかりやすい。→意見・主張が順序立てて述べられている。
　　　　・キーワードがある。→重要語句の繰り返しがある。
　　　　・話題の提示は文章の初めに、筆者の意見は文章末にあることが多い。
　　　　・「〜だ、〜である」体の文が多い。

■構成■

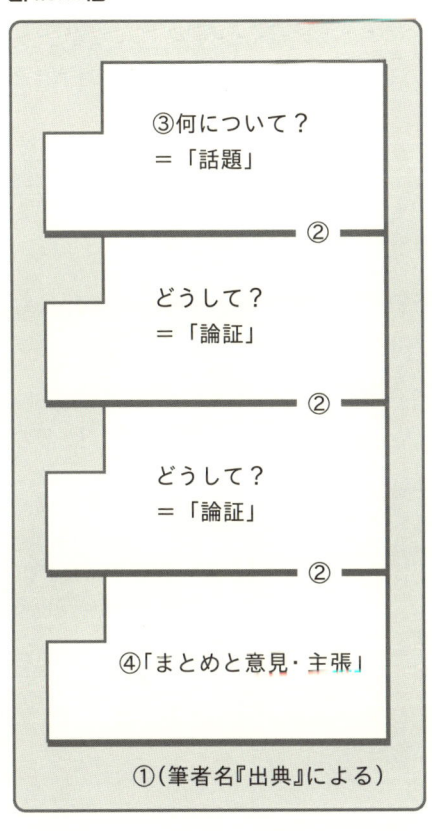

```
┌─────────────────┐
│ ③何について？     │
│  ＝「話題」       │
│            ②    │
├─────────────────┤
│ どうして？       │
│  ＝「論証」      │
│            ②    │
├─────────────────┤
│ どうして？       │
│  ＝「論証」      │
│            ②    │
├─────────────────┤
│ ④「まとめと意見・主張」│
└─────────────────┘
   ①（筆者名『出典』による）
```

■読み方■

①出典をチェック！
出典名や本の名前にキーワードがあるかも。
　↓
②段落分け！
段落の分かれ目に線を引こう。
　↓
③最初の一文に着目。
何についての文章か、をまず捉える。
　↓
④最後の段落を読む！
ここまででザッと内容を類推する。
　↓
⑤たくさん出てくる言葉をマークしながら
最後までザッとひと読み。
○□△などの記号を使って整理しよう。
　↓
⑥さあ、設問へ。
設問は段落単位で考えよう。

> 注意
> ・「指示語」「接続詞」は言葉と言葉の関係や文と文の関係をはっきりさせるために重要な働きをしているので、それらを正しく捉える！

応用編　中・長文

B　論説文　「論説文」の読み方

論説文

例題 次の文章を読んで、後の問いに対する答えとして最もよいものを、1・2・3・4から一つ選びなさい。 6分

　自家用車などを利用できない人が多く住み、生鮮食料品の入手が困難な地域が広がる、「フードデザート（食の砂漠）」問題。今や、先進国共通の大きな社会問題となっている。

　この問題に詳しい、茨城キリスト教大学の岩間信之准教授によれば、「いち早くこの問題が顕在化した英国では、こうした地域に住む低所得者層の間で、がんや心臓疾患[※1]の増加が報告されている」とされる。また食の砂漠の典型とされる米国では、「こうしたエリアにファストフード店が進出。エスニックマイノリティ[※2]層を中心に、肥満や生活習慣病の蔓延[※3]が深刻化している」（A.T. カーニーの西谷朝子アソシエイト）。

　日本で食の砂漠状態に置かれている人はどのぐらいいるのだろうか。農林水産政策研究所の推計によれば、生鮮食料品店への距離が500メートル以上で自動車を持たない人は、およそ910万人。中でも深刻なのが、うち65歳以上の350万人である。

　これまで買い物の困難に関してはもっぱら地方都市や過疎地の問題だと見られがちだったが、910万人のうち半数弱は3大都市圏に住む。実際、（中略）東京23区の食の砂漠マップでも、ほぼすべての区が満遍なく[※4]、"砂漠"状態に置かれた地域を抱えている。

　ただし食の砂漠問題は、距離的な問題で生鮮食料品の入手が難しいということだけにとどまるものではない。岩間准教授は、「この問題の根本には、高齢者の貧困や社会的な孤立がある」と指摘する。

（「栄養状態悪化で孤独死も　食の砂漠910万人の衝撃」『週刊東洋経済』2012年9月8日号、東洋経済新報社による、許諾番号 2023-062）

注1　疾患（しっかん）：病気。
注2　エスニックマイノリティ：ある社会における少数派の民族集団。
注3　蔓延（まんえん）：広がること。
注4　満遍（まんべん）なく：全体に、どこでも。

【問1】フードデザート問題のある英国と米国で深刻化しているのは、どんなことか。
1　福祉制度による援助を受けられず、人々が孤立していること
2　生活や労働のための移動が困難で、貧困が進んでしまうこと
3　民族や習慣の違いで、食生活が極端に偏っていること
4　がん、心臓疾患、生活習慣病などの患者が増加していること

【問2】「こうしたエリア」とはどこをさしているか。
1　車を利用できない人々が住み、生鮮食料品の入手が困難な地域
2　都市の発達した交通システムから抜け落ちた不便な市街地の一画
3　先進国に共通した問題がある所で、低所得者が多く住んでいる町
4　出身地や生活習慣の異なる人たちが集まって住んでいる砂漠地帯

【問3】フードデザート問題の根底にある原因は何だと言っているか。
1　自家用車を持たず、日常生活全般の用事を済ませるのが困難であること
2　高齢化が進んで、自力で生活できない人が急速に増加していること
3　高齢者だけで住んでいて社会から孤立していたり、貧困であること
4　地方都市で人口が減少し、買い物をする店が近所になくなったこと

解法 次の文章を読んで、後の問いに対する答えとして最もよいものを、1・2・3・4から一つ選びなさい。

　自家用車などを利用できない人が多く住み、生鮮食料品の入手が困難な地域が広がる、「フードデザート（食の砂漠）」問題。今や、先進国共通の大きな社会問題となっている。

　この問題に詳しい、茨城キリスト教大学の岩間信之准教授によれば、「いち早くこの問題が顕在化した英国では、こうした地域に住む低所得者層の間で、がんや心臓疾患※1の増加が報告されている」とされる。また食の砂漠の典型とされる米国では、「こうしたエリアにファストフード店が進出。エスニックマイノリティ※2層を中心に、肥満や生活習慣病の蔓延※3が深刻化している」（A.T. カーニーの西谷朝子アソシエイト）。

　日本で食の砂漠状態に置かれている人はどのぐらいいるのだろうか。農林水産政策研究所の推計によれば、生鮮食料品店への距離が500メートル以上で自動車を持たない人は、およそ910万人。中でも深刻なのが、うち65歳以上の350万人である。

　これまで買い物の困難に関してはもっぱら地方都市や過疎地の問題だと見られがちだったが、910万人のうち半数弱は3大都市圏に住む。実際、（中略）東京23区の食の砂漠マップでも、ほぼすべての区が満遍なく※4、"砂漠"状態に置かれた地域を抱えている。

　ただし食の砂漠問題は、距離的な問題で生鮮食料品の入手が難しいということだけにとどまるものではない。岩間准教授は、「この問題の根本には、高齢者の貧困や社会的な孤立がある」と指摘する。

（「栄養状態悪化で孤独死も　食の砂漠 910 万人の衝撃」『週刊東洋経済』2012 年 9 月 8 日号、東洋経済新報社による、許諾番号 2023-062）

注1　疾患：病気。
注2　エスニックマイノリティ：ある社会における少数派の民族集団。
注3　蔓延：広がること。
注4　満遍なく：全体に、どこでも。

【問1】 フードデザート問題のある英国と米国で深刻化しているのは、どんなことか。

1. 福祉制度による援助を受けられず、人々が孤立していること
2. 生活や労働のための移動が困難で、貧困が進んでしまうこと
3. 民族や習慣の違いで、食生活が極端に偏っていること
4. がん、心臓疾患、生活習慣病などの患者が増加していること

> 文意を問う設問

> **ポイント**　「フードデザート問題」とは何か、「英国」と「米国」での問題は何かを読む。
> 自家用車を利用できない人が住み、生鮮食料品の入手が困難な地域　＝　フードデザート問題（1行目-2行目）。
> 英国や米国のこのような地域で、がんなどの患者が増加していると説明している。……解答 4

【問2】「こうしたエリア」とはどこをさしているか。

1. 車を利用できない人々が住み、生鮮食料品の入手が困難な地域
2. 都市の発達した交通システムから抜け落ちた不便な市街地の一画
3. 先進国に共通した問題がある所で、低所得者が多く住んでいる町
4. 出身地や生活習慣の異なる人たちが集まって住んでいる砂漠地帯

> 指示語の問題

> **ポイント**　エリア　＝　地域（1行目）。
> この文章のテーマである「フードデザート問題」に注目し、それを説明している部分を読む。1行目と、4行目「こうした地域」、5行目「こうしたエリア」が同じものを指している。……解答 1

【問3】 フードデザート問題の根底にある原因は何だと言っているか。

1. 自家用車を持たず、日常生活全般の用事を済ませるのが困難であること
2. 高齢化が進んで、自力で生活できない人が急速に増加していること
3. 高齢者だけで住んでいて社会から孤立していたり、貧困であること
4. 地方都市で人口が減少し、買い物をする店が近所になくなったこと

> 筆者が最も伝えたいこと

> **ポイント**　「根底にある原因」について質問しているので、例の説明だけを見ない。
> 9行目-10行目「生鮮食料品店への距離が500メートル以上で自動車を持たない人は…910万人。…うち65歳以上が350万人」だと述べている。しかし、14行目-15行目「距離的な問題で生鮮食料品の入手が難しいということだけ」ではないと言っている。
> 15行目-16行目「この問題の根本には高齢者の貧困や社会的な孤立がある」と指摘している。……解答 3

応用編　中・長文

B　論説文　解法

中文

問題Ⅰ 次の文章を読んで、後の問いに対する答えとして最もよいものを、1・2・3・4から一つ選びなさい。

6分

　科学の技術化において問題とすべきことは、「①技術的合理性とは何だろうか」という設問である。科学の原理や法則は一つであっても、それを人工物として製品化する方式は無数に存在する。その場合、どのような方式が採用されるのだろうか。科学者としては自分が発見した方式を最大限に優先したいが、もっと良い方式があるのならそれに譲ってもかまわないと思う。もっと良い方式とは、省資源である、省エネルギーである、効率性に優れている、副作用のようなマイナスの要素が少ない、廃棄物に問題がない、というような公共的な配慮からのものだろう。ところが企業には、コスト・パフォーマンスが有利である、手っ取り早く製品化できる、安価にできるなど、科学者の意図とは②別の論理が働く。本来は、その技術が環境倫理や安全性などの観点からの「技術的合理性」で判断しなければならないのだが、むしろ「経済的合理性」が優先されるようになる。それとともに、「技術的合理性」が問われなくなってしまうのだ。

　そのような状況の中で、科学の技術化によって、科学者は企業の論理に従うことが習い性になっていることに危惧※を覚えている。

(池内了『科学と人間の不協和音』株式会社KADOKAWAによる)

注　危惧：危ないと思っておそれること。

【問1】「①技術的合理性」に沿った方式として、合っていないものはどれか。
1　効率性に優れている方式
2　副作用などのマイナス要素が少ない方式
3　コストパフォーマンスが有利にできる方式
4　安全性に配慮した方式

【問2】「②別の論理」とは何か。
1　技術的合理性
2　科学の原理
3　環境倫理
4　経済的合理性

【問3】 筆者が心配しているのは、どんなことか。
1　科学を技術化するとき製品化の方式が無数にあるため、最高のものを選べないこと
2　科学の原理を製品化するとき科学者は自分の発見した方式だけを推そうとすること
3　科学者の考える技術的合理性と企業の言う経済的合理性が合致しないこと
4　科学の技術化において科学者が企業の論理に従うのが普通になっていること

問題Ⅱ 次の文章を読んで、後の問いに対する答えとして最もよいものを、1・2・3・4から一つ選びなさい。

　音楽の社会的在り方がもたらしたもうひとつの重要な点は、聴衆の誕生、あるいはそういってよいなら「専門の音楽家」に対して「専門の聴き手」が登場したことによって、音楽の本質が大きく変わったことである。

　家庭内でピアノを弾く場合でも、演奏会場で名演奏に耳を傾ける場合でも、①享受者は作者と同じ時間を共有することによって、音楽に参加することになる。そして、音楽を聴く人は個性も環境も心理状態もさまざまであるから、その受け取り方もまた多様なものとなっても不思議ではない。ある人には明るく楽しいとばかり思われる音楽が、他の人には、その奥に暗い哀愁の想いを秘めたものと受け取られることもある。（中略）

　もともと②古典主義芸術は、文学においても美術においても、唯一不変の美を理想として、その完成された表現を目指した。その背後には、理想的な美は万人にとって共通のものであり、したがって優れた作品であるなら、その美はすべての人に同じように伝えられるはずだという普遍性への信頼がある。それに対して、個性の美学を主張する③ロマン派は、絶対的な「理想美」を否定して、さまざまの多様な美を求めた。それは、創作者だけの問題に限らず、享受者の参加によっていっそう多様なものとなる。さらにいえば、芸術作品は優れた創作者のみならず、優れた享受者の存在によって初めて完成される。とすれば、芸術は、本質的に多義的なものとならざるをえない。

（高階秀爾『肖像画論 モーツァルトの肖像をめぐる15章（新版）』青土社による）

【問1】「①享受者」とは、だれのことか。
1　専門の音楽家
2　楽器の製作者
3　プロの作曲家
4　音楽の聴き手

【問2】「②古典主義芸術」と「③ロマン派」の違いは何か。
1　古典主義は唯一不変の美が理想で、普遍性があるとしたが、ロマン派は個性の美学を重視し、多様な美を求めた
2　古典主義は時代を越えて完成された美の表現を追究したが、ロマン派は美の創作者と享受者の力関係が逆転した
3　古典主義は万人に同じように伝えられる美の実現が理想だったが、ロマン派はさまざまな享受者に合わせて作るものとした
4　古典主義は文学と美術の分野で人類の理想の美を志向したが、ロマン派は主に音楽で普遍的な表現を打ち出した

【問3】筆者がこの文章で言いたいことは何か。
1 音楽を創作したり演奏したりする人も、聴く人も大幅に増えたため、芸術への考え方も表現方法も多様なものになった
2 音楽を創作または演奏する人々が特権階級だけでなく一般化し、芸術の在り方も世俗的なものに変化した
3 芸術が本質的に多義的であるのは、創作者だけでなく享受者の存在によって作品が完成されたからである
4 芸術は理想的な美を追究することによって自然に広く伝わるという考えが、西欧の美学において劇的な変化をもたらした

問題Ⅲ 次の文章を読んで、後の問いに対する答えとして最もよいものを、1・2・3・4から一つ選びなさい。

　時間の長さの相対的なものであることは古典的力学でも明白なことである。それを測る単位としていろいろのものがあるうちで、物理学で選ばれた単位が「秒」である。①これは結局われわれの身近に起こるいろいろな現象の観測をする場合に最も②「手ごろな」単位として選ばれたものであることは疑いもない事実である。いかなるものを「手ごろ」と感ずるかは畢竟※1人間本位の判断であって、人間が判断しやすい程度の時間間隔だというだけのことである。この判断はやはり比較によるほかはないので、何かしら自分に最も手近な時間の見本あるいは尺度が自然に採用されるようになるであろう。脈搏や呼吸なども実際「秒」で測るに格好な※2ものである。しかしそれよりも、もっと直接に自覚的な筋肉感覚に訴える週期的時間間隔はと言えば、歩行の歩調や、あるいは鎚※3でものをたたく週期などのように人間肢体※4の自己振動週期と連関したものである。舞踊※5のステップの週期も同様であって、これはまた音楽の律動週期と密接な関係をもっている。

　現在の「秒」はメートル制の採用と振り子の使用との結合から生まれた偶然の産物であるが、このだいたいの大きさの次序※6を制定したものはやはり人体の週期であるという事はほとんど確からしく自分には思われる。

（寺田寅彦「空想日録」『寺田寅彦随筆集　第四巻』岩波書店による）

＊文中の「週期」は原典のまま。正しくは「周期」。

注1　畢竟：つまり、結局。
注2　格好な：ちょうどよい。
注3　鎚：工具の一種。物をたたいて使う。
注4　肢体：手足と体。
注5　舞踊：踊り。
注6　次序：順序。

【問1】「①これ」は何をさしているか。
1　相対的な長さ　　2　物理学　　3　「秒」という時間の単位　　4　現象の観測

【問2】「②『手ごろな』単位」とは、どのような単位か。
1　世界で共通にするために実験を行って作られた単位
2　だれにでも容易に判断できる時間間隔の単位
3　地震などの自然の振動を周期的にとらえられる単位
4　よく使うメートル制や振り子の使用から生まれた単位

【問3】筆者が時間の単位について言っていることは何か。
1　時間の長さは古典的力学の時代から厳密に測定され、やがて世界で共通の単位となった
2　人間の身辺に起こるいろいろな現象を観測する目的で、周期的時間間隔が作り出された
3　舞踊の動きを周期的な運動として、音楽の律動周期と同調させたものを時間の単位とした
4　「秒」はメートル制と振り子から偶然に生まれたが、人体の周期がもとになって制定された

問題Ⅳ 次の文章を読んで、後の問いに対する答えとして最もよいものを、1・2・3・4から一つ選びなさい。 6分

　①能面の様式はどこにその特徴を持っているであろうか。自分はそれを自然性の否定に認める。数多くの能面をこの一語の下に特徴づけるのはいささか冒険的にも思えるが、しかし自分は能面を見る度の重なるに従ってますますこの感を深くする。能面の現わすのは自然的な生の動きを外に押し出したものとしての表情ではない。逆にかかる※1表情を殺すのが能面特有の鋭い技巧である。死相をそのまま現わしたような翁※2や姥※3の面はいうまでもなく、若い女の面にさえも急死した人の顔面に見るような肉づけが認められる。②能面が一般に一味※4の気味悪さを湛えて※5いるのはかかる否定性にもとづくのである。一見してふくよかに見える面でも、その開いた眼を隠してながめると、その肉づけは著しく死相に接近する。

　といって、自分は③顔面の筋肉の生動した能面がないというのではない。ないどころか、能面としてはその方が多いのである。しかし自分はかかる筋肉の生動が、自然的な顔面の表情を類型化して作られたものとは見ることができない。むしろそれは作者の生の動きの直接的な表現である。生の外現としての表情を媒介※6とすることなく、直接に作者の生が現われるのである。そのためには表情が殺されなくてはならない。（中略）能面の生動もまた自然的な生の表情を否定するところに生じてくるのである。

（和辻哲郎「能面の様式」『和辻哲郎随筆集』岩波書店による）

注1　かかる：このような、こんな。
注2　翁（おきな）：年を取った男。
注3　姥（うば）：老女。
注4　一味（いちみ）：どことなく。
注5　湛（たた）える：感情などが表情に表れる。
注6　媒介（ばいかい）

【問1】「①能面の様式」の特徴はどんなところか。
1　自然の男女の性差を明確に現わさないところ
2　どの能面も年老いて見える造形になっているところ
3　自然な生き生きした表情を否定しているところ
4　本物の人間の不気味さを美的に描写したところ

【問2】「②能面が一般に一味の気味悪さを湛えている」のはなぜか。
1　作者自身の筋肉の生動を否定しているから
2　作る上での技巧が鋭いと感じられるから
3　翁や姥などの老人の顔を表しているから
4　自然的な生の動きを否定しているから

【問3】「③顔面の筋肉の生動した能面」について、筆者はどう考えているか。
1 　作者の生の直接的な表現であって、自然な生の表情を否定しなければ現われない
2 　能面の類型としては多く存在し、自然な人間の顔の表情をもとに作られている
3 　生きた人間の顔の形象が表情として現れ、それを直接的に表現したものである
4 　作者が自分の顔の表情を抽象化し、筋肉の動きを否定しなければ造形できない

長文

問題Ⅰ 次の文章を読んで、後の問いに対する答えとして最もよいものを、1・2・3・4から一つ選びなさい。

10分

　ミスというものは、小さなものであっても、状況によっては、もたらす影響や結果が非常に大きなものになる危険性をはらんで※¹いる。従って、たとえ小さなミスでも、①その原因と背景をきちんと調べて対策を立てるのは、とても重要だし、日常的にそういう対応をする企業風土を作ると、必ず大きな失敗（事故や営業損失）を未然に防ぐことに役立つことになる。大竹氏は、次のように言い切っている。

　〈会社の業績が悪化したり、不祥事※²を引き起こしたことで、経営者が責任をとって辞任する例は少なくありませんが、その原因は何だったのかを分析し、今後に役立てることは稀※³です。誰かが責任をとれば、それ以外のことは②不問に付されてしまいます。個人が責任をとることと、失敗の原因を追究して教訓化することとは別物なのに、それが混同されているのです。

　日本という国も同じように、これまでの歴史が教訓化されることなく、いまだに前の戦争が正しかったか間違いだったかという論争のレベルを超えていません。歴史から学ばなければ、成り行きまかせにならざるを得ないのは、個人も国も同じことです。〉

　太平洋戦争や戦後の政治的事件や行政の失敗や災害・事故について、私もかなり調べたり分析したりしてきたが、その経験に照らしてみると、大竹氏の指摘はまったくそのとおりだと思う。

　事件や事故という形で表面化した　③ a　を調査する取り組み方には、大きく分けて二つの方向がある。一つは、まず「責任者は誰だ」とか「誰がやったのだ」という発想で、　③ b　に直接かかわった者を処罰したり、監督する地位にある者が辞任したりすることで、一件落着ということになる。もう一つは、　③ c　を引き起こした原因を、背景要因まで含めて、多数の要因のつながり（連鎖）としてとらえ、それらの諸要因の一つ一つに対して、対策を考えるという取り組み方だ。

　失敗を繰り返さないようにするには、起こってしまった失敗を防げなかったのはなぜかという視点からの分析が必要である。そのためには、失敗の原因を「諸要因の連鎖」としてとらえるのが有効である。④鎖を形成する小さな輪（＝要因）のどれか一つでも取り除けば、鎖は切れて、最後の破局まで到達しない。つまり、どの一つも重要な要因になっているわけで、鎖の最後の輪（例えば直接ミスをした人）だけが失敗の原因ではないのだということが明らかになってくる。

　（　⑤　）、責任者追及型の取り組みでは、人々の感情的な満足は得られても、きめ細かな対策を導き出すのは困難である。辞めた責任者の後釜※⁴に座った人は、「人心を一新して」とか「気持を新たにして再発防止に努める」と言っても、それはかけ声だけであって、事故原因を洗い出していなければ、有効な対策を打ち出しようがない。日本という国は、残念ながら、このタイプの対応をする傾向が極めて強い。そのことを大竹氏は的確に見抜いて嘆いているのだ。

（柳田邦男『この国の失敗の本質』講談社による）

注1　はらむ：含む。
注2　不祥事（ふしょうじ）：よくない事件。
注3　稀（まれ）
注4　後釜（あとがま）：後任。

【問1】「①その原因」の「その」は何をさしているか。
1　状況
2　影響
3　危険性
4　ミス

【問2】「②不問に付されて」の「不問に付す」とは、どういう意味か。
1　不祥事が起きる
2　責任者が辞任する
3　追究されない
4　原因が分析されない

【問3】 ③a ～ ③c には同じ言葉が入る。適当なものはどれか。
1　背景
2　失敗
3　現象
4　事実

【問4】「④鎖を形成する小さな輪」とは何か。
1　失敗にいたるまでの一つ一つの要因
2　繰り返し発生したミスの内容
3　事故を防げなかった人たちの行動
4　現象についての詳しい分析

【問5】（　⑤　）に入る適当なものはどれか。
1　したがって
2　これに対し
3　さらに
4　このように

【問6】失敗を繰り返さないために、どんな取り組みが有効だと言っているか。
1　経営者などの責任ある人が、慎重に発言し行動すること
2　事件や事故に直接、最後に関係した人を洗い出して調査すること
3　組織内部のシステムを見直し、情報伝達が滞らないようにすること
4　起こした失敗の原因や背景を、一つずつ調べて対策を立てること

問題Ⅱ 次の文章を読んで、後の問いに対する答えとして最もよいものを、1・2・3・4から一つ選びなさい。

　ラジオもテレビも、さまざまな情報をほとんど休みなく発信し、しかも、それを人びとが休息する家庭のなかにまで届けてくれます。ニュースについていえば、いわゆる速報性を特徴としていて、事件が起ると同時にその進行と並行して、刻々に状況を知らせてくれます。また、この二つのメディアにはいわば遍在性とでもいうべき性質があって、情報は場所と時間を選ばず人びとのもとに向うからやってきます。①これによって、二十世紀の人間は人類史上初めて、おびただしい事件の経過そのものに、たえまなく、どこでもいつでも立ち会わされることになりました。

　さらにラジオとテレビの決定的な特質は、それがかつての印刷メディアとは違って、②文字による言葉の伝達力に頼らないということです。活字による情報は、人びとの教育程度によって受容が決定的に差別され、結果としてメディアの階層分化をつくりだしていました。文字を知らない人が排除されるのはもちろんのこと、文法や文体について教養の差があれば、それは受けとる情報の量や質にも差ができることを意味していました。これにたいして、語り言葉と音響と映像に頼る電波メディアは、③情報の無階層化を革命的に進めました。早い話が、ラジオやテレビのニュース番組には、かつての大衆紙と高級紙のあいだにもあった、受容者の社会階層による区別がなくなったのです。

　しかし、情報の本質からみてより決定的であったことは、これによって情報の持つ体系的な性格、いわば④一望できる構造がいちじるしく突き崩されたということでしょう。書物の場合であれ新聞や雑誌の場合であれ、文字情報は、たとえば目次の組み立て、章と節の区分、見出しの大小などによって、その構造を目に見える体系として示すことができます。受け手は情報の全体を空間的に展望し、そのなかにある論理的な秩序、価値的な階層関係をひと目で読み取ることができるのです。

　（　⑤　）、刻々に伝えられては流れ去る電波情報は、その時どきの部分の印象の強さにくらべて、内容の全体像を伝える力は弱くなります。いいかえれば、事件が持っている時間的なパースペクティヴ※1、さらにいえば歴史的な経過の構造が、文字情報の場合にくらべてはなはだしく弱くなります。ラジオを聞きテレビを見ている人間にとっては、⑥半月前の大地震よりも、今日起った小さな火事のほうが強烈な刺戟※2をあたえます。このことはニュース情報にかぎらず、ドラマやショーのような、本来は構造的な性格の濃いフィクションの場合にもあてはまります。劇場のドラマにくらべて、テレビやラジオのそれは刻々の趣向が面白く、その代り、全体的な首尾結構※3が弱いのが普通です。一篇の作品のなかではつねに見せ場をつくり、連続ドラマの毎回ごとに山場を設けるのが、放送ドラマの特色だといえるでしょう。

（山崎正和『近代の擁護』PHP研究所による）

注1　パースペクティヴ：全体像。全体の経過。
注2　刺戟（しげき）
注3　首尾結構（しゅびけっこう）：全体の構成のこと。

【問1】「①これによって」は何をさしているか。
1 ラジオやテレビが休みなく情報を発信していること
2 各家庭のなかまで、あらゆる情報を届けてくれること
3 刻々と変わる事件の進行を、そのつど知らせてくれること
4 速報性とともに、いつでもどこでも情報が届くこと

【問2】「②文字による言葉の伝達力に頼らない」とは、どういう意味か。
1 書かれた文字以外の手段で情報を伝える
2 文字を使ったメッセージが発信されない
3 言葉以外の手段でコミュニケーションをする
4 電波を通して広く多くの人に知らせる

【問3】「③情報の無階層化」とは何か。
1 情報の送り手に、組織内の地位の差がなくなったこと
2 情報の送り手に、地域による質の違いがなくなったこと
3 情報の受け手に、社会的な身分の差がなくなったこと
4 情報の受け手に、民族的な差別意識がなくなったこと

【問4】「④一望できる構造」とは何か。
1 情報のそれぞれの因果関係が図式的につかめること
2 全体の構造がどうなっているかすぐに見当がつくこと
3 一見すれば、どんなジャンルの情報か想像できること
4 情報を受けると、空間的な広がりが感じられること

【問5】（ ⑤ ）に入る適当なものはどれか。
1 そのうえ
2 その結果
3 これにたいして
4 このように

【問6】「⑥半月前の大地震よりも、今日起った小さな火事のほうが強烈」なのはなぜか。
1 その瞬間に受け取る情報の印象が強く感じられるから
2 継続的に事件や事故を追うには時間が短いから
3 映像や音響の方が、書き言葉よりも迫力があるから
4 受け手の身近に起ったことを伝えるのに効果的だから

問題Ⅲ 次の文章を読んで、後の問いに対する答えとして最もよいものを、
1・2・3・4から一つ選びなさい。

　現代医療の進歩と価値観の多様化の中で、疾患※1に対してこれが最善、最良の治療法であると自信を持って言えない場合が増えている。インフォームドコンセント※2はこのような時代に必然的に生まれてきた方法である。患者本位の診療を進める要となる手法であり、パターナリズム※3の医療から患者本位の医療への転換を促す契機となった考え方でもある。

　ただ、①現場はそう簡単ではない。問題の一つは、最先端医療に関して患者に理解を求めることが非常に困難なことである。初めて遭遇する健康問題にあたって、現代医療、技術は難解であり、異質な世界である。医療を知らない患者には想像を絶するほどに進歩した最新治療への期待と不安が入り混じる。エビデンス※4を伝えること自体が難しい。医師への信頼から説明を鵜呑みにする※5患者、治療を受ければ元の「健康体」に戻れるという幻想を持つ患者、逆に医療への不信から懐疑的にしか話を聞こうとしない患者。患者の理解度、性格、生きがいや価値観も千差万別である。身近な家族や友人、知人の経験から自分の病気に対する取り組みを決める患者も非常に多い。患者本位の診療をしたいと、自分の理想とする医療の実現を目指して一生懸命になってインフォームドコンセントを得ようとしながら挫折する若い医師は珍しくない。

　さらに何かを選択したときに患者の将来に起きることは②統計的な値でしか提供できない。また細大漏らさず治療や検査の有害事象や薬の副作用を説明することなど現実に困難であり、むしろ無用な不安に患者は怯える※6ことになる。

　提供する情報に医師の価値判断が入る余地が大きいことも問題である。医師にも自分の生き様があり、自分の価値観、文化がある。人間である以上感情がある。インフォームドコンセントは過去のエビデンスや客観的な情報を提供することを旨※7としている。とはいえ、現実には医師の人生観や哲学が反映されることがあってむしろ自然ではないだろうか。筆者の日常の診療においては、患者の医学的状況をふまえ、可能な限りその枠組みや人生を知ったうえで情報提供をしながらも、③最後に「私があなただったらこの治療を選びます」といった言葉をつけ加えずに患者との話し合いを終えることは難しい。このことが正しいインフォームドコンセントとは言えないことは承知である。パターナリズムの医療と言われればその通りである。ただ、今はこの診療スタイルを変える必要性を感じない。

　インフォームドコンセントのより現実的な悪影響は、患者の同意によって医師の責任が軽くなると医師が錯覚することである。実際医師にとってインフォームドコンセントは医療紛争になったときに自分を守るよりどころとなっている。インフォームドコンセントが、医師が医療行為を行うための免罪符※8であってはならない。

（磯部光章『話を聞かない医師　思いが言えない患者』集英社による）

注1　疾患：病気。
注2　インフォームドコンセント：治療内容やその効果、危険性等について医師が患者に十分説明をし、合意を得ること。
注3　パターナリズム：患者に対する医療行為等を、患者本人の意志に関係なく医師が決定すること。
注4　エビデンス：ある治療法等について、それがよいと判断できる証拠。

注5　鵜呑みにする：そのまま信じる。
注6　怯える（おびえる）
注7　旨：重要なこと。
注8　免罪符：責任などを免れるためのもの。

【問1】「①現場はそう簡単ではない」ことの理由の一つは何か。
1　難解な現代の医療や技術を、素人である患者に説明することは無意味であること
2　現代の医療技術が難解である上に、実際にはさまざまなタイプの患者がいること
3　現場である病院はいつも込んでいて、患者に説明する時間があまり取れないこと
4　実際の患者たちはみな医師を信頼し、言われたことをそのまま信じてしまうこと

【問2】「②統計的な値でしか提供できない」とは、例えばどのようなことと考えられるか。
1　ある薬の効果について、過去の研究や実験の結果について詳しく説明すること
2　ある薬の副作用の割合について、自分の担当した患者の例から説明すること
3　ある手術が成功するかどうかを、医師が自分の経験をもとに説明すること
4　ある手術が成功するかどうかを、過去のデータから成功率何％と説明すること

【問3】「③最後に『私があなただったらこの治療を選びます』といった言葉をつけ加えずに患者との話し合いを終えることは難しい」のはなぜか。
1　医師としての人生観や価値観などが反映されることは自然であり、そのほうが患者の助けにもなると考えているから
2　医師としての人生観やプライドを抑えてまで客観的事実を伝えることは、医師の自信のなさにつながると思うから
3　医師としての価値観や感情などを伝えないかぎりは、患者は誤った判断をしかねないと経験的に感じているから
4　医師として病気のことを考えたとき、多様な価値観を持つ患者の意見をいちいち聞いていることなどできないから

【問4】この文章で筆者が最も言いたいことは何か。
1　インフォームドコンセントを得ようとしながら挫折してしまう若い医師らのことを考えると、むしろインフォームドコンセントは現場には不要である
2　インフォームドコンセントは医師の生き様や価値観などとはまったく合わないものであるため、医師がパターナリズムに陥るのもしかたがないことである
3　インフォームドコンセントを実際に現場で行うことは困難であり、医師として患者のことを考えて情報提供とアドバイスを行う方が自然なことである
4　インフォームドコンセントは医療紛争の際に医師が自分を守るよりどころとなるため、現状では悪影響しかもたらさないものになってしまっている

問題Ⅳ 次の文章を読んで、後の問いに対する答えとして最もよいものを、
1・2・3・4から一つ選びなさい。

　人間がこころに思うことを他人に伝え、知らしめるのには、①いろいろな方法があります。例えば悲しみを訴えるのには、悲しい顔つきをしても伝えられる。物が食いたいときは手まねで食う様子をして見せても分かる。そのほか、泣くとか、うなるとか、叫ぶとか、にらむとか、嘆息する※1 とか、殴るとかいう手段もありまして、急な、激しい感情を一息に伝えるのには、そういう（　②　）な方法のほうが適する場合もありますが、しかしやや細かい思想を明瞭に伝えようとすれば、言語によるよりほかはありません。言語がないとどんなに不自由かということは、日本語の通じない外国へ旅行してみると分かります。

　なおまた、言語は他人を相手にするときばかりでなく、[　③　]にも必要であります。我々は頭の中で「これをこうして」とか「あれをああして」とかいうふうに独り言を言い、自分で自分に言い聞かせながら考える。そうしないと、自分の思っていることがはっきりせず、まとまりがつきにくい。皆さんが算術や幾何※2 の問題を考えるのにも、必ず頭の中で言語を使う。我々はまた、孤独を紛らすために自分で自分に話し掛ける習慣があります。強いて物を考えようとしないでも、独りでぽつねんとしているとき、④自分の中にあるもう一人の自分が、ふとささやき掛けてくることがあります。それから、他人に話すのでも、自分の言おうとすることを一遍心で言ってみて、しかる後※3 口に出すこともあります。普通我々が英語を話すときは、まず日本語で思い浮かべ、それを頭の中で英語に訳してからしゃべりますが、母国語で話すときでも、難しい事柄を述べるのには、しばしばそういうふうにする必要を感じます。されば※4 言語は思想を伝達する機関であると同時に、⑤思想に一つの形態を与える、まとまりをつける、という働きを持っております。

　そういうわけで、言語は非常に便利なものでありますが、しかし人間が心に思っていることならなんでも言語で表せる、言語をもって表白できない思想や感情はない、というふうに考えたら間違いであります。今も言うように、泣いたり、笑ったり、叫んだりするほうが、かえってそのときの気持ちにぴったり当てはまる場合がある。[　⑥　]ほうが、くどくど言葉を費やすよりも千万無量※5 の思いを伝える。もっと簡単な例を挙げますと、鯛※6 を食べたことのない人に鯛の味を分からせるように説明しろと言ったら、皆さんはどんな言葉を選びますか。恐らくどんな言葉をもっても言い表す方法がないでありましょう。さように※7、たった一つの物でさえ伝えることができないのでありますから、言語と言うものは案外不自由なものでもあります。

（谷崎潤一郎『文章読本』中央公論新社による　＊一部改変あり）

注1　嘆息する（たんそくする）
注2　幾何（きか）
注3　しかる後（のち）：それをした後。
注4　されば：だから。
注5　千万無量（せんまんむりょう）：数がとても多いこと。
注6　鯛（たい）
注7　さように：そのように。

【問1】「①いろいろな方法」に当てはまらないものはどれか。
1　おなかが痛いときにおなかに手を当ててみせる
2　気にいらないものを投げつける
3　嫌いな食べ物をがまんして食べる
4　うれしいときに飛び上がる

【問2】（　②　）に入る適当なものはどれか。
1　近代的　　　2　現代的　　　3　原始的　　　4　過去的

【問3】[　③　]に入る適当なものはどれか。
1　みんなで話をするとき　　　2　さびしくて独り言を言うとき
3　静かに読書するとき　　　　4　独りで物を考えるとき

【問4】「④自分の中にあるもう一人の自分が、ふとささやき掛けてくる」とは、どういうことか。
1　自分の中にだれかの意思が入り込んできて、それと対話するということ
2　自分の中で役割を決めて、一人二役を演じるということ
3　自分が気がつかない性格が、自然と現れて話し出すということ
4　自然と、頭の中で言葉を使って自分自身で対話するということ

【問5】なぜ言語は「⑤思想に一つの形態を与える、まとまりをつける」ことができるのか。
1　言語を使うことによって、思想や考え方が頭の中でまとめられるから
2　どの言語であっても、ある決まった形態をもっているから
3　言語は、それ自体まとまりをもった体系を形作っているから
4　言語を使用することで、だれでも一人前の社会生活者になれるから

【問6】[　⑥　]に入る適当なものはどれか。
1　黙ってさめざめと涙を流している
2　怒ってぶつぶつ文句を言っている
3　楽しくてべらべらしゃべっている
4　不安な気持ちをとつとつと訴えている

【問7】言語に対する筆者の考え方と合っているものはどれか。
1　言語は思想を伝達する唯一のものであり、かつ複雑な思想も一つに形作ることができる優れたものである
2　言語は思想を伝達したり思考をまとめたりする機能をもつ一方で、内容を伝えきれないという限界も有している
3　言語は急な、激しい感情を一息に伝える際に有効ではなく、言い表す方法がないこともある役に立たないものである
4　言語は非常に便利なものであり、人間が心に思っている思想や感情なら、言語をもって表白できないものはない

問題Ⅴ 次の文章を読んで、後の問いに対する答えとして最もよいものを、1・2・3・4から一つ選びなさい。

　脳のOS※1（オペレーション・システム）の変化に対する対応は、（　①　）を変えることにつきる。
　もちろん、だからといって、②日本をテレビのない半世紀前の時代に戻すことはできない。だから、この情報化社会の中でも工夫をし、③子どものパーソナリティが短い期間に劇的に変わらないような工夫をしなければならない。
　第一は、親が個人としてできることがある。それはまず、乳児期にはテレビを子どもから隔離する※2ことである。つまり、乳児がいる部屋にはテレビをおかない。人生の最初期（一〜三年）の情報入力の量と質こそが、脳のOSの形成やその発展に大きな影響を与えるからである。とくにその中でも、乳児期が最も大切なのである。
　さらに、幼児期になってテレビを見せる場合も、その視聴時間は一日一時間以内に制限するのがよいだろう。子どもが見る番組は、[　④　]。これは、子どもの人格形成に親が責任を持つ、ということにほかならない。
　その上で、親は、子どもがテレビと接する時間以上の時間を割いて、親子の対話をする必要がある。さらに、幼児期になったら、母親自身が、お話をして聞かせるとか、絵本を読んであげるなどの、シュタイナー教育※3流の努力が大切である。
　しかし、子どもが幼稚園や学校に行くようになれば、テレビをまったく見ないわけにはいかない。テレビの人気番組を見ていないと、その子どもは⑤仲間との会話に困るエイリアン※4になってしまう。したがって、この時期になったら、あまり極端な制限・禁止は良識的とはいえない。さらに、四〜五歳ともなれば、いわゆる脳のOSの基本は既にできあがっているから、もしテレビから悪い影響をうける部分があったとしても、それは親子関係やカウンセリングなどで矯正※5が可能である。
　第二は、社会全体としての取り組みが必要である。良識あるテレビ局は、番組の内容を視聴率本位ではなく、子どもの心の健全な育成を考慮に入れて番組を編成すべきであろう。もちろん、何が健全なのかという問題は議論の多いところであろうが、その問題に関しては科学的な調査研究を時間とコストをかけてしっかりと行うことが、子どもの脳と心を守るために必要不可欠である。少なくとも今のような放送を続けて、⑥子どもの人となり※6があまりにもその親と違ってしまうことは、社会全体としても好ましいことではない。
　また、社会的なルールやマナーを守って生活することを良しとする、健全な社会性の育成も今やマスメディアの重要な責任であることを自覚すべきである。少なくとも、暴力を描写したり賛美すること、まじめや誠実といった美徳を笑い物にすることなどは、教育上好ましいやり方とはいえない。
　また、本能衝動の爆発、すなわちキレル※7ことを、やむにやまれぬ、自然で、かつ人間的な行動として描写したドラマやアニメをくりかえして放送することが、これを模倣する非行少年を生み出す危険と隣り合わせであることも自覚されなければならない。その意味で、テレビ放送の

現状は、これから根本的に検討されなければならないだろう。

(福島章『子どもの脳が危ない』PHP研究所による)

注1　OS：身体器官を動かし、人間の活動を促す働きをする中心。機構。
注2　隔離(かくり)する：他のものから離す。
注3　シュタイナー教育：ドイツの教育理論。
注4　エイリアン：異質な存在（人）。よそ者。
注5　矯正（きょうせい）
注6　人(ひと)となり：性質。
注7　キレル：冷静さを失って急に怒ったりする。

【問1】（　①　）に入る適当なものはどれか。
1　自然環境　　　2　情報環境　　　3　社会体制　　　4　法律体系

【問2】下線部②の表現から、今の日本はどのような状態であると考えられるか。
1　半世紀前の日本に比べて大きな違いはない
2　テレビのない時代を知る人がほとんどいない
3　テレビのない時代に戻ろうとしている人が多い
4　テレビがすみずみまで普及している

【問3】「③子どものパーソナリティが短い期間に劇的に変わらないような工夫」として、適当でないものはどれか。
1　乳幼児のテレビ視聴を制限する
2　乳幼児がテレビを見るときに必ず親も一緒に見る
3　母親が幼児にお話をしてあげたりする
4　親はなるべく子どもとの接触時間を増やす

【問4】［　④　］に入る適当なものはどれか。
1　親が選択することが望ましい
2　親が厳しく禁止すべきである
3　ドラマやアニメが適当である
4　ニュースや教育番組にすべきである

【問5】「⑤仲間との会話に困るエイリアン」とは、どういう子どものことか。
1　恥ずかしがり屋でテレビを見ていないことを友だちに言えない子どものこと
2　テレビの人気番組に対する意見が違うために仲間はずれにされた子どものこと
3　友だちのテレビ番組についての話に加わることができない子どものこと
4　仲間からエイリアンにされていつもいじめられている子どものこと

【問6】「⑥子どもの人となりがあまりにもその親と違ってしまう」とは、どのような例か。
1 　子どもが本能的な行動を抑制する性質を身につけるような例
2 　子どもが感情をコントロールしてキレなくなるような例
3 　子どもが親とはまったく似ていない容姿になるような例
4 　子どもが衝動的に爆発する性質に育ってしまうような例

【問7】筆者の主張と合っていないものはどれか。
1 　乳幼児にとってテレビは有害な要素を含んでいることを認識しなければならない
2 　テレビ番組を作成する側は良識的な内容のものを作らなければならない
3 　子どもの脳や心の発達に対して親がちゃんと責任を果たさなくてはいけない
4 　テレビ放送にはいいところが一つもないので良識を持った人は見てはいけない

C 随筆 「随筆」の読み方

▌内容▐ ・実際に体験した事実等についての著者の感想や意見。

▌特色▐ ・構成がわかりにくい。→事実と筆者の感想や意見が入り交じっている。
・「話題」は筆者が関心あることや、読者に伝えたいことなど広範囲。
・名称・数値・具体例が多く使われている。
・出だしは様々だが、「まとめ」は文章末にあることが多い。

▌構成▐

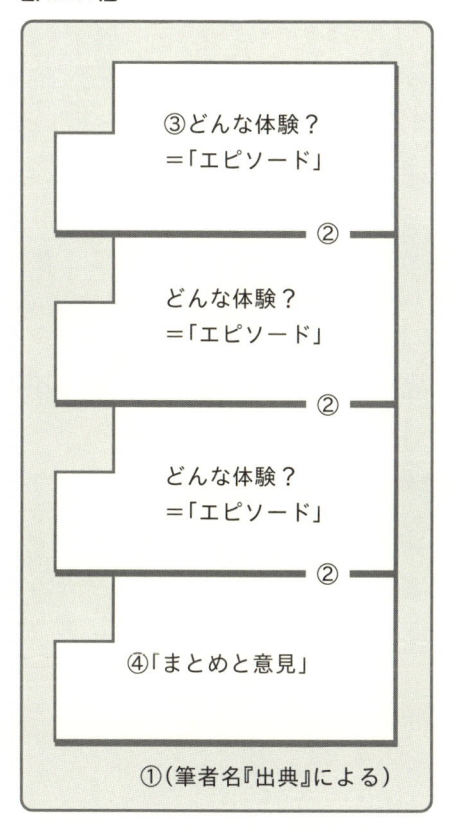

```
┌─────────────────────────┐
│  ┌───────────────┐      │
│  │ ③どんな体験？  │      │
│  │ ＝「エピソード」│      │
│  └───────────────┘ ②   │
│  ┌───────────────┐      │
│  │ どんな体験？   │      │
│  │ ＝「エピソード」│      │
│  └───────────────┘ ②   │
│  ┌───────────────┐      │
│  │ どんな体験？   │      │
│  │ ＝「エピソード」│      │
│  └───────────────┘ ②   │
│  ┌───────────────┐      │
│  │ ④「まとめと意見」│    │
│  └───────────────┘      │
│  ①（筆者名『出典』による）│
└─────────────────────────┘
```

▌読み方▐

①出典をチェック！
抽象的な題名は随筆か小説の可能性大。
↓
②段落分け！
段落の分かれ目に線を引こう。
↓
③最初の一文に着目。
論説文や説明文らしくないかチェック。
↓
④最後の段落を読む！
個人的意見が出ていたら「随筆」。
↓
⑤文中に「私」が出てくるかチェックしながら最後までザッとひと読み
「私」があったら○でマークしよう。
↓
⑥さあ、設問へ。
設問は段落単位で考えよう。

注意

・筆者の具体的体験やエピソードが中心になるので、まず「いつ、どこで、だれが、どうした」のかを正確に理解する！
・主人公＝筆者（筆者は「私」として現れることが多い）
あくまでも筆者の意見を尊重する！＝自分の意見で考えない！
・「会話文」もよく出る！

随筆

例題 次の文章を読んで、後の問いに対する答えとして最もよいものを、1・2・3・4から一つ選びなさい。 ⏱6分

「イカに自意識ってあるんですか？」
　前任地の理化学研究所でイカの行動学を進めていたときに、①とある学生からふと投げかけられた質問である。
　年長者として、博士号をもつ立場の者として、何よりもイカを研究する者として、学生からのあらゆる質問に答えられなければならない、という思いがぼくにはあった。しかし、ときにアマチュアからの質問は壮大であり、本質をつくものであり、回答が難しい。不意打ちのような質問への答えに窮した※1ぼくは、後日答えを示す約束を当の学生にすることとなった。場合によっては、質問に答えるためにみずからが学ばなければならない。②教えることはもっとも勉強になる、というゆえんである。
　そもそも自意識とは何か。自意識過剰とかのあの自意識のことか。自分を意識することか。仮にそういう内容だとして、イカにそんな感覚があるかどうかなど、正直なところそれまで考えたこともなかった。質問を発した当の学生氏にしても、どこまで深淵な※2考えにもとづいて発した問いかはわからなかったものの、なんらかの答えを求めて、ぼくは後に自身にとって重要な研究テーマとなる事柄に目を向けることとなった。

（池田譲『イカの心を探る　知の世界に生きる海の霊長類』NHK出版による）

注1　窮した（きゅうした）
注2　深淵な（しんえん）：奥が深い

【問1】「①とある学生からふと投げかけられた質問」に対して、筆者はどのように応じたか。
1 年長者であることや博士号をもつ立場のプライドにかけて、余裕で解答した
2 それまで考えてみなかった質問に対して即答できず、後回しにした
3 博士号を持つイカ研究の第一人者であったので、質問から上手に逃げた
4 質問に上手に答えられなかったため、学生には自分で調べるように言った

【問2】「②教えることはもっとも勉強になる」のはなぜか。
1 相手に何かを教えるためには、みずからが学ばなければならないから
2 他人に教える経験が豊かになればなるほど、上手に教えることができるから
3 教え方の上手な人に教えてもらうことで、自分の勉強の理解がより深まるから
4 他人に教えられるかどうかは、それまでのその人の勉強量や努力によるから

【問3】筆者がこの文章で述べているのは、どのようなことか。
1 重要な研究テーマは自分の頭で考えるものであるが、時として偶然得られることもあることがわかった
2 イカの研究においては専門家だと思っていたのに、学生の質問にも答えられなかったことが自尊心を傷つけた
3 何気なく学生に質問されたことに対してすぐに答えられなかったことが、教育の大切さに気づくきっかけとなった
4 偶然発せられた質問に対して真剣に考え始めたことが、自分にとって重要なテーマを研究するきっかけとなった

解法 次の文章を読んで、後の問いに対する答えとして最もよいものを、1・2・3・4から一つ選びなさい。

「イカに自意識ってあるんですか？」
　前任地の理化学研究所でイカの行動学を進めていたときに、①とある学生からふと投げかけられた質問である。
　年長者として、博士号をもつ立場の者として、何よりもイカを研究する者として、学生からのあらゆる質問に答えられなければならない、という思いがぼくにはあった。しかし、ときにアマチュアからの質問は壮大であり、本質をつくものであり、**回答が難しい**。不意打ちのような質問への答えに窮した※1ぼくは、後日答えを示す約束を当の学生にすることとなった。場合によっては、質問に答えるためにみずからが学ばなければならない。②教えることはもっとも勉強になる、という**ゆえん**である。
　そもそも自意識とは何か。自意識過剰とかのあの自意識のことか。自分を意識することか。仮にそういう内容だとして、イカにそんな感覚があるかどうかなど、正直なところそれまで考えたこともなかった。質問を発した当の学生氏にしても、そこまで深淵な※2考えにもとづいて発した問いかはわからなかったものの、なんらかの答えを求めて、ぼくは後に自身にとって重要な研究テーマとなる事柄に目を向けることとなった。

（池田譲『イカの心を探る 知の世界に生きる海の霊長類』NHK出版による）

注1　窮した（きゅうした）
注2　深淵な：奥が深い

【問1】「①とある学生からふと投げかけられた質問」に対して、筆者はどのように応じたか。
1　年長者であることや博士号をもつ立場のプライドにかけて、余裕で解答した
2　それまで考えてみなかった質問に対して即答できず、後回しにした
3　博士号を持つイカ研究の第一人者であったので、質問から上手に逃げた
4　質問に上手に答えられなかったため、学生には自分で調べるように言った

> **ポイント**　下線部分の文から解答部分を見つける。
> 直後に、かつての「学生からのあらゆる質問に答えられなければならない、という思いがぼくにはあった。しかし、」とあり、6行目-7行目「不意打ちのような質問への答えに窮したぼくは、後日答えを示す約束を当の学生にすることとなった」とある。……解答 2

【問2】「②教えることはもっとも勉強になる」のはなぜか。

〔理由を問う設問〕

1　相手に何かを教えるためには、みずからが学ばなければならないから
2　他人に教える経験が豊かになればなるほど、上手に教えることができるから
3　教え方の上手な人に教えてもらうことで、自分の勉強の理解がより深まるから
4　他人に教えられるかどうかは、それまでのその人の勉強量や努力によるから

> **ポイント**　下線部分の直前の部分に着目する。
> 8行目「質問に答えるためにみずからが学ばなければならない」とある。また直後の「ゆえん」とは、「事の起こり」や「わけ」を意味する言葉である。……解答 1

【問3】筆者がこの文章で述べているのは、どのようなことか。

〔筆者が最も伝えたいこと〕

1　重要な研究テーマは自分の頭で考えるものであるが、時として偶然得られることもあることがわかった
2　イカの研究においては専門家だと思っていたのに、学生の質問にも答えられなかったことが自尊心を傷つけた
3　何気なく学生に質問されたことに対してすぐに答えられなかったことが、教育の大切さに気づくきっかけとなった
4　偶然発せられた質問に対して真剣に考え始めたことが、自分にとって重要なテーマを研究するきっかけとなった

> **ポイント**　後半の部分から筆者の主張を表す文を見つける。
> 11行目に「正直なところそれまで考えたこともなかった」、13行目-14行目「なんらかの答えを求めて、ぼくは後に自身にとって重要な研究テーマとなる事柄に目を向けることとなった」とある。……解答 4

中文

問題Ⅰ 次の文章を読んで、後の問いに対する答えとして最もよいものを、1・2・3・4から一つ選びなさい。　　6分

　僕は「どうせ無理だ」という言葉は大嫌いです。なぜなら、今に至るまで、「どうせ無理」という言葉で①本当に痛い目にあい続けているからです。
　僕は小学校の六年生の卒業文集の「ぼくの夢、わたしの夢」というところに、②「自分のつくった潜水艦※¹で世界の海を旅したい」と書いて、先生に呼び出しを食らい※²ました。
　他の子どもはちゃんと職業のことを書いているのに、おまえはこんなものでいいのか？　こんな、できもしない、かなわない夢を書いていていいのか？　と言われてしまいました。
　でも、「ぼくの夢、わたしの夢」のコーナーに自分の夢を書いて、なぜ怒られなければいけないんだろうと僕は思いました。僕は小さいころ、潜水艦や海の中が大好きだったんです。なぜなら、テレビで『海底少年マリン』や『海のトリトン』が放映されていたからですね。美しい海の中に憧れ※³、そこに登場してくる魅力的な潜水艦に憧れを持ちました。
　アニメーションなんかくだらないと言う人がいますが、今、日本で、二本足で歩くロボットの開発が世界のどこよりも進んでいる理由は、ひとえに※⁴『鉄腕アトム』があったからです。あの漫画とアニメーションに影響を受けた人たちがロボット開発をしているからなんですよ。これはあまり知られていないかもしれませんが、事実です。

（植松努『NASAより宇宙に近い町工場　僕らのロケットが飛んだ』ディスカヴァー・トゥエンティワンによる）

注1　潜水艦（せんすいかん）
注2　食らう：いやなことを受ける。
注3　憧れ（あこがれ）
注4　ひとえに：（理由が）ただそれだけである。

【問1】「①本当に痛い目にあ」ったとは、どのような経験をさしているか。
1　小学校の文集に実現できそうもない夢の話を書いて、先生に笑われてしまったこと
2　小学校の文集に「どうせ無理だ」と書いて、先生の呼び出しを受けてしまったこと
3　小学校のときに、文集にいたずらを書いたために先生にひどく叱られてしまったこと
4　小学校のときに自分の夢を文集に書いたら、先生に否定されて怒られてしまったこと

【問2】「②『自分のつくった潜水艦で世界の海を旅したい』」という夢を筆者が抱いたのはなぜか。
1　他の子どものように普通の職業を望むのは夢ではないと思ったから
2　他の人には絶対できないような夢を持つことに憧れていたから
3　テレビアニメの影響で美しい海の中や潜水艦に憧れがあったから
4　テレビで放映されていた潜水艦の仕事がおもしろそうだったから

【問3】筆者がこの文章で言いたいことは何か。
1 「どうせ無理」といわれても自分に夢がある限りはその夢に向かって進み、必ず実現して証明しようとすることが何より大切である
2 かつては空想の世界のことだと思われていたことも実現されてきているので、「どうせ無理」という言葉で簡単に片付けてしまわない方がいい
3 漫画やアニメーションなどからヒントを得てロボットができている時代であるので、もっと漫画やアニメーションを評価するべきである
4 漫画やアニメーションに影響を受けた人たちがロボットを開発している事実を、目の前の現実しか見ない小学校のときの先生に見せてやりたい

問題Ⅱ 次の文章を読んで、後の問いに対する答えとして最もよいものを、
1・2・3・4から一つ選びなさい。

　近代の大人の考え方では、世界は大体理解できるものだというのが、支配的ですけれど、子どもときは、世界は理解できないもの、理解できる部分が限られているということなのではないか。
　大人になって大体①わかることができるようになるけれど、しかし時が経つと今度はそう簡単ではなくて、わからないところがたくさんでてきて、ちょっと子どもの時代に戻るような感じがある。
　私の経験からいうと、②外界への関心、理解と、ものを書くことの原則は深くかかわっています。私は初めから一人で森羅万象※1について書かなければならないというような考えは毛頭※2もっていなかった。自分で見てきて、よく知っていることを書けばいい。知らないことはたくさんあるから、それは知っている人が書けばいい。人だったら会ってみるとか、何か事件があったらその場に行って見るということは、やはり大きなことだと思う。文字だけで見るとどうしても一面的なので、もっと具体的な出発点になっているイメージというか、そういうものを直接受け取ったほうがよりよく知っているということになるのです。

　　　　　　（加藤周一『私にとっての20世紀──付 最後のメッセージ』岩波書店による）

注1　森羅万象：この世に存在する数限りないすべての物事。
注2　毛頭（～ない）：まったく（～ない）。

【問1】「①わかることができるようになる」とは、どういうことか。
1　子どもには世界が理解できないということを、大人になればだれもがわかるということ
2　子どものときにできなくても、よく練習すれば、やがてできることが増えるということ
3　子どもから大人になるにしたがって、世界の物事の理解できる範囲が広がるということ
4　子どものときから様々な経験をしておけば、知識が豊富な大人に成長できるということ

【問2】「②外界への関心、理解と、ものを書くことの原則は深くかかわっています」と筆者が言っているのはなぜか。
1　筆者のものを書く行為は必ず外の世界に対する好奇心が元となっているから
2　筆者は一人で森羅万象について書くことが作家の使命であると思っているから
3　筆者は自分で見てきてよく知っていることを書くほうがいいと考えているから
4　筆者がものを書く動機となっているのは他の人から聞いたことが多いから

【問3】 筆者がこの文章で述べているのは、どのようなことか。

1 大人になっても子どもと同じような探求心をもって外界と接したり理解したりしない限りは、ものを書くことなどとうていできない
2 大人になったから大体のことがわかるというわけではなく、またすべてのことを書くつもりもないので自分が直接知っていることを書けばよい
3 一人で森羅万象すべてを書くことは不可能なので、自分の得意分野だけを多くの人が書くことによって世界は詳細に描写できるはずである
4 ものを書くにはそれだけの経験が必要であるが文字の与える情報は一面的なので、経験をしていない人が執筆活動をすることは不可能である

問題Ⅲ 次の文章を読んで、後の問いに対する答えとして最もよいものを、
1・2・3・4から一つ選びなさい。

　一ケ月程前に事務所で念願の「炊飯器」を買った。
（中略）
　「念願」とは言ってもこれはスタッフの念願であって私はそこまで積極的に欲しがっては居なかった。
　何故なら①「御飯は鍋で炊く派」だからである。ひとり暮らしを始めてこの方、電子ジャーで御飯を炊いた事は無い。
　出来不出来に毎日の差が出るが自分で火の調節をするのが好きなので、たいして億劫※1とも思わない。
　実家では経済的理由もあったとは思うけど炊飯器は無くずっと鍋で炊いていた。
　母親が夕食の買物に出ている間鍋が吹いたら火を小さくするよう言いつけられ、台所で火の番をしていながらも本やテレビに夢中になってしまいおこげ※2を作ることもしばしばだった。
　小さな炊飯用の鍋はフタに小さな穴が開いており、そこから勢い良く湯気が出る。その湯気はまるで何か形の有る物の様にしっかりとして力強い。
　フタに開いた穴からポンポンと工業用のビス※3でもとび出しているかの様に見えた。
　そうしてお鍋がカタカタ言って、火を小さくする頃になると御飯の炊ける何とも言われぬ匂いがするのである。
　甘さの中に火の香ばしさ※4が有って明るい感じの匂い。いつまでも吸っていたいような、そんな匂いだった。
　そこにおかずとなる焼き魚やら煮物の香りが混ざって来ると夕ご飯の時間だ。
　今考えてみるといっぺんに三合※5ほどしか炊けない鍋で朝晩いちいち炊いていたのは②どんなにか手間だったろうと思う。

（安野モヨコ『食べ物連載　くいいじ　上巻』文春文庫　刊）

注1　億劫：面倒で気が進まない。
注2　おこげ：こげたご飯。
注3　ビス：小さいねじ。
注4　香ばしさ（こうばしさ）
注5　〜合：お米を量る単位。1合は約150g。

【問1】「①『御飯は鍋で炊く派』」とは何か。
1　御飯を炊くのに炊飯器ではなく鍋を用いる人々
2　鍋で御飯を炊くことを広めようとしている人々
3　御飯を炊くのは鍋でなければならないと主張する人々
4　鍋で御飯を炊くほうが早くて便利だと思っている人々

【問2】「②どんなにか手間だったろうと思う」のはなぜか。
1 鍋では一度に三合ほどしか炊けないため、一回の食事で何度も炊かなければならないのは大変だったなと思えるから
2 簡便な炊飯器に比べると、1日に何度も炊いたり火の調整をしたりしなければならなかった当時の苦労が改めて思いやられるから
3 自分が母親と同じように一人で家事をするようになってはじめて、家事の大変さが身に染みて理解できたから
4 今となっては御飯を炊くのにそんなに手間をかける人はいないため、当時の母の苦労が懐かしく思い出されるから

【問3】 筆者がこの文章で伝えているのは、どのようなことか。
1 今では見られなくなった昔の家事の大変さ
2 かつてはどこの家庭でも見られた当たり前の日常
3 鍋で炊いた御飯に対する筆者の思いと懐かしさ
4 もはやかぐことができなくなった御飯の炊ける匂い

応用編 中・長文

C 随筆 中文

問題Ⅳ 次の文章を読んで、後の問いに対する答えとして最もよいものを、
1・2・3・4から一つ選びなさい。

　正確には覚えていないが、気軽にコピー機を使えるようになったのは昭和45（1970）年ごろからではなかったか。その便利さに驚嘆し、それまで①<u>自分たちのやってきた苦労</u>がいったいなんだったのだろうと呆れる※1思いだった。

　だが、そんなことで驚いてはいられない。この10年くらいのあいだにパソコンだの携帯電話だのの性能がやたらにたかまり、よくは分からないが、インターネットだのメールだのといったものが幅をきかせる※2ようになってきた。近ごろの学生は、読書会の現場で、関連のある本の原文を小さなパソコンでどこかから呼び出して参照するなんて、私たちから見ると②<u>まるで手品のようなこと</u>を、日常茶飯のようにやってのける。マクルーハン※3の言い種※4ではないが、紙に印刷された本を読むなんてことがいつまで生活の重要事でありうるのか、なんとも心もとない※5。あるいは私たちが活字文化を生きた最後の世代なんてことにもなりかねないが、そうはなってもらいたくない気がする。

　だいたいインターネットなどによる情報収集と読書とはまるで性格の違うことなのである。私たちは偉大な作家や思想家の書いた一冊の本を読み通すことによって、深く感じることを学び、深く考えることを学ぶのであって、情報を収集しているだけではないのだ。情報だけは沢山もっているが、感じることも考えることもしない人たちのむらがる※6世の中など、あまり生きていたくない。

（木田元『私の読書遍歴——猿飛佐助からハイデガーへ』岩波書店による）

注1　呆れる（あきれる）
注2　幅をきかせる：（よくない物が）ほかを抑えて広がる。
注3　マクルーハン：社会学者の名前。
注4　言い種：言った言葉。
注5　心もとない：確かではない。
注6　むらがる：たくさんいる

【問1】「①<u>自分たちのやってきた苦労</u>」とは、どのようなことか。
1　わざわざ図書館に行かないと本が借りられなかったこと
2　何かを複写する際にはすべてを手作業でやってきたこと
3　製本から出版までをすべて手作業で行ってきたこと
4　手書きのノートを作ってこつこつ勉強してきたこと

【問2】「②<u>まるで手品のようなこと</u>」と筆者が思うのはなぜか。
1　筆者が好きな手品と同じようなことが新しい技術によってできるようになったから
2　筆者の不得意なインターネットのネットワークが次第に広がってきているから
3　筆者の年代の人々がかつて考えもしなかった新しい技術が次々と出てきているから
4　筆者にとってはパソコンが携帯できるものという感覚はまだ不思議であるから

【問3】 筆者がこの文章で伝えているのは、どのようなことか。

1 単なる情報収集だけではなく、深く感じることや考えることを学ぶ読書を軽視してはいけないということ
2 科学技術の進歩によってだれもが手軽に多くの情報を得られるようになったことは非常に好ましいということ
3 偉大な作家や思想家の書いた一冊の本を読み通すことができない現代の若者たちがかわいそうだということ
4 情報だけは沢山もっているが、感じることも考えることもしない人たちには読書などできないということ

長文

問題Ⅰ 次の文章を読んで、後の問いに対する答えとして最もよいものを、
1・2・3・4から一つ選びなさい。

10分

　魅力とは何か、非常に定義しにくい言葉です。
　けれども逆に、〈魅力がない〉とは何かを考えてみると、こちらはわかりやすいですね。魅力のない人とはどういう人か、みなさんの周りを見回しても割に多いんじゃないですか？　つまり、①型にはまった人ですね。これは魅力がない。周りに大勢いるということは、人間はつい、すぐに型にはまった暮らしをしてしまうのです。あるいは、型にはまった人間になってしまうのです。
　型にはまる、というのを、〈椅子※1〉と置き換えてもいいでしょう。日本の会社をのぞいてみますと、平社員だと小さな机に座っている。係長になると少し大きくなって、課長になるともっと大きくなる。社長になるとものすごく大きな机に座る。態度も椅子に比例してだんだん大きくなっていきます。平社員のうちは小さくなっているけれども、机が大きくなるにつれて尊大になってきて、社長になるとふんぞり返って※2いる。こういう人間は詰まらない※3。椅子に支配されたり、椅子をかさにきたり※4、椅子に引きずられたり、そんな人間がいちばん魅力がありませんね。とすると、②椅子の力とは全く関係なしに生きている人間ほど魅力的だ、と言えるかもしれません。
　比喩的に〈椅子〉と言いましたが、しかし、自分の置かれた立場に対して懸命に生きている人間も、これはこれで魅力的なのです。昔、車掌※5がいた時代は、③春にバスに乗るのが好きでした。新米の車掌さんが一生懸命やっていて、時には間違えたりもして、赤くなったりおどおどしたり※6しながら、なおひたむきに働いている。非常に初々しくて※7、目にも耳にも心地よく、乗客のサービスになっていると思うくらいでした。とにかく自分は新人なのだから、必死で頑張らなくちゃいけないと懸命になっている。これが五年経ち、十年経つと、かなりいい加減になってきて、間違えても平気な顔をして、という具合になってきます。つまり、魅力を作っているのは〈初心〉というものなのですね。仕事に対してだけでなく、生きていく姿勢としての初心、初々しさ、というものはいくつになっても大事なんじゃないか。

（城山三郎『逆境を生きる』新潮社刊）

注1　椅子（いす）
注2　ふんぞり返る：いばった態度をとる。
注3　詰まらない（つまらない）
注4　かさにきる：権威を利用していばること。
注5　車掌（しゃしょう）
注6　おどおどする：不安や怖さから落ち着かなくなること。
注7　初々しくて（ういういしくて）

【問1】「①型にはまった人」として、どのような人が挙げられているか。
1　周りにいる大勢の人に意見を聞く人
2　ずっと平社員で、小さくなっている人
3　地位が上になると、態度も尊大になる人
4　一生懸命に自分の仕事をしている人

【問2】「②椅子の力とは全く関係なしに生きている人間」とは、どういう意味か。
1　組織に入って仕事をするなかで、課長や部長に昇進する前から他の人に対する態度やふるまいが尊大である人
2　社会的な地位が高い人や、立派な肩書きの人からだれかが利益や恩恵を受けることを批判的に考える人
3　一つの会社に長くいてまじめに働き続ければ高い地位が得られると考えて、大きな失敗なく過ごそうとしている人
4　所属する組織の中で、昇進しても尊大な態度になったりせず、肩書きに影響されないで生きている人

【問3】筆者が「③春にバスに乗るのが好き」なのはなぜか。
1　長年バスで働く人たちが自分の仕事をてきぱきとするのを見たいから
2　新しく車掌になった人たちが慣れない様子で恥ずかしがるのがおもしろいから
3　春になると新しい車掌が増えて乗客へのサービスが格段によくなるから
4　新人の車掌が間違えたりしながらも懸命に仕事に取り組む様子がいいと思うから

【問4】この文章で筆者が最も言いたいことは何か。
1　地位や権力には価値を置かず、初心を大切にして懸命に生きている人は魅力的だ
2　常識的な生き方から離れないで、与えられた役割を果たそうとする人は魅力的だ
3　組織の中で昇進していくことが大切で、間違えても失敗を取り返す人は魅力的だ
4　多くの人の行動を手本にして、任された仕事の責任を果たそうとする人は魅力的だ

問題Ⅱ 次の文章を読んで、後の問いに対する答えとして最もよいものを、
1・2・3・4から一つ選びなさい。

　贈られて感謝している言葉は、数えきれないけれど、私にとってもっとも忘れがたいのは、言うべきでなかったひとことだ。
　病院で一日看護師体験をしたことがある。リハビリ※1の介助も、そのひとつ。入院中の患者さんが、リハビリ室へ移動するのに付き添って、必要な道具を運んできたり。
　患者さんは六〇代の女性。軽い脳梗塞※2により、左手に少し麻痺※3が残るとのことだったが、動きはスムーズで、立ち会う作業療法士※4さんも「回復はとても順調です」と。
　①「（梗塞の起きた）ところがよかったんでしょうか」
　言いかけた私をさえぎるように、「ピアノの先生なんですよね」と作業療法士さん。
　その瞬間、自分のひとことを深く恥じ、悔いた。リハビリ室からの帰りも患者さんは、倒れたことそのもののショックなどを、行きと同じ調子で話してくれたが、私の心は、後悔に苛まれて※5いた。
　②作業療法士さんが、私を制するように言ったわけもわかる。ピアノの先生には、左手も右手と同じくらいだいじなのだ。いや、ピアノの先生でなくたって、誰にとっても、病気になってよいところなんて、ない。
（中略）
　困難な状況にある人に、私たちは何か声をかけたい気持ちになりがちだ。こう考えれば、少しは気持ちが楽になるのではと、きっかけになりそうなひとことを、何か言いたいと。でも、それは違うのだ。
　その人が内に抱えた思いを、外へ出せずにいる限り、どんな言葉も入っていかない。③そのことがケアの知識として頭にありながら、いざ、病む人を前にしたとき、何も言わずにただそばにいることに、私は耐えられなかった。
　先日、友人から思いもよらぬ謝罪を受けた。かつて私が入院していたときに、言ってはならないひとことを口にしたと。
　私の記憶にはないことだった。言われても耳にとどめる余裕が、体力的にも精神的にもなかったのだろう。私は覚えていなくても、言った人は、そのひとことに、何年も苦しんでいた。
　言葉とは、贈る側にとっても、かくも影響をもたらすものかと、改めて知るのである。
（岸本葉子「後悔に苛まれた言葉」『忘れられない、あのひと言』岩波書店による）

注1　リハビリ：rehabilitation の略。けがや病気の後に行う機能回復訓練などのこと。
注2　脳梗塞（のうこうそく）：脳の病気。
注3　麻痺（まひ）
注4　作業療法士（さぎょうりょうほうし）：病気やけがからの回復を助ける訓練などを行う専門家。
注5　苛（さいな）まれる：苦しめられる。

【問1】筆者の言いかけた「①『(梗塞の起きた)ところがよかったんでしょうか』」の「ところ」とはどこか。
1　病気を発症したときにいた場所
2　効果的なリハビリを行える病院
3　病気が発症した脳内の部位
4　症状が出ている患者の左手

【問2】「②作業療法士さんが、私を制するように言った」のはなぜか。
1　筆者は一日だけの看護師体験をしているので、やりすぎて問題を起こすと困るから
2　患者がリハビリ室に移動するのに付き添うだけでいいのに、道具まで運んできたから
3　筆者は患者の身分や病後の経過を知らないので、あれこれ質問しようとしたから
4　病気の状態や患者にとっての深刻さを理解せず、不用意な発言をしようとしたから

【問3】「③そのこと」とは何か。
1　誰にとっても、病気になってもよい体の部分は一つもないこと
2　困難な状況にある人に対して、何か声をかけたい気持ちになること
3　患者が思いを表せない限り、他人の言葉は患者の心に響かないこと
4　病む人のそばについて、治るきっかけになる言葉を慎重に探すこと

【問4】筆者が友人から謝罪を受けたのはなぜか。
1　以前、入院中の筆者にひどいことを言った友人が、あとで思い出して謝った方がいいと考えたから
2　友人が言ったひとことを筆者が覚えていなくても、友情を大切にするために謝りたいと思ったから
3　友人が言ったひとことがきっかけで、入院中の筆者が体力的にも精神的にも弱ってしまったから
4　友人は、自分の言ったひとことが入院中の筆者を傷つけたと思い、長い間悔やんでいたから

応用編　中・長文

C　随筆　長文

問題Ⅲ 次の文章を読んで、後の問いに対する答えとして最もよいものを、
1・2・3・4から一つ選びなさい。

　私は、一人住みの住いが焼けてからしばらくは父の家にいたりしたが、父の亡くなる時は、母校の卒業生寮にいた。末の妹がしらせに来て、私が駆けつけた時は、もう父の意識はなかった。父の家のまわりの垣根には沈丁花※1の木が沢山植えてあったので、その芳香がいっぱい庭に立ちこめていた。それで、沈丁花の花の香りをかぐと私は父のことを思い出すのである。
　①私が今住んでいる家の前の地面にも、父の家の庭から持って来た沈丁花を一本植えた。それはよく根をおろして、一メートル近いまでの高さに成長し、毎年沢山の花をつけて私を喜ばしてくれていたのだが、その後、水はけ※2がわるかったことが原因して、とうとう昨年は蕾ももたずに枯れてしまった。私は、父のかたみのようにも思っていた木が枯れてしまったことが悲しかったが、幸い、②その以前にその木の枝を大きな植木鉢に挿木※3にしておいたのが、根がついて、これはホンの小さな木ながら、昨年から蕾をつけ始め、そして今年、初めて花を開いたのである。ちょうど、枯れた木の入れ替り、二代目というところである。
　私はこの木が根づいて、そして花を咲かしたことが、うれしい。父が死んでから、もう十七年たった。「去る者日々にうとし※4」という言葉があるが、私にとって、父のことは、その言葉の反対で、何かにつけて③思い出すことが多いのだ。例えば、「父だったら、こうした場合、どんな処置をとるだろうか？」などと……。父は貧しい家に生れ、小学も出ぬうちから奉公※5に出された。父はその生活の知恵をどこから受けたのであろうか？　苦労の中からだ。父は私に比べると、ずっと我慢強く、寛大だった。「腹の立つことがあったら、一二三と十数えることにする。人に小言※6をいいたくなった時は、一と晩寝てから、翌朝いうことにする。そうすれば、心がしずまって、やたらにおこらずにすむ」といっていたことがある。私は父に似ず、直ぐ腹を立てる。それで自分の健康もそこねたり※7するのだ。
　私は、鉢に咲いた沈丁花を今度こそは枯らさないようにしようと思っている。つい先日、おまわりさんが戸籍調べに来た。一人でなしに、二人で来た。一人の人は顔なじみの人だったが、うしろに従う一人はまだ二十歳前後の、医者でいえばインターンという形の、見習い中の人らしい。帰って行く時、その見習い中らしい人、まだ少年のおもかげを残した若い人は、ドア近くの植木鉢の沈丁花の上に身をまげ、花のにおいをかいで行った。その人の郷里の家にも沈丁花があるのかな、と私は思った。

（網野菊「沈丁花」『心の歳月』新潮社刊）

注1　沈丁花：春、白色や赤紫の多数の花を球状につける香りの強い植物。
注2　水はけ：排水。土地に雨水などが残りやすいかどうかについて言う。
注3　挿木：植物の枝を切って土にさし、根を出させて新しい株を作ること。
注4　去る者日々にうとし：死んだ人は時が過ぎるとしだいに忘れるものだ。
注5　奉公：他人の家や店に住み込んで、家事や仕事をすること。
注6　小言：文句。
注7　そこねる：害する。

【問1】「①私が今住んでいる家の前の地面にも、父の家の庭から持って来た沈丁花を一本植えた」のはなぜか。
1　亡くなった父親の庭にあったので、父の思い出として手もとに置きたかったから
2　実家のまわりの垣根に沢山植えてあったので、分けてもらいたいと思ったから
3　前の家にあったのは火事で焼けてしまったので、新しい沈丁花が欲しかったから
4　毎年沈丁花は沢山の花をつけるので、今の家でもその香りを楽しみたいから

【問2】「②その以前」とは、いつのことか。
1　一人暮らしの家が焼ける前
2　父が亡くなる前
3　沈丁花を自分の家に移す前
4　植え替えた沈丁花が枯れる前

【問3】「③思い出す」とあるが、「私」は父親をどのような人として思い出しているか。
1　他人の家で働かされても文句は言わないおとなしい人
2　晩年は健康をそこねるほど困難な中で我慢をし続けた人
3　心が広く、苦労の中から生活の知恵を身につけた人
4　他人とよく衝突したが、自分が正しいと信じていた人

【問4】「私」は若い警官の行動をどのように感じているか。
1　勝手に他人の家の花のにおいをかぐのは失礼だ
2　沈丁花のにおいさえ知らないとは驚いてしまう
3　沈丁花のにおいをかぐ様子は好感が持てる
4　戸籍調べに来て花のにおいをかぐなんて好奇心旺盛だ

問題Ⅳ 次の文章を読んで、後の問いに対する答えとして最もよいものを、
1・2・3・4から一つ選びなさい。

12分

　私の①最初の旅は鎌倉だった。それが初旅であることはしっかりしているのだが、何歳だったか、たぶん数え※1九歳の夏だろうか。七歳のとき母が病歿し※2、九歳の秋二度目の母をむかえているのだが、それ以前のようにおぼえている。叔母の一家が鎌倉へ避暑していて、そこへ寄せてもらったのである。母なし子をいたわって、②父と叔母がそう計らってくれたのだろう。途中の道のことも、誰に連れていってもらったのかも、まるで記憶になく、残っているのは海水浴のこわさ、おもしろさ、それにいとこたちと遊ぶ楽しさである。
　ただその楽しさの中に、印象ふかい一つの湿っぽさがあった。それは合唱だった。叔母のところでは、よく親子みんなで合唱した。これは私のうちには全くないことで、その楽しさは格別だった。両親が子供と一緒にうたってくれる。そして自分もその仲間に入って、声をあわせる。なんともいえず心が弾んで、うれしかった。それがある日、楽しくうたっている最中に、不意にいきなり、うちへ帰りたい、と③ひどく淋しく※3なった。
　ここが私の生れつきの性質なのだろうか、率直に淋しくなったといえなくて、我慢した。いえないというより、むしろそんなことはいってはいけないのだ、という我慢をした。なぜあの楽しいうたの最中に、急にそんなことを思ったのかわからないが、それにしても無心な子供の心の上にも、突然にどこからか、うす黒い影が落ちることもあるものだと思う。きざないいかたをすれば、合唱によって、旅先と家庭との間の距離を、まざまざと※4知らされたわけである。このことは割に深く心にしみたとみえて、女学生のころも合唱の声がきれいにあわさった時、ふっと気が沈むことがあり、その後は結婚して子を産み、その子と一緒にうたいながら、何度、合唱は楽しいだけであるように、と思い思いしたことか。私と娘はよく似た声なのだが、娘が十六、七のある雪の降る晩、二人で肩を組んでうたっていた。もともと似た声だから、うたは時によると自分だけの声のようにきこえた。すると娘が、合唱ってたのしいわねえ、といった。その表情のどこにも、うそはなかった。ほんとうに楽しく思っている、素直な生々した顔だった。女親の娘によせるささやかな愛情の一つが、いま果報※5を得た、といった満足感があって、私もひどく嬉しかった※6。といっても、娘の合唱になんのかげりも落ちずに済んできたのは、なにも親の私の心づかいゆえ、避けられたというものではない、それは神様から授かった、娘本人の福分※7といったらよかろうか、とそれはわかっているのだが、それでもなおかつ、母親の愛情が通じたと④思いたかったのである。

（幸田文「旅ごころ」『幸田文　旅の手帖』平凡社による）

注1　数え：数え年。生まれた年を一歳として、正月を迎えるごとに一歳加える年齢。
注2　病歿し（びょうぼつし）
注3　淋しく（さびしく）
注4　まざまざと：はっきりと。
注5　果報：よい結果。
注6　嬉しかった（うれしかった）

注7　福分（ふくぶん）：幸運。運がよく生まれついていること。

【問1】筆者は「①最初の旅」についてどんなことをよく覚えているか。
1　鎌倉へ着くまでの道中の様子
2　鎌倉近くの海岸の景色
3　叔母の家族と一緒にした合唱
4　迎えてくれた叔母の優しさ

【問2】「②父と叔母がそう計らってくれた」とあるが、二人は「私」にどうしようとしたのか。
1　母親が亡くなるまで懸命に看病した「私」のために、親戚を集めてなぐさめようとした
2　母親を亡くした「私」を可哀想に思い、叔母一家と合流して旅行をさせようとした
3　実の母を病気で亡くし、二度目の母を迎える前に鎌倉で静かに過ごさせようとした
4　「私」は母親が亡くなるまで家の中にいたので、他の家庭の雰囲気を味わわせようとした

【問3】筆者が「③ひどく淋しくなった」のはなぜか。
1　叔母たちにとっては普通の習慣だったが、慣れていなくてすぐには一緒にうたえなかったから
2　叔母の家では親の好きなうたを子供たちにもうたわせるので、自分の家とは違うと感じたから
3　はじめは叔母の家族と一緒に楽しくうたっていたが、実母が死んだときのことを思い出したから
4　旅先で叔母たちと楽しくうたっていたが、自分の家から遠く離れていることをふと感じたから

【問4】筆者が娘と一緒にうたったとき、どんなことを「④思いたかった」のか。
1　娘は筆者が若いとき受けた悲しさや苦しさを感じないので、合唱を心から楽しめるのだと思いたかった
2　二人のうたがきれいにあわさるのは、十七歳の娘の声が自分の声とよく似ているからだと思いたかった
3　娘はいつもたのしいと言いながら自分と合唱するので、うたに淋しさもかげりも感じていないと思いたかった
4　娘が合唱を楽しめるのは性分だが、暗い影を避けられたのは筆者の愛情があったからだと思いたかった

問題Ⅴ 次の文章を読んで、後の問いに対する答えとして最もよいものを、
1・2・3・4から一つ選びなさい。

　私が文学批評を書き始めた頃、歴史的或は※¹社会的環境から、文学作品を説明し評価しようとする批評が盛んで、私の書くものは、勢い、印象批評、主観批評の部類とされていたが、其後※²、私は、①自分の批評の方法を、一度も修正しようと思った事はない。何も自分の立場が正しく、他人の立場が間違っていると考えた為※³ではない。先ず※⁴好き嫌いがなければ、芸術作品に近寄る事も出来ない、という一見何でもない事柄が、意外に面倒な事と考えられ、この小さな事実が、美学というものを幾つ※⁵もおびき寄せては、これを難破させる※⁶暗礁※⁷のように見え出し、言わばそれで手がふさがって了った※⁸が為である。
　好き嫌いと言っても、ただ子供の好き嫌いで事が済まぬ以上、必ず、直覚的な理解に細かく固く結ばれて来るものだ。そして、この種の理解は、好きな物、嫌いな物というその実際にある物との取引を措いて※⁹は決して育つものではあるまい。なるたけ、色々な物に出会うのに越した事はない。私は、②文学を離れて音楽ばかり聞いていた事もあったし、絵ばかり眺めていた事もある。文学批評を止めて※¹⁰、そういうものについて、あれこれ書いていた時期もかなり長い。
　人はどう見ていたか知らないが、音楽を聞いても絵を見ても、自分としては、書くという目的に変りはない以上、批評の対象を変えてみるという極めて自然な気まぐれに過ぎなかった。こちらの都合で、文学批評から遠ざかってみる事は出来たとしても、批評から遠ざかることは出来なかったまでの話だ。外部から強いられる理由による他、文芸批評に固執する理由は、私には、何処※¹¹を捜しても見附からなかった※¹²のである。そんな事をしているうちに、どうやら③得心のいった事がある。それは、詩を捨て、驚くほどの形式の自由を得て、手のつけようもなく紛糾して※¹³いる散文という芸術にも、音楽が音楽であるより他はなく、絵が絵であるより他はないのと全く同じ意味で、その固有の魅力の性質がある、という事だ。これは、感知による得心だから、説明に困る。だから告白だ、と断った。理路整然たる告白的思想がある筈※¹⁴はない。一方、今さら、何と当り前な事を得心したものだと言われるかも知れないが、小説に宰領された※¹⁵今日の大散文時代にあって、宣伝の為とか金銭の為とか或は学問の為とかいう目的があってならともかく、ただ散文を読む為に読むのを楽しみ、書く為に書くのを好む者が、これについて、はっきりした自覚を持たねば適す※¹⁶まい。誤解されなければ、これを④審美的自覚と呼んでいいのだが、小説家も小説批評家も、音楽や美術には、審美的という言葉をまだ許しながら、小説については、もうこの言葉を使うのに漠然たる恐怖を覚えているように思われる。

（小林秀雄『考えるヒント』文春文庫　刊）

注1　或は（あるいは）
注2　其後（そのご）
注3　為（ため）
注4　先ず（まず）
注5　幾つ（いくつ）
注6　難破する：船（ここでは物事）が壊れたり、進めなくなったりする。
注7　暗礁：海面の下にある岩。または障害。

注8　了った（しまった）
注9　措いて（おいて）
注10　止めて（やめて）
注11　何処（どこ）
注12　見附からなかった（みつからなかった）
注13　紛糾（ふんきゅう）する：物事がうまく進まずまとまらない。
注14　筈（はず）
注15　宰領（さいりょう）する：多くの人（もの）をとりまとめ、支配する。
注16　適う（かなう）

【問1】筆者が「①自分の批評の方法を、一度も修正しようと思った事はない」のはなぜか。
1　文学作品を歴史的または社会的環境から説明し評価しようとする批評だけが盛んだったから
2　筆者の批評は世間から印象批評や主観批評の部類とされたが、自分は正しいと信じていたから
3　好き嫌いから出発して作品に近づき批評していく過程が困難で、それで精いっぱいだったから
4　批評すべき作品の分野が幅広く数も膨大で、自分の批評の方法をふり返る余裕がなかったから

【問2】「②文学を離れて音楽ばかり聞いていた事もあったし、絵ばかり眺めていた事もある」ことについて筆者はどう言っているか。
1　長い間文学批評を続けていたので文学に興味がなくなり、他のことをしたくなった
2　批評を書くという目的は変わらず、批評の対象を音楽や絵に変えてみただけである
3　出版社など外部の人たちからの要請で、音楽や絵の批評をするのは自然な流れだ
4　文学批評から出発して、好き嫌いの問題を深めるために様々な対象で模索していた

【問3】「③得心のいった事」とは、どんなことか。
1　文学批評から遠ざかってみると、文学批評に固執する明確な理由が存在しないこと
2　現代の文学作品は詩を除外し、形式は自由になり、混乱した状況であるということ
3　対象を広げた結果、音楽や絵にはそれぞれ心で感じ取れる別個の魅力があること
4　散文という芸術作品にも音楽や絵と同じように固有の魅力の性質があるということ

【問4】「④審美的自覚」とは、どういう意味か。
1　散文の読み手や書き手が、散文固有の魅力について明確に認識すること
2　散文を批評するために、まず「宣伝の為」「金銭の為」などの目的を考えること
3　創作する小説家も、作品を読む批評家も、本当の美を見極める意識を持つこと
4　音楽や美術が人間の美を表現するのと同様に文学が美を表現するのを恐れないこと

D 小説 「小説」の読み方

■内容■　・いろいろな物語。

■特色■　・時間の流れがある。→物語の事柄が時間と共に進行する。
　　　　・登場人物、人間関係等が様々で、会話文（「　」）や心情を表す文が多く出てくる。
　　　　・段落が多い。
　　　　・文章末に特に「まとめ」はない。

■構成■

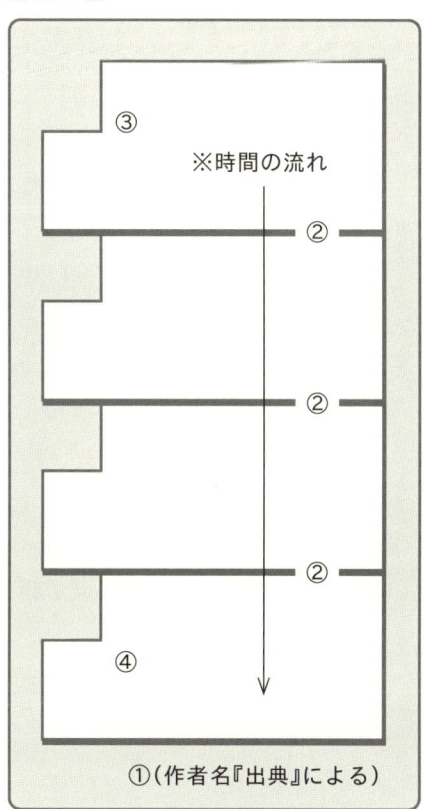

```
 ③
        ※時間の流れ
              ②
              ②
              ②
 ④
              ↓
 ①（作者名『出典』による）
```

■読み方■

①出典をチェック！
抽象的な題名は随筆か小説の可能性大。
↓
②段落分け！
段落の分かれ目に線を引こう。
↓
③最初の一文に着目。
まず場面が出ていたら小説かも。
↓
④最後の段落を読む！
意見が特にないようなら小説かも。
↓
⑤文中の登場人物などをチェックしながら最後までザッとひと読み。
○□△などの記号を使って人物を整理しよう。
↓
⑥さあ、設問へ。
設問は段落単位で考えよう。

応用編　中・長文

D　小説　「小説」の読み方

> 注意
>
> ・「いつ、どこで、だれが、どうした」（場面）のかを正確に理解する！
> ・場面の変化に注意する！
> ・「会話文」はだれがだれに言っているのかチェックする！
> ・「だれが・なぜ・どのような」心情になったのか、心情を表す言葉に線を引いて、その移り変わりを捉える！
> ・物語のヤマ場（中心になる場面）で起こった事件や出来事に対する主人公の心情変化に注意する！

113

小説

例題 次の文章を読んで、後の問いに対する答えとして最もよいものを、1・2・3・4から一つ選びなさい。 6分

　中学では、野球部に入ると決めていた。決めていたというもんじゃない。野球をするために中学に行くぐらいの思いはあったはずだ。少なくとも豪は、巧とバッテリー[1]を組んで野球をすることを目的にしていた。中学校の三年間だけじゃない。（中略）将来の自分の姿など、影も見えなかった。しかし、巧の球を受けること、受け続けること。キャッチャーとしての自分の姿だけは確かに見える。巧の球には、それだけの魅力があった。初めて見たのは去年の夏。少年野球県大会の会場だった。豪のいた新田スターズは、二回戦で負けた。
「豪、次の試合に出るピッチャー見てみいや[2]。一回戦見たかぎりでは、ちょっとはんぱじゃない[3]ぞ」
　帰り支度をしていたとき、監督から声をかけられた。正直、かんべんしてくださいよという気持ちだった。八月である。炎天下[4]で二試合戦って、くたくたに疲れていた。帰りのバスが来るまで木かげでアイスクリームでもなめていたかった。それでも監督の言葉にしたがったのは、野球もこれで最後という思いがあったからだ。中学に入ったら勉強に重点をおくと母に約束していた。適当に楽しめるクラブに入って、勉強も適当にやって、それでいいと思っていた。
　しかし、めったに人をほめない監督が、ちょっとはんぱじゃないと真顔で言った。そう言わせたピッチャーを見とくのも思い出になるかなと、納得した。

（あさのあつこ『バッテリーⅡ』株式会社KADOKAWA による）

注1　バッテリー：野球のピッチャー（投手）とキャッチャー（捕手）。
注2　見てみいや：見てみなさい。
注3　はんぱじゃない：普通の程度を越えている。すごい。
注4　炎天下：夏の焼けるような天気の中。

【問1】「正直、かんべんしてくださいよという気持ちだった」のに、ピッチャーを見る気になったのはなぜか。
1 自分たちのチームは二回戦で負けてしまったので、帰りのバスが来るまでまだだいぶ時間があったから
2 めったに人をほめないこわい監督に、真剣な顔で、絶対に見なさいと強制的に言われたから
3 中学では野球部に入るつもりだったので、監督がはんぱじゃないというピッチャーを見ておきたかったから
4 もう野球をやめようと思っていたので、監督がほめるピッチャーを見るのもいい記念だと思ったから

【問2】現時点で、豪は中学でどのように過ごそうと決めたか。
1 このまま野球を続けようと思っている
2 勉強に重点をおいて、野球は適当にやろうと思っている
3 勉強に重点をおいて、野球はやめようと思っている
4 勉強もクラブも適当にやろうと思っている

【問3】豪が、問2のように思っているのはなぜか。
1 勉強に重点をおくと母親に約束したから
2 二回戦で負けるほど、野球が弱かったから
3 巧の投げる球が魅力的だったから
4 クラブ活動を楽しみたいから

解法 次の文章を読んで、後の問いに対する答えとして最もよいものを、1・2・3・4から一つ選びなさい。

6分

　中学では、野球部に入ると決めていた。決めていたというもんじゃない。野球をするために中学に行くぐらいの思いはあったはずだ。少なくとも豪は、巧とバッテリー※1を組んで野球をすることを目的にしていた。中学校の三年間だけじゃない。将来の自分の姿など、影も見えなかった。しかし、巧の球を受けること、受け続けること。キャッチャーとしての自分の姿だけは確かに見える。巧の球には、それだけの魅力があった。初めて見たのは去年の夏。少年野球県大会の会場だった。豪のいた新田スターズは、二回戦で負けた。
「豪、次の試合に出るピッチャー見てみぃや※2。一回戦見たかぎりでは、ちょっとはんぱじゃない※3 ぞ」
　帰り支度をしていたとき、監督から声をかけられた。正直、かんべんしてくださいよという気持ちだった。八月である。炎天下※4で二試合戦って、くたくたに疲れていた。帰りのバスが来るまで木かげでアイスクリームでもなめていたかった。それでも監督の言葉にしたがったのは、野球もこれで最後という思いがあったからだ。中学に入ったら勉強に重点をおくと母に約束していた。適当に楽しめるクラブに入って、勉強も適当にやって、それでいいと思っていた。
　しかし、めったに人をほめない監督が、ちょっとはんぱじゃないと真顔で言った。そう言わせたピッチャーを見とくのも思い出になるかなと、納得した。

（あさのあつこ『バッテリーⅡ』株式会社KADOKAWAによる）

注1　バッテリー：野球のピッチャー（投手）とキャッチャー（捕手）。
注2　見てみぃや：見てみなさい。
注3　はんぱじゃない：普通の程度を越えている。すごい。
注4　炎天下：夏の焼けるような天気の中。

【問1】「正直、かんべんしてくださいよという気持ちだった」のに、ピッチャーを見る気になったのはなぜか。

1　自分たちのチームは二回戦で負けてしまったので、帰りのバスが来るまでまだだいぶ時間があったから
2　めったに人をほめないこわい監督に、真剣な顔で、絶対に見なさいと強制的に言われたから
3　中学では野球部に入るつもりだったので、監督がはんぱじゃないというピッチャーを見ておきたかったから
4　もう野球をやめようと思っていたので、監督がほめるピッチャーを見るのもいい記念だと思ったから

> **ポイント** 下線部分の前後の文で、状況と理由を理解する。
> 「野球もこれで最後」と思っているときに「めったに人をほめない監督が、ちょっとはんぱじゃない」と言うピッチャーを見るのも「思い出になる」と思っている。……解答 4

【問2】現時点で、豪は中学でどのように過ごそうと決めたか。

1　このまま野球を続けようと思っている
2　勉強に重点をおいて、野球は適当にやろうと思っている
3　勉強に重点をおいて、野球はやめようと思っている
4　勉強もクラブも適当にやろうと思っている

> **ポイント** 時間の流れに注意する。
> 5行目「初めて見たのは去年の夏」以降は過去の話。問題の「現時点」というのはその前の部分。「中学では、野球部に入ると決めていた」「野球をするために中学に行く」という強い気持ちを持っている。……解答 1

【問3】豪が、問2のように思っているのはなぜか。

1　勉強に重点をおくと母親に約束したから（→去年の夏の話）
2　二回戦で負けるほど、野球が弱かったから（→野球を続けたい理由ではない）
3　巧の投げる球が魅力的だったから
4　クラブ活動を楽しみたいから（→野球を続けたい理由ではない）

> **ポイント** 5行目までの文から状況と理由を理解する。
> 問2から豪が「野球を続けようと思っている」ことがわかる。それは「巧とバッテリー」を組んで野球がしたいためで、巧の球に「それだけの魅力があった」（5行目）からである。……解答 3

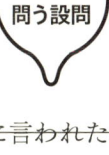

応用編　中・長文　D　小説　解法

中文

問題Ⅰ 次の文章を読んで、後の問いに対する答えとして最もよいものを、1・2・3・4から一つ選びなさい。　　6分

　「惚れてるな」と、生駒は言った。
　道路に出て歩き始めると、二人ともまた上着を脱いで、せいせいした※1気分になっていた。信じられないようなことだが、今日は蒸し暑い。川崎家を出て、改めて感じた。
　「惚れてないよ」
　「いや、惚れてる」
　「なんで」
　「目付きでわかる」
　①「冗談じゃない」私は上着を肩に担いだ。「大外れ※2だよ」
　生駒は目を剥いた※3。「誰もおまえが未だに小枝子さんに惚れてるとは言っとらん。早合点する※4な」
　「じゃ、誰の話だ？」
　「秘書だ、秘書」
　私は立ち止まった。「三宅令子が？」
　「そう」
　「川崎に？」
　「そうだ。ほかにどの組合せがある？　それとも、おまえさん秘かに俺に惚れてるか？」
　「実を言うとそうなんだ」
　「すまんが、俺は不倫は嫌いだ」
　すれちがった女子中学生の二人連れが、珍奇なものでも見るように生駒と私を振り返ってから、どっと爆笑した。②生駒は歯を剥いて笑うと、彼女たちに手を振ってみせた。
　「それでなくても恥をかきかき生きてるんだ。道を歩くときぐらいは恥をかかないでいたいね」
　「同感だ。真面目にやろう。高坂よ、秘書はボスに惚れるもんだよ」
　生駒が私を姓で呼ぶのは、なにがし※5訓戒をたれよう※6というときだ。

（宮部みゆき『龍は眠る』新潮文庫刊）

注1　せいせいする：すっきりする。
注2　大外れ（おおはずれ）
注3　目を剥く：目を大きく見開いて、怒ったり驚いたりする。
注4　早合点する：よく確かめないうちにわかったつもりになる。
注5　なにがし：何か。
注6　訓戒をたれる：物事の善し悪しを言い聞かせる。

【問1】「①『冗談じゃない』」とは、何のことか。
1 「私」が「小枝子さん」にまだ惚れているということ
2 「生駒」が「小枝子さん」にまだ惚れているということ
3 「私」が「生駒」にまだ惚れているということ
4 「川崎」が「三宅礼子」にまだ惚れているということ

【問2】「②生駒は歯を剥いて笑うと、彼女たちに手を振ってみせた」のはなぜか。
1 自分たちだけの秘密の話を女子中学生たちに聞かれてしまったから
2 自分たちのふざけた会話の内容を女子中学生に聞かれて笑われたから
3 自分たちが真剣に話をしていることを女子中学生に伝えたかったから
4 女子中学生に笑われたことで人気者になったように感じられたから

【問3】この文章はどんな場面か。
1 川崎の家からの帰りに、生駒と私がだれに惚れているかを、それぞれ冗談を交えながら告白している場面
2 川崎の家から帰る途中私がうっかり生駒に惚れていることを伝えたせいで、気まずい雰囲気になった場面
3 川崎の家で秘書の三宅礼子が川崎に惚れていることを感じ取った生駒が、歩きながらそれを私に伝えている場面
4 川崎の家で秘書がボスに惚れていることを知り、生駒がその善悪について真面目に説明をしている場面

応用編 中・長文

D 小説 中文

問題Ⅱ 次の文章を読んで、後の問いに対する答えとして最もよいものを、
1・2・3・4から一つ選びなさい。

　あくる日の朝、新井が出勤するのを待ち構えていたように、武邦がにやにやしながら席へやってきた。度の強い眼鏡をかけ、ひからびた※1茄子のように陰鬱な※2黒ずんだ顔のわりには妙にちゃらちゃらする※3男だった。
「新井部長、ご栄転※4だそうでおめでとうございます」
「なんのことだい」
「水臭い※5ですよ、部長」
「だからなんのことだって訊いて※6いるんだ」
　新井はつい大きな声を出してしまい、われながら感情的になっていると思って、①顔を赤らめた。
「部長、そんなに照れなくてもいいですよ。社長夫人の会社に出向※7だそうじゃありませんか」
　武邦は悪びれずに※8言い、にやりと笑った。
　部下に対して、個人的な感情を出してはならないと思いながらも、新井はどうしても武邦だけは生理的な嫌悪感をおぼえずにはいられなかった。いつも遠くから人の顔色を窺って※9いるようなところも厭だが、ちゃらちゃらした口のきき方が我慢できない。②もうすこしふつうにできないのか、と新井は思うのだ。
「そのことが言いたかったのかね。相変わらず早耳だな。しかし、僕のほうは受ける気はないし、仮りに受けたとしても栄転というのは当たらないんじゃないか」
　新井はつとめてくだけた口調で言ったつもりだったが、表情は硬く、声も投げやり※10だった。
「やっぱりお受けになるんですか」
　武邦は眼をひからせた。
「たとえばの話だ。きみもつまらんことに関心を持たないで、さあ仕事、仕事」

（高杉良『人事異動』新潮文庫刊）

注1　ひからびる：水分がなくなる。
注2　陰鬱な：暗く沈んだ。
注3　ちゃらちゃらする：行動や態度が軽く薄っぺらな様子。
注4　栄転：高い地位に転任すること。
注5　水臭い：他人に接するような態度。
注6　訊く：尋ねる。
注7　出向：一時的に他の会社などの仕事につくこと。
注8　悪びれずに：遠慮なく。
注9　顔色を窺う：相手の表情をそっと探る。
注10　投げやり：いいかげんな様子。

【問1】「①顔を赤らめた」のはなぜか。
1 部下の武邦があまりにもちゃらちゃらした感じで冷やかすので、他の部下に対して恥ずかしく思ったから
2 部下の武邦に指摘されたことが事実であり、そのことについては自分でも恥ずかしいと感じていたから
3 嫌いな部下が朝から変なことを言って近づいて来たため、思わず逃げようとしてしまったから
4 快く思っていない部下に冷やかすような話をされ、思わず冷静さを失ってしまったから

【問2】「②もうすこしふつうにできないのか」とは、どういうことか。
1 武邦にも他の部下と同じように素直で穏やかな人間になってほしいということ
2 武邦の非常に優れた情報収集力は仕事をするうえで生かしてほしいということ
3 武邦の生理的に嫌悪感をおぼえるような言い方を直してもらいたいということ
4 武邦に仕事のときの硬い表情や投げやりな態度を改めてもらいたいということ

【問3】この文章はどんな場面か。
1 何か意図があって言い寄ってきた部下の武邦を、上司の新井が不快に思いながらもやり過ごす場面
2 しつこく言い寄る部下の武邦に対して、新井が職場で大切なことは何かについて説教している場面
3 新井の栄転をねたましく思っていろいろ言う部下の武邦を、軽く受け流して取り合わないでいる場面
4 上司の出向についてしつこく聞く部下の武邦に対し、新井が冷静な態度で応じている場面

問題Ⅲ 次の文章を読んで、後の問いに対する答えとして最もよいものを、
1・2・3・4から一つ選びなさい。

　　いまだから言いましょう。財布を拾った私は、実はその足でしばらく①娘さんを追いかけたのです。交番が眼と鼻の先にあるのは分かっていましたが、それよりもアーケード※1を進んでゆく彼女の姿がまだこの眼に見えていたもので。まったく人間というやつは、あるとき②自分の意思とも思えない行動に出ていることがあるんですな。私は会社に戻る途中だったこともしばし忘れて、そのままアーケードの往来のなかを進んでゆきました。正確に言えば、私には追いつこうという意図はなかったし、財布がなければ困るだろうといった老婆心※2があったのでもない。ただあとをつけていっただけです。なにしろ娘さんの後ろ姿がまだ見えていたのですから。ほら、長い髪と薄桃色のスカートをひるがえしひるがえし、軽やかというか、楽しげというか。春ですよ、春。ついさっきまで遅々としていた私の冬の一日が、突然ひらりと回転して、はて日が差したのか、魔が差した※3のか、それは分かりませんが。

　　とまれ※4、そんな次第で私は二百メートルも追いかけたでしょうか。アーケードの終点あたりまで来たとき、ついに娘さんの姿は見えなくなって私は引き返し、この交番に財布を届けたわけですが、③その日はずっと心身が弾むようで、ふだんでは考えられないほど、さまざまな物思いが次から次へと溢れて※5くるのです。

（高村薫「カワイイ、アナタ」『甘い罠 8つの短篇小説集』文春文庫　刊）

注1　アーケード：通りに屋根がある商店街。
注2　老婆心（ろうばしん）：必要以上に心配する気持ち。
注3　魔（ま）が差す：ふと正しい判断ができなくなる。
注4　とまれ：ともあれ。ともかく。
注5　溢れて（あふれて）

【問1】「私」が「①娘さんを追いかけた」のはなぜか。
1　交番に財布を届けるのは面倒なので、まず本人に渡したかったから
2　娘さんがもし買い物をしたらお金がなくて困るだろうと想像したから
3　外での仕事が終わっても、すぐには会社に戻りたくなかったから
4　長い髪と薄桃色のスカートをひるがえす娘さんに心をひかれたから

【問2】「②自分の意思とも思えない行動」とは、どのようなことか。
1　知らない若い娘の後ろをずっと追いかけること
2　偶然拾った財布を自分の物にしようとすること
3　街で見かけた若い娘に声をかけようとすること
4　落し物を直接渡してお礼をもらおうとすること

【問3】「③その日はずっと心身が弾むよう」だったのはなぜか。

1 ふだんは考えられないようなことも考えられるようになったから
2 拾った財布を交番にちゃんと届けるようなよいことをしたから
3 娘さんをずっと追いかけられるほどの体力があることがわかったから
4 知らない若い娘の後をつけるという自分でも意外な出来事があったから

問題Ⅳ 次の文章を読んで、後の問いに対する答えとして最もよいものを、1・2・3・4から一つ選びなさい。

　初めて会った時のサラは、いたく※1活発なゴールデン・リトリーバー※2だった。里美の投げるボールやディスクを果敢に※3追い、華麗に※4受け止めて、自慢気な足取りで戻ってくる。泳ぐことも大好きで、里美が投げ損ねたボールを追って、よく多摩川に飛び込み、里美に叱られた。
　サラは賢い犬だった。その賢さゆえに、リード※5というくびき※6から放たれて自由を満喫していた。とはいえ、ボールやディスクを追う時以外は、里美から二メートルと離れることはなく、里美が①物欲にかられた時は店の外でおとなしく待っていた。サラにとって、里美は神にも等しい存在だったのだ。ステイと声をかけられれば、それこそ②何時間だって同じ姿勢で里美を待っていただろう。
　ともかく、わたしと里美の初デートは、わたしとサラの初対面でもあったわけだ。サラはわたしを慇懃無礼※7に扱うことに決めたようだった。わたしが頭を撫でれば尻尾を振る。だが、その間も視線は里美に向けられていた。わたしが声をかけてもそれは見事に無視された。サラにとって里美は神だが、わたしはまったき※8他人なのだった。
　いや。今から考えると③サラはわたしの心を読んでいたのかもしれない。わたしはサラが疎ましかった。せっかくのデートなのに、里美はサラと遊ぶことに夢中で、そこにロマンティックな感情や雰囲気が生まれる余地はありそうにもなかった。

(馳星周「午前零時のサラ」『午前零時 P.S. 昨日の私へ』新潮文庫刊)

注1　いたく：とても。非常に。
注2　ゴールデン・リトリーバー：犬の種類。
注3　果敢に：思いきり。
注4　華麗に（かれいに）
注5　リード：犬を散歩するときに使う、犬につける綱。
注6　くびき：自由にさせないためのもの。
注7　慇懃無礼：表面上は丁寧に見えても実際は無礼なこと。
注8　まったき：完全な。

【問1】「①物欲にかられた時」とは、どのような時か。
1　お腹がすいて何かがすごく食べたくなった時
2　いい物を買うために粘り強く交渉する時
3　遊びで使うボールやディスクを慎重に選ぶ時
4　買い物に行って欲しいものを探している時

【問2】 サラが「②何時間だって同じ姿勢で里美を待っていただろう」と思われるのはなぜか。
1 里美が神のように怖い人で、命令を守らなければならなかったから
2 里美はサラにとって唯一の存在で、忠誠をつくす対象だったから
3 サラは賢いので、だれが言ったことでも必ず守る性格だったから
4 サラはリードをつけていれば、里美の命令に従うことができたから

【問3】「③サラはわたしの心を読んでいた」とあるが、「わたし」はどんな気持ちだったのか。
1 サラとは初対面だったが、犬好きのふりをして里美に好かれたいと思っていた
2 サラと仲良くしようと声をかけたりしたが、無視されていらだっていた
3 「わたし」は里美とのデートを楽しみたいので、サラが邪魔だと感じていた
4 「わたし」と里美とのロマンティックな雰囲気をサラが壊したので憎んでいた

長文

問題Ⅰ　次の文章を読んで、後の問いに対する答えとして最もよいものを、　　10分
　　　　1・2・3・4から一つ選びなさい。

　これは①きっと陰謀※1なんじゃないだろうか。
　栗田宏一は、着ぶくれラッシュの国電※2で四方八方から圧力を加えられながら、苦労して腕時計を見た。
　左手首を目の高さにまで持ち上げるだけでも正に難行苦行※3なのである。
「うへっ！」
　八時四十七分。――今の駅を四十五分に通過しないと、遅刻しないために駅から走らねばならないのだ。
　もう一本早い電車にすれば……。いつもそう思ってはいるのだが、それが分っていてもできないのが、サラリーマンというものなのである。
　ところで何が陰謀なのかというと――大したことではなくて、朝の内は時計が早く進み、夕方、四時から五時の間はゆっくり進むように、世界中の時計が調整してあるんじゃないか、という……全く馬鹿げた※4発想なのだった。
　見る間に、腕時計のデジタル表示は八時四十八分に変わった。――また電車が停まる。「ただいま、前の電車がつかえておりますので――」
　苛立ちと諦めの入りまじったため息がそこここで洩れる。
　②そうか、今日は金曜日だっけ。栗田宏一は舌打ちした。
　金曜日ともなると、いつもは早目に出て来る真面目人間も、つい過労で寝坊、ぎりぎりの電車へ飛び込んで来る、というわけで、特に混み合うのである。
　八時五十分か。もうだめだ。これじゃ走っても間に合わない。
　ガタン、と車体がひと揺れして、また電車はのろのろと、カタツムリ※5の如く、動き始めた。
　③まあいいや。――間に合わないとなると、却って落ち着いてしまう。
　栗田宏一の勤めるS商事は、比較的大手の企業の一つで、商売柄、朝の内は人の出入りが激しい。一人ぐらい遅刻して行っても、一向に目立たないのである。
「のんびり行こう」
　と呟くと、今度は急に電車がスピードを上げて走り出した。――あれ？　これなら間に合うかな？　全く、④意地の悪い電車だ！
「⑤ボーナスは……」
　と、誰かの話している声が耳に入って来る。
　そうか、もうすぐ十二月のボーナス時期なんだな。――栗田は二十六歳の独身、親の家から通っているので、あまり金には不自由しない。
　従って、ボーナスの日を指折り数えて待つというほど、切羽詰まった※6気分ではないのである。もちろん、いただけるのは嬉しいが……。
「――⑥しまった！」
　思わず栗田は口走った。近くにいた二、三人がちょっと振り返って、うさんくさい※7目つきで栗田を見た。

今日は第四金曜日だった！
毎月第四金曜日は、定例の会議があるのだ。それに遅れて行ったら……。
シンと静まり返った会議室にコソコソと入って行く惨めさ。今までにも何度か味わったことがあるが、どうにもいい気分とは言いかねる。
大変だ！　全力疾走しても九時までに会社へ飛び込まなきゃ。

（赤川次郎「静かなる会議」『復讐はワイングラスに浮かぶ』集英社による）

注1　陰謀：だれかを落としいれるためにこっそりと企てられた計画。
注2　国電：国鉄（現JR）の電車。
注3　難行苦行：非常につらく苦しい修行。ここではとても大変なこと。
注4　馬鹿げた（ばかげた）
注5　カタツムリ：雨の日などに現れる、丸い貝がらを持つ動物。
注6　切羽詰まる：どうにもしようがない。
注7　うさんくさい：様子や態度が変で、なんとなく怪しい。

【問1】「①きっと陰謀なんじゃないだろうか」と思ったのはなぜか。
1　電車が混んで、手を持ち上げるのにも苦労するから
2　電車が停まったり遅れたりして、会社に遅刻しそうになるから
3　もう一本早い電車にしようと思っても、それができないから
4　朝は時計が早く進み、夕方は遅く進むように感じるから

【問2】「②そうか、今日は金曜日だっけ」とあるが、金曜日だとどうなるのか。
1　週の終わりで、疲れていらいらしている人が多いから、苛立ちと諦めの入りまじったため息が聞こえる
2　真面目な人までいつもより遅い電車に乗り、混み合うから、電車が遅れる
3　明日から休みだと思って気がゆるみ、寝坊してしまうから、もう一本早い電車に乗れない
4　会社で会議のある日なので、早く行かなければとあせっているから、時計が早く進むと感じる

【問3】「③まあいいや」と思ったのはなぜか。
1　電車がスピードを上げて、間に合いそうだから
2　人の出入りが多く、遅刻しても目立たないから
3　みんな会議室に行って、部屋には誰もいないから
4　遅刻しても、電車が遅れた理由を説明できるから

【問4】「④意地の悪い電車だ」と思ったのはなぜか。
1 　腕時計を見るのも大変なほど混雑しているから
2 　カタツムリのようにゆっくり走っているから
3 　遅刻していこうと決めたのに、間に合いそうになったから
4 　大切な会議のある日なのに、遅れそうだから

【問5】「⑤ボーナス」は栗田にとってどのようなものか。
1 　ボーナスをもらう時期を忘れているくらいだが、あれば嬉しいもの
2 　独身だし、親の家にいて家賃などもいらないから、必要ないもの
3 　あまりお金には不自由していないので、欲しいとは思わないもの
4 　ボーナスの日を指折り数えて待っているほど、すぐに欲しいもの

【問6】「⑥しまった」と言ったのはなぜか。
1 　第四金曜日は会議があり、そこで大切なことが話し合われることになっていたから
2 　第四金曜日には会議があることを思い出して思わず声を出し、それを見られたから
3 　第四金曜日は会議があり、それに遅れて行くと、ボーナスが減らされるから
4 　第四金曜日は会議があり、それに遅れて行くと、惨めな気分を味わうことになるから

問題Ⅱ 次の文章を読んで、後の問いに対する答えとして最もよいものを、
1・2・3・4から一つ選びなさい。

　お前たちは不思議に他人になつかない子供たちだった。ようよう※¹ お前たちを寝かしつけて
から私はそっと書斎に這入って調べ物をした。体は疲れて頭は興奮していた。仕事をすまして寝
付こうとする十一時前後になると、神経の過敏になったお前たちは、夢などを見ておびえながら
眼をさますのだった。暁方になるとお前たちの一人は乳を求めて泣き出した。それにおこされ
ると①私の眼はもう朝まで閉じなかった。朝飯を食うと私は赤い眼をしながら、堅い心のよう
なものの出来た頭を抱えて仕事をする所に出懸けた。
　北国には冬が見る見る逼ってきた。ある時病院を訪れると、お前たちの母上は寝台の上に起き
かえって窓の外を眺めていたが、私の顔を見ると、②早く退院がしたいといい出した。窓の外の
楓があんなになったのを見ると心細いというのだ。なるほど入院したてには燃えるように枝を
飾っていたその葉が一枚も残らず散りつくして、花壇の菊も霜に傷められて、萎れる※² 時でも
ないのに萎れていた。私はこの寂しさを毎日見せておくだけでもいけないと思った。然し母上
の本当の心持はそんな所にはなくって、お前たちから一刻も離れてはいられなくなっていたのだ。
　今日はいよいよ退院するという日は、霰の降る、寒い風のびゅうびゅうと吹く悪い日だった
から、③私は思い止らせようとして、仕事をすますとすぐ病院に行ってみた。然し病室はからっ
ぽで、例の婆さんが、貰った※³ ものやら、座布団やら、茶器やらを部屋の隅でごそごそと始末
していた。急いで家に帰ってみると、お前たちはもう母上のまわりに集まって嬉しそうに※⁴ 騒
いでいた。私は④それを見ると涙がこぼれた。
　⑤知らない間に私たちは離れられないものになってしまっていたのだ。五人の親子はどんどん
押寄せて来る寒さの前に、小さく固まって身を護ろうとする雑草の株のように、互により添っ
て暖みを分ち合おうとしていたのだ。然し北国の寒さは私たち五人の暖みでは間に合わない程寒
かった。私は一人の病人と頑是ない※⁵ お前たちを労わりながら旅雁※⁶ のように南を指して遁
れなければならなくなった。

　　　　　　　　　　　　　　　（有島武郎「小さき者へ」『小さき者へ・生れ出づる悩み』新潮文庫刊）

注1　ようよう：ようやく、やっと。
注2　萎れる：植物が、水分がなくなって小さくなってしまうこと。
注3　貰った（もらった）
注4　嬉しそうに（うれしそうに）
注5　頑是ない：幼くて、善悪などがわからないこと。
注6　旅雁：冬になると南の地方に渡る鳥の一種。渡って行く雁のこと。

【問1】「私」から見て、病気の女性はどんな関係か。
1　母親　　　2　妻　　　3　恋人　　　4　婆さんの娘

【問2】「①私の眼はもう朝まで閉じなかった」とは、どんなことか。
1　頭が興奮していたので、目を閉じて休むことができなかったこと
2　神経が過敏になって、子供と一緒になって朝まで過ごしたこと
3　泣き出した子供の声に起こされて、その後眠れなくなったこと
4　頭に堅い心のようなものができて、気になってしまったこと

【問3】「②早く退院がしたい」とあるが、母上が早く退院したがった理由は何か。
1　家に残してきた子供たちに、早く会いたいと思っていたから
2　北国に冬が見る見る迫ってきたので、不安になったから
3　病室の窓から見る楓が、一枚も残らず散ってしまったから
4　花壇の菊が霜のために萎れてしまい、寂しく感じたから

【問4】「③私は思い止らせようとして」とあるが、何を思い止まらせようと思ったのか。
1　子供たちの母上が、今日退院すること
2　病気の女性が、歩いて家まで来ること
3　子供たちが病人に会いに出かけること
4　婆さんが病室をすっかり片付けること

【問5】「④それ」は何をさしているか。
1　「私」が病室に行ってみると、病室がからっぽだった状態
2　婆さんが茶器などの品を、ごそごそと始末していた光景
3　母上が悪天候の中、病院から必死で家に帰ってきた行動
4　子供たちが母上のまわりに集まって、嬉しそうに騒いでいる様子

【問6】「⑤知らない間に私たちは離れられないものになってしまっていた」とは、どういう意味か。
1　妻の病気を機に、お互いを思い合ううちに家族の結びつきが強くなったということ
2　入院中、子供たちはずっと母上のことを思っていたので、もう別れられないこと
3　「私」は母の入院中、ずっと家族を支えてきたので思いやりが深まったということ
4　女性と離れて過ごしていたので、「私」は前よりも彼女を愛するようになったこと

【問7】この後、「私」たちはどうすると思われるか。
1　「私」だけが南に行かなければならなくなる
2　みんな一緒にもっと暖かい土地へ引っ越す
3　病気の母上だけを南方の病院へ転地させる
4　子供たちだけを安全なところへ行かせる

問題Ⅲ 次の文章を読んで、後の問いに対する答えとして最もよいものを、
1・2・3・4から一つ選びなさい。

12分

　どれもこれも一時しのぎ※1の仕事だったのだが、英会話教師の仕事は、四年か五年つづいたと思う。これはもともとは生徒を募集するための貼紙※2を電柱に貼って歩く仕事だったのだが、夕方になって刷毛※3とノリのバケツを返しにいくと、事務室につれこまれて先生にならないかと話を持ちかけられたのである。（中略）

　旧制高校や新制大学の英語の筆記試験をパスできる程度の英語は読みもし、書きもできるが、①話すとなるとまったく別である。いくら会話は二の次※4といっても、青い学生にそんなことをさせようというのは、②やらせるほうにもっぱら責任があると考えることにした。それからまた、シェイクスピアを自由に読みこなせる日本人の英文学教授が喋るとなるとカラキシ※5で、ロンドンまでいくにはいったけれど、会話ができないばかりにホテルの一室に一週間閉じこもったきりで帰国したというエピソードもあるのだからと、考えることにもした。しかし、ハローぐらいの発音はできなければなるまいと思うので、③自分の受持時間より一時間早く学校へいき、事務室で粗茶をすすりつつ、ベニヤ板一枚向うの教室でピアニストのイギリス女性や三井物産氏が日本語と英語でやっている授業に耳をこらし※6、つぎの時間になるとそのひとことやふたことを頭に入れて教室に出ていって、生徒全員に何度も何度も大声で暗誦させることにした。あるフランス文学者の随筆によると、大学生の眠気をさますには、授業中にときどき声を改めて、太宰治は……とか、坂口安吾の意見によると……など、授業の内容とはまったく無縁のことを大声でカマす※7ことである、すると奇妙に学生がシャッキリとなるとのことであった。④それを思いだして、ハローやグッドバイの練習のあいまあいまに、『哀愁』という映画の原題は"ウォータールー・ブリッジ"というのですが、この橋は……とか、ゲイリー・クーパーのクーパーとは"桶屋"ということですが……などと、⑤必死になって脱線した。何しろベニヤ板ごしに一時間前に耳で聞いた⑥一言半句をイーストにしてパンをふくらませようというのだし、老若男女さまざまの眼の直視を浴びているのだし、心は逃げたい一心でいるのだしで、脱線しないことにはどうしようもないのである。必死の脱線なのである。生徒はニコニコしはじめるが、こちらはハラハラとなり、うわずる※8のをおさえることに夢中であり、しばしば冷汗や熱汗でぐっしょりになるのだった。明日食べる物がないという夢の頻度にくらべると、いささか落ちるけれど、⑦この教室を悪夢に見ることもしばしばあって、そのたびごとに毛布を蹴って跳ね起きたものだった。

（開高健『破れた繭　耳の物語』新潮社刊）

応用編　中・長文
D　小説　長文

注1　一時しのぎ：その時を乗り切ること。
注2　貼紙（はりがみ）
注3　刷毛：毛の束を横に並べてつけたブラシ。ペンキなどをぬるときに使う。
注4　二の次：二番目、後回し。
注5　カラキシ：全然（だめだ）。
注6　耳をこらす：集中して聞く。
注7　カマす：相手を驚かすような言葉を浴びせること。

注8 うわずる：緊張して落ち着きをなくす。

【問1】「①話すとなるとまったく別である」とは、どんなことか。
1 　読み書きはまだ大丈夫だが、話すのは自信がないということ
2 　読み書きはやったことがあるが、話すのは未経験だということ
3 　読み書きを教えるのは難しいが、話すのを教えるのは易しいということ
4 　読み書きは学校で習ったが、話すのを習ったことがないということ

【問2】「②やらせるほう」とは、だれのことか。
1 　筆者
2 　ピアニストのイギリス人女性
3 　フランス文学者
4 　学校の経営者

【問3】「③自分の受持時間より一時間早く学校へい」ったのはなぜか。
1 　シェイクスピアを学びたいと思ったから
2 　きれいな発音で話す練習をしたいと思ったから
3 　他の教室でやっている授業を聞きたかったから
4 　事務室で好きなだけお茶が飲めたから

【問4】「④それ」とは何か。
1 　生徒に何度も暗誦させるのがよい方法であること
2 　太宰治や坂口安吾の意見を取り入れて授業をすること
3 　授業とは無関係の内容を話せば興味をひくということ
4 　何でも大声で教えれば、学生がシャッキリすること

【問5】「⑤必死になって脱線した」とは、どういう意味か。
1 　大学で習った英語は難しすぎるので、あいさつだけを教えたこと
2 　シェイクスピアを読むのは大変なので、簡単な表現だけ練習したこと
3 　好きな映画の話をしたかったので、テキストの内容からすぐ離れたこと
4 　何をどう教えていいかわからないので、関係ない話をたくさんしたこと

【問6】「⑥一言半句をイーストにしてパンをふくらませ」るとは、何のことか。
1 　他の先生が授業で話していた語句をもとに、大きく広げて授業の内容を作ること
2 　シェイクスピアのエピソードをいろいろ紹介して、授業を興味深いものにすること
3 　フランス文学者の大学の授業のように、学生に夢を持たせるような話をすること
4 　あいさつ表現が映画の中でどう話されているか、例をあげて詳しく説明すること

【問7】「⑦この教室を悪夢に見る」のはなぜか。
1　その場に行けば、老若男女さまざまの視線を浴びるから
2　本当は会話の指導ができないのに、無理してやっていたから
3　生徒は聞いてくれたが、実はウソの話ばかりしていたから
4　明日食べる物がないという事実を隠して仕事をしていたから

応用編　中・長文

D　小説　長文

問題Ⅳ 次の文章を読んで、後の問いに対する答えとして最もよいものを、1・2・3・4から一つ選びなさい。 14分

　①毎月一度のこの役目が、どういうわけで自分に押しつけられてしまったのか吾郎には判らない※1。ただ姉の時子が言うほどには、父が女のひとと暮らしている家を訪れることに嫌悪を感じてはいなかったし、何よりもそんなことで姉と言い争うことを考えると、あきらめ半分で毎月同じ道を歩いた。吾郎にとって、あの川べりの道は、自分とか姉の感情などというものを遙かに越えたところに超然と存在しているのであった。

　早く言えば吾郎はあきらめのよい性格である。かなわないと判っているものに抵抗して徒らに※2時間を費やすのは、馬鹿げて※3いるというよりも自分で哀しく※4なってしまう。学校の友人に、お前はさめてる、と言われたことがあった。吾郎はそのとき、なぜだか心の中で「ヤバい※5な」と呟いた。自分だけの秘密であるはずの、たち※6の悪い趣味を見つけられたような気がした。そう言われてみれば、吾郎はいつも自分を偽っているような気がする。意識しているわけでは決してないが、クラスの友人のくだらない冗談に大笑いしたりするとき、ふと、何ともいえず自分が情けなくなることがある。だからと言って吾郎は友人たちを子どもっぽい、などと思うことはまるでなかった。（　②　）羨望※7に近いような気持ちで、自分の周囲の少年たちを眺めていた。

　学校での吾郎の評価は、まあまあというところだった。勉強も、とびぬけてできるというわけではないが、まるっきりできないわけではない。得意なものはこれといってないけれど、全て一応人並みにはこなす※8。友人関係にも生活面にも問題はないし、教師から見れば扱いやすい存在なのかも知れない。

「あんたはね、公務員にムイてるわよ」
　保護者面接から帰って来た時子が、吾郎にそんなふうに言うことがあった。
「③家庭環境のわりにはまっすぐ育ってらっしゃいますね、だってさ。失礼しちゃうわよまったく。よっぽどハンドバッグで横っ面ひっぱたいて※9やろうかと思ったわよ」
　④時子が真剣に憤慨していても、吾郎はちょっと笑ったまま黙っている。それよりも、自分がそのように可もなく不可もなくといったような性格であるのは、あの川べりの長い道のせいだというような気がしてならない。

　父からお金を受け取る方法を、どうしてもっと別のものに変えないのかと考えたことがないわけではない。毎月家まで訪ねて取りに行く、というのは、どう考えても面倒だし、父が別の女と生活していることを考えれば尚更※10に奇妙なことではある。しかし間もなく吾郎は、それが時子の父親に対する精一杯の嫌味であることを知った。それを知ったとき、吾郎はたとえようもない、⑤嘔吐※11感にも似た嫌悪をおぼえた。姉である時子に、理性とか意志というものの入りこむ隙を与えない何とも膠着的な※12女を感じた。

　時子と吾郎は母親が違う。時子を連れて父が再婚し、間もなく吾郎が生まれたのである。
　生後すぐに実の母親を失くした時子は、継母※13である吾郎の母によくなついた。だから吾郎が生まれたとき、時子は吾郎を⑥ひどく憎らしく思ったと言う。八つ違いの腹違い※14の弟に、底意地※15の悪いいたずらをしたこともあると言う。吾郎にはそんな憶え※16はないが、そのとき

の幼い時子の心情を思うと、なんだか苦しい気持ちがする。時子のことを、不運な女だと思わずにはいられない。悪い親のもとに生まれた。そして恐らくは確実に胸のうちにしこり※17を残しているだろう思い出のある異母弟と、ふたりきりで暮らさなければならないはめ※18になっている。

（鷺沢萠「川べりの道」『帰れぬ人びと』文春文庫　刊）

注1　判らない（わからない）
注2　徒らに：無駄に。
注3　馬鹿げて（ばかげて）
注4　哀しく（かなしく）
注5　ヤバい：まずい、状況が悪い。
注6　たち：性質。
注7　羨望：うらやましく思うこと。
注8　こなす：仕事などをうまく処理する。
注9　ひっぱたく：強くたたく。
注10　尚更（なおさら）
注11　嘔吐：食べた物を吐くこと。
注12　膠着的な：ある状態が固定して、少しも変化しない様子。
注13　継母（ままはは）
注14　腹違い：父親が同じで、母親が違う。
注15　底意地：心の奥底に持つ性質。
注16　憶え（おぼえ）
注17　しこり：すっきりしない気分。
注18　はめ：好ましくない状況。

【問1】「①毎月一度のこの役目」とは、どんなものか。
1　父に生活費をもらいに行くこと
2　姉の代わりに家の仕事をすること
3　川べりの道を歩くこと
4　保護者の代わりに先生の話を聞くこと

【問2】（　②　）に入る適当なものはどれか。
1　さらに　　2　きっと　　3　ずっと　　4　むしろ

【問3】「③家庭環境のわりにはまっすぐ育ってらっしゃいますね」とあるが、吾郎はどんな家庭環境にあるか。
1　父親と新しい母親と姉と自分の四人で暮らしている
2　両親は離婚しており、母親と姉と自分の三人で暮らしている
3　父親は他の女と暮らしており、自分は姉と二人で暮らしている
4　父親は姉の母親と暮らしており、姉と自分はそれぞれ一人暮らしをしている

【問4】「④時子が真剣に憤慨していても」とあるが、時子は何に憤慨しているのか。
1　教師に吾郎が公務員にムイていると言われたこと
2　教師に家庭環境がよくないと言われたこと
3　吾郎が教師から見て扱いやすい存在であること
4　吾郎がまっすぐな人間に育ってしまったこと

【問5】「⑤嘔吐感にも似た嫌悪をおぼえた」のはなぜか。
1　父が、自分たちを捨てていったから
2　女が自分たちから父親を奪ってしまったから
3　姉がいつまでたっても感情的に父親を憎んでいるから
4　面倒だと思っているのに、自分は姉の言いなりになっているから

【問6】「⑥ひどく憎らしく思った」のはなぜだと思われるか。
1　自分には本当の母親がいないので、うらやましかったから
2　自分にとっての「母親」を、弟に取られると思ったから
3　自分より弟の方がかわいかったから
4　父親がいなかったので、性格の悪い子に育っていたから

問題Ⅴ 次の文章を読んで、後の問いに対する答えとして最もよいものを、
1・2・3・4から一つ選びなさい。

14分

　僕の父親は保険会社に勤めるごく普通のサラリーマンで、彼が函館の営業所の所長に転属され
たのを機に、僕たち一家は住み慣れた東京から函館に引っ越すことになった。僕は①いわゆる登
校拒否という状態にあり、高校一年の夏、同級生たちにリンチ※1にあってからはずっと学校と
いうものには通ってはいなかった。両親は、新聞にも載った「②集団リンチ事件」こそが僕の登
校拒否の一番の原因だと信じこんでいたようだが、本当はただ、あの学校という集団生活の場に
馴染めなかっただけだった。
　確かに僕には協調性はなかった。いちいち誰かの顔色を窺わ※2なくては生きていけない社会
なんて我慢できなかった。何かに自分を合わせるということが苦痛でしょうがなかったのだ。愛
想笑い※3など絶対出来なかったし、相手を尊重することも苦手だった。何より駄目だったのが、
③友達を作る、という行為だった。友達は自然に出来るものと信じていた僕の目には、皆がいつ
も無理して仲間を作ろうとしているように見えた。偽物の仲間が学校には溢れているように思
えた。自分を偽ってまで友達をほしいとは思わなかった。だから僕はクラスメートたちの誘いと
いう誘いを悉く※4断っていたのだ。それじゃただのわがままじゃない、と母によく注意をさ
れたが、直せなかった。協調して得た友情など、僕には必要のないものだったからだ。
　だから奴らは僕を攻撃の的にしたのだろう。彼らの幼稚な集団主義が、その団結を深めるた
めに、孤立していた僕を利用したに過ぎなかった。しかしそのリンチ事件は逆に、僕にとっては
態のいい※5登校拒否の口実となってしまう。僕は堂々と学校を拒み、自宅に籠もるようになり、
結局、大学検定試験を受ける道を選ぶのだから。それからの僕は暫くの間、一人で学習をする
という平穏な日々を送ることになった。
　ところが父に転勤の話が持ち上がった。それも函館へ。長年都内に住み続けた僕ら家族にとっ
て、いきなり函館行きというのは大変な事件だった。時々テレビに映し出される北海道の印象は
どれも雪に閉ざされた極寒のイメージでしかなく、函館についての僕の知識と言えば、夜景が美
しくロシア系の教会や五稜郭のある歴史的な観光地、といった程度だった。しかし両親は突然
の転勤に困惑こそしていたものの、④一方で内心函館行きを喜んでいる節もあった。環境の変化
によって、僕が変わるかもしれないという淡い期待を持ったからだ。
　引っ越して少し落ちついたら、学校に戻ってみてはどうだ。自宅学習をする僕を叱るわけで
もなくじっと見守っていた父が、ある時僕にそう持ちかけてきた。学校に通わなくなって一年近
くが経とうとしていた頃のことだ。
　僕に向かって真っ直ぐに話しかける父の後ろで、晩ご飯の用意をする母が⑤聞き耳をたててい
るのが僕にはよく分かった。父が会社に行っている間、家から出ずに自分の部屋で一日を
（　⑥　）過ごしていた僕にとって、母が唯一の話し相手だった。話し相手になってくれるだけ
ではなく、母は僕の勉強にもよく付き合ってくれた。僕と向かい合うために彼女も本気で勉強を
しているのが分かった。彼女はよく、一緒に受験しようね、と笑いながら言っていたが、それは
彼女流の優しさだった。しかし僕に、一番学校に戻ってほしいと願っていたのは母であったはず
だ。父の肩越しに配膳※6をする彼女の手が止まったまま動かなくなったのを僕はしっかり見て

応用編　中・長文

D　小説　長文

いた。目を伏せて何かを待っている母の横顔を僕は盗み見て、⑦心が動いた。

(辻仁成『母なる凪と父なる時化』新潮文庫刊)

注1　リンチ：規則をやぶった者などに、その組織の仲間が私的に加える制裁。
注2　顔色を窺（うかが）う：相手の表情をそっと探る。
注3　愛想笑い（あいそわらい）
注4　悉（ことごと）く：例外なく。
注5　態（てい）のいい：表面的にはちょうどいい。
注6　配膳（はいぜん）：料理を並べること。

【問1】 僕が「①いわゆる登校拒否という状態」だったのは本当はなぜか。
1　集団リンチにあったから
2　集団生活が苦手だったから
3　友達がいなかったから
4　勉強が嫌いだったから

【問2】「②集団リンチ事件」にあったのはなぜか。
1　いつも誰かの顔色を窺って、おどおどしていたから
2　おとなしくて、誰も友達がいなかったから
3　嫌な性格だと言って、皆に嫌われていたから
4　友達を作らず、皆から孤立していたから

【問3】「③友達を作る」とは、この場合どういう意味か。
1　いつの間にか自然に友達になっていること
2　無理して相手に合わせて、友達になること
3　自分を素直に表現できる友達を持つこと
4　わがままを言い合いながら、友達になること

【問4】「④一方で内心函館行きを喜んでいる節もあった」のはなぜか。
1　父が営業所の所長として函館に行くから
2　子どもの登校拒否が直るかもしれないから
3　歴史的な観光地である函館で暮らせるから
4　子どもの性格がよくなることを期待していたから

【問5】「⑤聞き耳をたてている」母は「僕」にどう言ってほしいと思っているか。
1　ずっと家にいると言ってほしい
2　自分と一緒に受験すると言ってほしい
3　学校に行くと言ってほしい
4　東京に残ると言ってほしい

【問6】（　⑥　）に入る適当なものはどれか。
1　うきうきと　　　2　あくせくと　　　3　のんびりと　　　4　ひっそりと

【問7】「⑦心が動いた」とあるが、僕はどうすることにしたと思われるか。
1　函館の高校に行くことにした
2　東京の高校に戻ることにした
3　大学検定試験を受けることにした
4　友達を作ることにした

応用編　中・長文

D　小説　長文

中・長文　正答数・正答率チェック表

できた問題をチェックし（□）、正答数と正答率を計算しよう！

正答率80％以上 合格！

A　説明文

〈中文〉

	問1	問2	問3	正答数
問題Ⅰ	□	□	□	
問題Ⅱ	□	□	□	/12
問題Ⅲ	□	□	□	正答率
問題Ⅳ	□	□	□	％

〈長文〉

	問1	問2	問3	問4	問5	問6	問7	正答数
問題Ⅰ	□	□	□	□	□	□	—	
問題Ⅱ	□	□	□	□	□	□	—	/31
問題Ⅲ	□	□	□	□	□	□	—	正答率
問題Ⅳ	□	□	□	□	□	□	—	
問題Ⅴ	□	□	□	□	□	□	□	％

B　論説文

〈中文〉

	問1	問2	問3	正答数
問題Ⅰ	□	□	□	
問題Ⅱ	□	□	□	/12
問題Ⅲ	□	□	□	正答率
問題Ⅳ	□	□	□	％

〈長文〉

	問1	問2	問3	問4	問5	問6	問7	正答数
問題Ⅰ	□	□	□	□	□	□	—	
問題Ⅱ	□	□	□	□	□	□	—	/30
問題Ⅲ	□	□	□	□	—	—	—	正答率
問題Ⅳ	□	□	□	□	□	□	□	
問題Ⅴ	□	□	□	□	□	□	□	％

C　随筆

〈中文〉

	問1	問2	問3	正答数
問題Ⅰ	□	□	□	
問題Ⅱ	□	□	□	/12
問題Ⅲ	□	□	□	正答率
問題Ⅳ	□	□	□	％

〈長文〉

	問1	問2	問3	問4	問5	問6	問7	正答数
問題Ⅰ	□	□	□	□	—	—	—	
問題Ⅱ	□	□	□	□	—	—	—	/20
問題Ⅲ	□	□	□	□	—	—	—	正答率
問題Ⅳ	□	□	□	□	—	—	—	
問題Ⅴ	□	□	□	□	—	—	—	％

D　小　説

〈中文〉

	問1	問2	問3	正答数
問題Ⅰ	☐	☐	☐	
問題Ⅱ	☐	☐	☐	/12
問題Ⅲ	☐	☐	☐	正答率
問題Ⅳ	☐	☐	☐	％

〈長文〉

	問1	問2	問3	問4	問5	問6	問7	正答数
問題Ⅰ	☐	☐	☐	☐	☐	☐	—	
問題Ⅱ	☐	☐	☐	☐	☐	☐	☐	/33
問題Ⅲ	☐	☐	☐	☐	☐	☐	☐	正答率
問題Ⅳ	☐	☐	☐	☐	☐	☐	—	
問題Ⅴ	☐	☐	☐	☐	☐	☐	☐	％

応用編　中・長文

正答数・正答率チェック表

読解攻略！日本語能力試験

N1
レベル

模擬試験　第1回

問題1 次の(1)から(4)の文章を読んで、後の問いに対する答えとして最もよいものを、1・2・3・4から一つ選びなさい。

(1)
　適切な「場の空気」を作り出すには、大勢で一緒に盛り上がることが非常に大切である。いわゆる「ノリ」である。「場の空気」を参加者全員で作ってしまうのである。「ノリがいい人」が嫌いな人は、あまりいない。そこでノリの良さに従ってもらい、「場の空気」を一気に作り上げてしまう。
　「ノリ」とは、言葉、表情、身振り、服装などから醸し出される※もので、誰でも作り出すことが可能である。みんなで良いイメージを創出し、そのイメージで互いに盛り上がり、いつしか現実のものとして全員で共有してしまう。

(鎌田浩毅『ブリッジマンの技術』講談社による)

(注) 醸し出す：ある気分や感じなどを作り出す

1 「ノリ」とは何か。
1　「場の空気」を作り出すために、参加者全員が一緒に盛り上がること
2　「場の空気」を作り出す人々が、他の参加者を自分たちに従わせること
3　参加者全員が言葉や表情、身振り、服装などを一緒にすること
4　参加者で共有するイメージのアイデアを、一人ひとりが考えること

(2)
　かつて民族と言語は密接に対応するものとされてきた。だが移住や混血が進み、また少数民族の言語が保護されずに消えていく現在、民族と言語の関係はそんなに単純なものではありえない。民族のアイデンティティのよりどころとして言語をどれくらい意識するか、その度合いも、民族レベル、集団レベル、個人レベルでほんとうにさまざまだ。だがたくさんの言語が消えていく一方で、民族のアイデンティティと強く結びついた言語の復権運動は、今後もっと盛んになるかもしれない。

(21世紀研究会編『新・民族の世界地図』文春新書　刊)

2 今の民族と言語の関係はどうなっているか。
1　非常に密接につながっている
2　ほとんど結びつきがなくなっている
3　かつてよりも結びつきが複雑になっている
4　アイデンティティの保持に必要不可欠になっている

(3)
　野生の動物は、生命の維持に大きく関わる情報を察知するのに、真っ先に嗅覚※1が働く。例えば生死に関わる危険が迫っている時には、目による視覚、耳による聴覚よりも早く、鼻の嗅覚がそれを察知するのである。
　敵が出現した時や、逆に食料となる獲物が現れた時には、いち早くニオイを嗅ぎつける※2ことで、それに対処する行動をとるわけだ。嗅覚が、原始的、本能的な部位である大脳辺縁系※3と直接結びついているのは、こうした理由があるからである。

（多田崇哲『「香り」で売る！ ビジネスを成功に導く香りのブランディング』繊研新聞社による）

（注1）嗅覚（きゅうかく）
（注2）嗅ぎつける（かぎつける）
（注3）大脳辺縁系（だいのうへんえんけい）：脳の領域

3 野生の動物の嗅覚が発達しているのはなぜか。
1　敵であれ獲物であれ、ニオイの情報が生命の維持には大きく関わっているから
2　他の動物の生命の維持に関わる行為が、自分の生命維持にも関わっているから
3　野生動物の世界では、少しでも早くニオイを嗅ぎつけないと死んでしまうから
4　野生動物の嗅覚が、脳の最も原始的、本能的な部位と直接結びついているから

(4)
　生物多様性とは、多くの生き物たちの集合体であり、生き物たちの相互関係のことである。このような地球上の生物多様性が減少することが、人類自身の危機につながることに私たちはようやく気づき始めた。自然の恵みは人間が思っているよりもずっと広大で深淵※1だったのである。地球環境の保全※2には、生物だけではなく、地球科学をはじめ、法令や経済、倫理などさまざまな分野がかかわっているが、その基礎として、生態学の理論や概念は大きな役割を果たしてきた。環境保全のための生態学の発展は、今後ますます期待されるにちがいない。

（日本生態学会編『生態学入門』東京化学同人による）

（注1）深淵（しんえん）：奥が深いこと
（注2）保全（ほぜん）：保護して安全な状態にすること

4 筆者がこの文章で述べているのは、どのようなことか。
1　生物多様性を無視して人類自身を危機に至らせた責任は、生態学にもあるだろう。
2　生物多様性などを研究する生態学は、環境保全のために今後重要度が増すだろう。
3　地球環境の保全には生態学の知識が不可欠であり、他の学問はそれほど必要ない。
4　地球環境保全のため、様々な学問分野を応用して生態学を発展させる必要がある。

問題2 次の(1)から(3)の文章を読んで、後の問いに対する答えとして最もよいものを、1・2・3・4から一つ選びなさい。

(1)

　数字のセンスとは別に、「数字に強い」「数字に弱い」といった表現を耳にすることがある。私は、会計士という職業柄か、「数字にお強いんですね。私なんかめっぽう※1弱くて……」などといわれることがよくあるが、この場合の「強い」「弱い」とはいったいどういったことを指すのだろうか？

　おそらく、多くの人がイメージする「数字に強い人」とは、方程式をサクサク※2解くことができたり、ワリカン※3のひとりあたまの金額を暗算で計算できたりする人、つまりは数学が得意な人のことを指すのだろう。

　逆に、「数字に弱い人」とは、足し算・引き算くらいならできるけど、それ以上のレベルの計算は苦手で、数字を見ると苦手意識（はたまた拒否反応）が先行してしまうような人のことをいうのだろう。

　しかし、そういった意味でいうならば、私も足し算・引き算くらいしかできない。むかしからずっと文系人間で（大学では文学部史学科に在籍）、数学の成績は中ぐらいであった。2次方程式は苦手だったし、まして微分積分なんてチンプンカンプン※4だった。だから、数字に強いなどといわれると、くすぐったく※5なってしまう。

　　　　　　　　（『さおだけ屋はなぜ潰れないのか？ 身近な疑問からはじめる会計学』山田真哉／光文社新書）

（注1）めっぽう：すごく
（注2）サクサク：途中で止まることなく、どんどんと
（注3）ワリカン：食事などの際に、勘定を人数で等分にして支払うこと
（注4）チンプンカンプン：まったくわからないこと
（注5）くすぐったい：なんとなく恥ずかしいように思うこと

5　数字にお強いんですねといわれることがあるのはなぜか。
1　筆者が、方程式をサクサク解くことができるから
2　筆者が、足し算・引き算を素早くできるから
3　筆者が、数字を扱う職業である会計士だから
4　筆者が、文系人間だったのに会計士になったから

6　筆者は自分をどのような人だと述べているか。
1　苦手な数学を克服した努力を惜しまない人
2　数字に弱いことにいつもつらい思いをしている人
3　他人に数学に強いといわれて自信がついた人
4　数字に強そうに思われるが実はそうでもない人

[7] 筆者がこの文章で述べているのは、どのようなことか。
1 会計士に向かって数字に強いというのはとても失礼な話である。
2 必ずしも数字に強い人だけが会計士になっているわけではない。
3 学生時代に数学ができなくても努力次第で会計士になれるのだ。
4 本当は数学がそれほど得意でないのでほめられると恥ずかしい。

(2)
　気の合った人たちと好きな料理を食べるのは楽しい。しゃべりまくり※1ながらの人もいれば、黙々と食べることに専念しているかに見える人もいる。後者の場合でも、人と一緒にいるという安心感に支えられているからこそ食事もスムーズに進むのである。
　一人切り※2でする食事では、侘しさ※3が最高潮に達する。悲しい記憶が頭に残っているままでの食事であれば、食べ物が喉を通らない状態になる人もいる。気持ちの持ちようが重要である。一人であれば、気を張る必要がない。人のことを考えて気を使う必要もなければ、自分を少しでもよく見せようとして努力をする必要もない。①それがよくないのだ。
　やはり、人は群れてこそ元気が出てきて、前向きに生きていこうとする気になる。自分では意識していなくても、どこかで競争しようとする意欲が湧いてくる。客観的な目で見れば、生存競争という大きな枠の中に自動的に組み込まれているのだ。ただ、その生存競争の中には、さまざまな競争の種目があるので、②誰でも自分の得意な種目を見つけることができるようになっている。
　しかしながら、何かの拍子※4に選んだ、ないしは※5選ばされた種目のいくつかにおいて、立て続けにうまくいかない結果になることもある。そこで挫折感※6を味わって消極的な姿勢になると、人生とのミスマッチが起こる。人と群れることを拒否し始める。いわゆる「引きこもり」の傾向が出てくる。

(山崎武也『一流の矜持』株式会社KADOKAWAによる)

(注1) しゃべりまくる：ずっとしゃべる、盛んにしゃべる
(注2) 一人切り（ひとりきり）
(注3) 侘しさ：さびしいこと、心細いこと
(注4) 拍子（ひょうし）
(注5) ないしは：あるいは
(注6) 挫折感：仕事や計画などが途中でだめになり、気力がなくなった感じ

[8] ①それがよくないのだとあるのはなぜか。
1 気を張らずに一人で食事をすることは、栄養面のバランスがなかなか取りにくくなるから
2 一人で食事をすることは一見気楽に思えるが、他者を意識することがなくなるから
3 一人きりでわびしく食事をすることは、結局は悲しい記憶で食べられなくなってしまうから
4 自分をよく見せようとしないまま食事をしていると、正しいマナーも身につかないから

[9] ②誰でも自分の得意な種目を見つけることができるとは、どういうことか。
1 さまざまな種類があるスポーツの中で必ず好きなものが見つけられるということ
2 生存競争を生き抜くのに必要な学習科目が見つけられるということ
3 生きていく上で自分の自信となるようなことが見つけられるということ
4 激しい生存競争に組み込まれないための専門分野が見つけられるということ

[10] 筆者はこの文章の中でどのようなことを指摘しているか。
1 たまには一人になって、生存競争に勝つ手段を考えるのがよい。
2 人と群れることで連帯感が生まれ、試合に勝つことができる。
3 人と一緒にいることを拒否したら、生きていくことはできない。
4 一人でいるのではなく、他の人と一緒にいることが大切である。

(3)
　観光地のギフトショップで販売されているものの大半は、実用を目的として製作されたものではない。それらは、消費者がその場所に実際に足を向けたという<u>物語のための証拠</u>として求められたものであり、帰宅した後に誰かに贈り物にするために買い求められた、いうなれば交換の儀礼としての価値しかもっていない。とはいうものの贈り物としてのスーヴニール※1も、結局のところ、自分のかの地への到来を他者に披露して※2確認してもらうための証拠であるかぎり、個人的な物語に貢献するものでしかない。だが旅行者には、どこかまったく別のところ（西欧でも日本でも、今では数多くのスーヴニールが中国製である）にある工場で大量に生産されているこうした安価で気軽なお土産ものを購入することが、なかば義務付けられた行為として必要とされる。なぜならばこの儀礼じみた※3行為をはたしてこそ、彼（女）の個人的内面はようやく物語を所有することが許されるからだ。これは実に奇妙な矛盾であるが、消費社会のイデオロギー※4が消費者としての個人の内面を後天的に形成してゆく、興味深い過程であるといえる。

(四方田犬彦『「かわいい」論』筑摩書房刊)

(注1) スーヴニール：おみやげ
(注2) 披露して（ひろうして）
(注3) 儀礼じみた：慣習的な儀式のように感じられる
(注4) イデオロギー：思想の傾向

11 物語のための証拠とあるが、筆者はそれをどのように説明しているか。
1 わざわざ誰かのために、その場に実際行って買ってきたことを表すための証拠
2 実用的ではなくても、それを送る相手に対する思いの深さを表すための証拠
3 観光地のギフトショップでしか買えないことを、他の人に見てもらうための証拠
4 旅行先へ行ってきたということを、他の人に披露して確認してもらうための証拠

12 筆者はスーヴニールを買う行為についてどう述べているか。
1 儀礼じみてはいるが個人的内面が物語を所有するのに必要な行為である。
2 義務付けられた単なる儀礼行為としてしか認められていない行為である。
3 多くの消費者を無意識のうちに取り込んでしまう許しがたい行為である。
4 消費社会の一員として彼または彼女が存在するために必要な行為である。

13 筆者はどのようなことが興味深いと述べているか。
1 たいして価値もないお土産を買わなければ帰れないと思う消費者の心理が、消費社会の仕組みをうまく成立させていること
2 工場で大量生産されるお土産ものが効率的に売られるように、消費者の交換儀礼に対する意識が最大限利用されていること
3 お土産を購入して渡すことによってはじめて旅行が完結する例のように、消費行動が消費者の内面形成に関わっていること
4 観光地のギフトショップでお土産を買い求める消費者が多いことに、消費社会のイデオロギーの大きさが感じられること

問題3 次の文章を読んで、後の問いに対する答えとして最もよいものを、1・2・3・4から一つ選びなさい。

　①異文化間コミュニケーションを理解するうえでの難しさは、この分野の広さと多面性にある。なぜなら、"文化"と"コミュニケーション"という概念は、必然的に、文化人類学、民族学、社会学、心理学、教育学、言語学、情報学、哲学、歴史学、文学などと関係してくるからである。事実、この学問の領域は驚くほど学際的な※1性格を持っており、しかも、それがまた、異文化間コミュニケーション研究の顕著な特徴でもあるわけなのである。

　かつて、『沈黙のことば』や『かくれた次元』により、異文化間理解についての認識把握の高まりのうえに大きな一石を投じた※2人類学者のホールは、文化そのものがコミュニケーションの一体系であると述べたことがあるが、実際に、人間の対人行動というものは、文化的背景と体験によって内在化された認識と行動のシステムによって、多大の影響を受けるものなのである。このため、異文化間コミュニケーションの理解は、まず、文化とコミュニケーションとの関係について知ることから始めなければならない。

　あらゆる生物が、コミュニケーションの仕方を、自分のいる環境の中から学ぶように、われわれ人間もまた、無意識のうちに、コミュニケーションの仕方を、自分の文化から学んでいる。つまり、人間の認知作用と行動様式は、そのほとんどが、文化の産物といっても過言ではない。このため、我々の話し方、話す話題、何に注目し何を無視するか、何についてどう考えるか、また、どのようなことにどういう意味づけをするかなどは、すべて、②文化の強い制約を受けているものなのである。

　ところが、また一方では、コミュニケーションの仕方そのものが、文化それ自体を形成し、定義づけ、そして存続させている。つまり、コミュニケーションと文化は、互いに、影響を及ぼしあっている関係にあると言える。とはいえ、物の見方は、文化にかかわらず普遍的な筈※3だと無邪気に※4信じ込んでいる人は、異なったコミュニケーション行動が、異なった文化規範に基づいていることなど、まず気づくことはないのである。

　しかしそもそも、"文化"とは一体何であろう。この疑問に対する解答が極めて難しいのは、人間の考え方や行動を規制するとはいっても、文化が、"国"のように絶対的なものではなく、また遺伝子のように明瞭な組織構造を持ったものではないからである。しかも文化は、あまりに複雑かつ広範囲な領域を含んでいるため、単純化したり一般化したりすることがなかなか出来ない。

（鍋倉健悦『異文化間コミュニケーション入門』丸善ライブラリーによる）

（注1）学際的な：いくつかの学問領域に関係している
（注2）一石を投じる：反響を呼ぶような問題を投げかける
（注3）筈（はず）
（注4）無邪気に：素直に

14 なぜ①異文化間コミュニケーションを理解するうえでの難しさがあるのか。
1 文化はそれ自体が多様で、しかも多くの学問分野の研究の上に成り立っているから
2 文化もコミュニケーションも、広く多面的な学問領域の研究対象となっているから
3 文化やコミュニケーション自体が、学際的で様々な学問領域と関係しているから
4 異文化間コミュニケーションは、多様な学問分野の研究対象となっているから

15 ここでの②文化の強い制約とは何か。
1 いつも自分の文化から学んだ方式でのみコミュニケーションをとること
2 無意識に学んだコミュニケーションの仕方は変えることができないこと
3 コミュニケーションの行動様式は自分のいる環境からしか学べないこと
4 コミュニケーションの行動様式が文化によって特徴づけられていること

16 この文章では、異文化間コミュニケーションについて主に何を説明しているのか。
1 異文化間コミュニケーションに関連する学問分野の多様性と歴史
2 文化とコミュニケーションの関係についての学び方とその難しさ
3 文化の産物としてのコミュニケーションとその運用方法の多様性
4 文化がコミュニケーションに与える影響の深さと意味づけの難しさ

17 筆者の述べている「文化」について以下のようにまとめる場合、(　　)に入る適切なものはどれか。

「文化は個人の考え方や行動に大きな影響を及ぼすが、(　　)。」

1 複雑かつ広範囲な領域を含んでいるため理解はできない
2 "国"のように絶対的には存在せず把握は不可能である
3 明瞭な組織構造を持ったものではないために定義は不必要だ
4 絶対的なものではなく複雑多様であるために規定がしにくい

問題4 次のAとBの意見文を読んで、後の問いに対する答えとして最もよいものを、1・2・3・4から一つ選びなさい。

A

　ここにXというものがある。このXを使うとだれもが便利に生活ができる。いや、Xなしには生活ができないほど社会がXに依存してしまっている。しかし、Xを作り出すためには多大な危険が伴い、もしその危険が表面化すれば多くの人々が深刻な被害を受けることになる。——このような状況のとき、それでもヒトはXを作り続けるべきであろうか。
　多大な危険といっても、いつその危険が表面化するかはわからない。もしそうであるならば、大衆の幸せのためにはXを作るほうが社会にとって有意義であると考えることもできる。豊かな生活を捨て去ることが多くの人々にとって不利益となり、もはや非現実的であるのなら、その危険に怯える※1ことなど意味がないのではないだろうか。

B

　近代合理主義と科学の発展により、私たちは非常に便利な社会を形成してきました。野生に生きるような不安はもはや忘却の彼方※2となり、便利で豊かな生活を送ることがいわば当たり前のようになっています。しかし、それでいいのでしょうか。ずっと議論されてきたことではありますが、この豊かさは「本物」でしょうか。恐ろしいと思うのは、危険を知らずに豊かな生活に浸っている人が多いことです。それはまるで土台が腐った家の中で大騒ぎをしているようなものです。ひとたび土台が崩れたとき、その家の中の人々はどうなってしまうのでしょうか。危険と隣り合わせの豊かさなど「本物」でないことにみなが気づき、豊かさに酔うよりも危険を取り除く手段を早急に講じる※3べきではないでしょうか。

（注1）怯える（おびえる）
（注2）忘却の彼方：すっかり忘れ去られてしまうこと
（注3）講じる：実行する

18 AとBの認識で異なっているところは何か。
1　社会の豊かさが果たして本物であるかどうかについての考え方
2　社会の豊かさが危険の上に成り立っているかどうかについての考え方
3　社会の豊かさとそれを支えるものに潜む危険についてのとらえ方
4　社会の豊かさのもとにある危険の取り除く方法についてのとらえ方

19 Aが問題提起したことの要点はどのようなことか。

1　豊かさには多大な危険が伴うとしても、それを心配する必要はない。
2　Xを作り出す上での多大な危険を取り除くことが緊急の課題である。
3　大衆の幸せのためには、常に多大な危険をおかさなければならない。
4　いつ起こるかわからない危険について考えておくことが重要である。

20　AとBの二つの文章を以下のようにまとめる場合、①と②に入るものの組み合わせとして適当なものはどれか。

「Aの筆者は（　①　）と考えているが、Bの筆者は（　②　）と考えている。」

1　①豊かさを受け入れるなら危険も受け入れなければならない
　　②危険を取り除かないと豊かさを受け入れてはならない

2　①危険のことばかり考えてもしかたがない
　　②豊かさをただ楽しむのではなく危険を取り除くべきだ

3　①危険が表面化したとしても豊かでさえあればいい
　　②危険を伴う限り真の豊かさは得られない

4　①豊かさを手放すことはもはや非現実的である
　　②豊かな生活をいつまでも続けているのは無意味である

問題5 次の文章を読んで、後の問いに対する答えとして最もよいものを、1・2・3・4から一つ選びなさい。

　サルにおいても、人間の言語体系における単語のようなものの存在は決して珍しくない。人間に系統的にもっとも近い霊長類※1というと、チンパンジーに代表される類人猿であることは周知の通りである。逆に霊長類として進化的にいちばん下等なのは、原猿と総称されている。マダガスカルに生息しているキツネザルが典型として、よく知られていよう。
　ところが、その①キツネザルにすら、「ことば」もどき※2は存在する。例えば彼らの天敵にあたるような捕食動物が近づいてきた場面を思い描いてみよう。そういうとき彼らは独特の声を出す。この声を耳にすると、周辺にいる仲間（同種個体）はただちに自らの身を守る防御反応を行う。結果として群れに危険の接近を周知する機能を実行しているところから、警戒音と命名されている。
　ただし、天敵の種類はさまざまある。大別しても、空からやって来るものと、地表から来るものとがある。それによって防御の手段の講じ方※3も、おのずと異なってくる。空からの場合は、地表近くへ身を伏せた方がよい。だが、もし地表から危険が迫ってきているのに、空からのときのように逃避を企てると、②とんでもないことになる。
　そこで淘汰圧※4が働き、キツネザルは複数のタイプの警戒音を出すにいたったのだった。例えばAとBという二種類の声が存在するとしよう。空から捕食動物がやってくるとAの声を出す。すると、聞いた仲間は地表へ逃げる。他方、地表から敵が来るとBの声を出す。その際は、仲間は木の上へと逃れる。
　AもBも、警戒警報である。ただしAは空からの危険、Bは下からの危険を意味している。これは、ほとんど単語による表現に近い。そういう観点では、彼らも記号的コミュニケーションを行っていることになる。
　それどころか、彼らの方が人間よりも、厳密に仲間の発する音声を記号的にとらえているのである。ヨーロッパの昔話で、いつもいつも「狼※5が来た」とウソを村人に伝えて驚かせては喜んでいた少年の物語というのをご存知だろう。（中略）
　ああいうことは、キツネザルでは起こらない。彼らだったら極端なケースとして、100万回「狼が来た」といわれても、やはり逃げることだろう。警戒音の認識に、音以外の手がかりは介入しない。ともかく身の危険にかかわることだから、少々いかがわしい※6情報であっても、とりあえず信じた方が安全、という発想が働く。サルの理解の仕方は、③柔軟性に欠けるのだ。
　「柔軟性を欠く」と書くと、融通がきかず※7頭が悪いみたいに聞こえるかもしれない。しかしシグナルの記号としての意味作用に忠実であるという意味では、人間より抽象度の高い認識を行っていると言い換えることもできなくはないのではないだろうか。

（正高信男『考えないヒト』中央公論新社による）

（注1）霊長類（れいちょうるい）：サルやヒトを含む動物の部類
（注2）「ことば」もどき：「ことば」のようなもの
（注3）講じ方（こうじかた）：実行のしかた、とりかた

（注4）淘汰圧：進化の過程で差を生む要因
（注5）狼（おおかみ）
（注6）いかがわしい：本当かどうか疑わしい
（注7）融通がきく：その場に応じて適切な行動をとる

21 ①キツネザルにすら、「ことば」もどきは存在するとあるが、それはどのようなものか。
1 類人猿に見られる、人類と同等の単語のようなもの
2 天敵が迫って来たときに発する、いくつかの警戒音
3 キツネザルのみが持つ、天敵を察知するために出す音
4 空と地表からやってくる天敵に対する独自のサイン

22 ②とんでもないことになるとあるが、どうなるのか。
1 キツネザルが地表から来る天敵に食べられてしまう。
2 キツネザルが空から来る天敵に食べられてしまう。
3 キツネザルが地表から来る天敵と戦うことになる。
4 キツネザルが空から来る天敵と戦うことになる。

23 ③柔軟性に欠けるとは、どういうことか。
1 キツネザルは、天敵に対して二種類の警戒音を発することしかできないということ
2 キツネザルの警戒音声の認識方法は、たった二種類しか存在していないということ
3 キツネザルが警戒の音声を聞くと、それを疑うことなく同じ反応をするということ
4 キツネザルが警戒音を聞いたときの反応は、二種類だけに決まっているということ

24 この文章で筆者が最も言いたいことは何か。
1 人間の言語体系における単語のようなものを持っているという点で、サルは人間と同じく非常に高度な動物であるといえる。
2 サルはシグナルとしての音声を用いて、むしろ人間の言語よりも意味作用に忠実な記号的コミュニケーションを行っている。
3 サルが人間のような言語体系を持っているといっても、それは柔軟性のない一方的な意味理解に限定したものでしかない。
4 シグナルの記号としての意味作用に忠実であるような言語体系を持つという点で、サルは人間より優れた言語行為を行っている。

問題6 右のページは、株式会社A出版が主催する「ファンタジー小説新人コンテスト」の作品募集の案内である。田中さんは、このコンテストに応募しようと思っている。下の問いに対する答えとして最もよいものを、1・2・3・4から一つ選びなさい。

25 田中さんが書いた以下の作品のうち、応募できるものはどれか。
1 他のコンテストで高く評価されたファンタジー小説
2 長年の取材を経てやっと完成したドキュメンタリー
3 有名作家の作品を模範にして書いてみたミステリー
4 今までだれも描かなかった世界を舞台とした空想小説

26 受賞するとどのような特典が与えられるか。
1 賞金と記念品とホームページへの掲載
2 賞金と記念品と受賞作品の出版
3 賞金と記念品と受賞作の独占販売権
4 賞金と記念品と受賞作品の製本化

第10回 ファンタジー小説新人コンテスト　応募規定

募集作品	自作で未発表の独創的なファンタジー小説（日本語）
応募受付	20xx年4月1日（月）から5月31日（金）まで（当日消印有効）
応募資格	アマチュアの方
原稿枚数	・手書き：400字詰原稿用紙500枚以内 ・ワープロ原稿：1行40字×30行、A4判縦書きとし、166枚以内 　※いずれの場合も400字程度の概要を付けてください。
応募方法	住所、氏名（本名）、年齢、性別、職業（学生は学校名・学年）、電話番号を明記のうえ、下記送付先に郵送（直接持ち込み不可）
原稿送付先	〒xxx-xxxx　東京都〇〇区△△1番地 　株式会社A出版内「ファンタジー小説コンクール」係
賞と賞金	大　賞（1点）賞金300万円と記念品 優秀賞（2点）賞金 50万円と記念品 　※受賞作品には出版の機会が与えられます。
選考方法	選考委員5名によって決定（詳細はホームページをご覧ください。）
入賞発表	20xx年7月上旬、ホームページ上にて発表。
諸権利	受賞作品の著作権、および派生する全ての権利は主催者に帰属します。また、受賞作品の出版権は、A出版に帰属します。なお、出版後、著作権使用料相当額はA出版から原著作者に支払われるものとします。
その他	受賞作品を他の文学賞へ応募することは認められません。 応募原稿は返却しません。また、選考に関するお問い合わせには応じられません。
お問い合わせ先	「ファンタジー小説コンクール」事務局 　　TEL：03-xxxx-xxxx（月～金：10:00～17:00）

読解攻略!日本語能力試験

N1
レベル

模擬試験　第2回

問題1　次の（1）から（4）の文章を読んで、後の問いに対する答えとして最もよいものを、1・2・3・4から一つ選びなさい。

（1）
　盆暮※は、日本では贈物の季節である。私も人並に、お世話になった方々に、毎年心ばかりの品物をお贈りするが、いつでも妻と二人で、あの方にはこれ、この方にはそれと、念入りに選んで贈るものを決めることにしている。
　その品選びの基準は、まず原則として「食べ物」であること。食べ物は後に残らないので、潔い感じがするからである。
　で、その食べ物で、何を贈るかということは極めて単純な原理で決める。自分で食べてみたいなぁ、うまそうだなぁ、と思うような物、ということ、これに尽きるのである。

（林望『テーブルの雲』新潮社刊）

（注）盆暮：お盆（7月または8月の15日頃）と年末

1　筆者が贈り物を決めるときの基準はどれか。
1　食べ物は後に残らないので、できるだけ避けること
2　自分でも食べてみたいと思える物であること
3　送る相手それぞれの好みの食べ物であること
4　妻と相談をして、意見を一致させること

（2）
　僕は、子どものとき何か悪いことをしたら、
「もう善悪をわきまえられる※1年頃じゃないの？」
と親に言われ、よく叱られたものだ。これは、子どもが「悪いことを悪いと知っていながら」やってしまったことを問題にしている。つまり「もう何が善くて何がいけないかはよくわかっているはずなのに、なぜ悪いことをするの？」ということを言っているのだ、若干※2回りくどい※3表現で。善と悪の両方の選択肢が出てきたとき、いけないほうではなく、善いほうをちゃんと選択するんだよ、という親の期待が感じられる。

（トニー・ラズロ『トニー流 幸せを栽培する方法』SBクリエイティブによる）

（注1）わきまえる：物事の違いを見分ける、区別する
（注2）若干：少し
（注3）回りくどい：直接的ではない

2　筆者の親が子どもに最も言いたいことはどれか。
1　善悪をわきまえなさい
2　悪とは何か考えなさい
3　なぜ悪いか考えなさい
4　善いほうを選びなさい

(3)
　三十代の頃、ある雑誌に「幼少時に読んでもっとも影響された本を再読し感想を書け」という原稿を依頼された。『クオレ※1』を取り出し読み直してみた。さほど感動しなかった。私はこの時、「小学生の時に読んでおいてよかった」とつくづく※2思った。
　しばらく前のことだが、少年少女世界文学全集といったシリーズの広告に、「早く読まないと大人になっちゃう」という文句が添えてありほとほと※3感心したことがある。読むべき本を読むべき時に読む、というのが重要で、この時を逸し※4大人になってからではもう遅い。情緒を養ううえで、小中学生の頃までの読書がいかに大切かということである。

（藤原正彦『祖国とは国語』新潮文庫刊）

（注1）クオレ：イタリアの小説家デ・アミーチスの児童小説
（注2）つくづく：深く
（注3）ほとほと：とても
（注4）逸し（いっし）

3 早く読まないと大人になっちゃうとは、どういうことが言いたいのか。
1　子どもの成長は早いので、やりたいことは早くやらなければならないということ
2　子どもの時から本を読んで、早く読書の習慣をつけたほうがいいということ
3　読書は子どもの時にこそするべきで、大人になってから始めても遅いということ
4　大人になってから読むよりも子どもの時に読んだほうがいい本があるということ

(4)
　震災直後、ネット上で「スラックティビズム」という言葉が注目を集めた。この言葉は、「slacker（怠け者）」と「activism（社会運動）」とを合わせたもの。「社会のために」と叫びつつ、まったく効果が見込めない自己満足的なアクションで終わらせてしまう者に対し、否定的な意味で用いられる。
　例えば、物資が足りず流通も滞っている被災地に、宅配便で折り鶴を送るという行為。（中略）いくら善意に基づいたものであっても、何の役にも立たなければ意味が無い。中には逆に、支援の足を引っ張る※1ケースもある。こうした「ダメ支援」や「支援呼びかけ流言※2」を揶揄する※3ために、先の言葉が使われたというわけだ。　（荻上チキ「Web空間」読売新聞 2011年10月31日による）

（注1）足を引っ張る：じゃまする
（注2）流言（りゅうげん）：根拠のないうわさ
（注3）揶揄する（やゆ）：からかう

4 スラックティビズムとは、どういうことか。
1　災害時であっても、怠けていて何も支援をしないこと
2　災害に対する支援を、役に立たないものとして否定的にとらえること
3　役に立っていないのに、自分ではよい支援をしたつもりになっていること
4　行った支援に対し、被災者だけでなく自分も満足していること

問題2 次の（1）から（3）の文章を読んで、後の問いに対する答えとして最もよいものを、1・2・3・4から一つ選びなさい。

（1）
　大学を卒業して、関西を離れ、遠く静岡で働く日々が始まったとき、ふとした拍子※1に関西のにおいを感じることができると、無性に※2うれしかった。
　それはたとえば、独身寮の同僚の部屋で、彼が使うテレビのリモコンを見て、
「わ、自分といっしょ」
などと気づくときである。
　同僚のリモコンは、チャンネルを示す数字ボタンのうち「2、4、6、8、10、12」の印字が、ほとんど消えかかっていた。
　これはリモコンの持ち主に関する二つの事実を端的に※3示している。ひとつは、長らく関西圏に住んでいたこと。もうひとつは相当にザッピング※4を好む性格である、ということだ。
　ご存じのとおり、テレビのチャンネルというのは、地域によって異なる。「2、4、6、8、10、12」のボタンの数字がすり切れているのは、関西圏で電波を受信していたということにほかならない。かくいう私のリモコンも、主要チャンネル「2、4、6、8、10、12」の数字が、その上を幾度※5となく通過していった右手親指との摩擦により、すっかり薄れてしまっていた。その風景は、私には関西の名残※6そのものだったのだ。
　職を辞し、小説家になるべく東京に引っ越しても、この「2、4、6、8、10、12」の呪縛※7からなかなか逃れられなかった。つまり、（　　　　）をさっぱり覚えられなかった。

（万城目学『ザ・万遊記』集英社による）

(注1) 拍子（ひょうし）
(注2) 無性に：とても
(注3) 端的に：はっきりと
(注4) ザッピング：テレビを見るとき、CMや番組の途中でリモコンを使って、次々にチャンネルを変えること
(注5) 幾度（いくど）
(注6) 名残（なごり）
(注7) 呪縛：心理的な強制によって、人の自由を奪うこと

5　「わ、自分といっしょ」とあるが、何がいっしょなのか。
1　テレビのメーカー
2　テレビのリモコンの形
3　テレビのリモコンの使い方
4　テレビのリモコンの数字の並び方

6 同僚のリモコンから、どんなことがわかるか。
1　どこでテレビを買ったか
2　どんなテレビ番組が好きか
3　どこのメーカーのテレビか
4　どこでテレビを見ていたか

7 （　　　）に入る適当なものはどれか。
1　関西のチャンネル配置
2　東京のチャンネル配置
3　関西のテレビ局の名前
4　東京のテレビ局の名前

（2）
　ほめることは人を育成するときの大切な要素である。しかし同時に叱ることも人づくりに欠かせない要素である。
　しかし、ときにこれをやらない人がいる。明らかにまずいことをしても何も言わない。叱ることがないまま部下を放任してしまう人が少なくないのである。
　なぜ注意することができないのか。それは、指導する立場にある人に、相手に信頼されていないという潜在的な意識があるためだ。叱ることで相手の誤解や反感を買うのではないか。そうした思いが叱ることを躊躇させる[※1]のである。
　これでは部下はたまらない。叱られないために、自分の誤りに気づかないし、不健全な考えや行動が常習化してしまう。組織の規律が乱れ良心的なメンバーが迷惑し、それを許す上司に対する不快感を持つ。
　指導的な立場に立つ人は、まずいと思ったことがあればはっきり注意し、あるいは叱る。それが指導者としての当然の責務[※2]である。
　もっとも、仕事上の注意の仕方は、その結果が良ければほめ、悪ければ注意するというほど簡単なことではない。自分がまずいことをしたと思って心理的にまいっている人を追い込むのはまずい。その場合はむしろ慰めて再起を求めるのが正しい。逆に成功したとしてもそれが全部自分の力で達成できたような顔をしているときには、客観的な評価や注意を与えるべきである。

　　　　　　（畠山芳雄『基本は無敵　ぶれない軸をつくる本物の仕事力』日本能率協会マネジメントセンターによる）

（注1）躊躇する：あれこれ迷ってなかなかできない
（注2）責務：責任としてしなければならないこと

[8] これは何をさしているか。
1 ほめること
2 叱ること
3 人づくり
4 まずいこと

[9] 上司が部下を叱らないことの問題点として合っていないものはどれか。
1 叱らなかった部下の誤解や反感を買ってしまうこと
2 叱られなかったために、不健全な考えや行動が常習化してしまうこと
3 組織の規律が乱れ、良心的な部下が迷惑してしまうこと
4 組織の規律の乱れを許す上司に対して、不快感が生まれてしまうこと

[10] 本文の内容と合っているものはどれか。
1 人づくりには、ほめることより叱ることのほうが大切な要素である
2 注意したり、叱ったりすると、相手の信頼を失うことがある
3 仕事上は、結果が良ければほめ、悪ければ注意することが重要である
4 自分が失敗したことで心理的にまいっている人は叱らないほうがいい

(3)
　似たような動作でも、将棋※1は「指す」、囲碁※1は「打つ」と表します。小鳥が鳴くのは「さえずる」ですが、犬は「ほえる」、馬は「いななく」です。「将棋を打つ」や「馬がさえずる」とは言いません。結びつく言葉が決まっていて、意味が同じだからといって、入れ替えられない関係にあるのです。結びつきがおかしいと、日本語として不自然に聞こえます。
　地域によって、結びつく言葉が違う場合もあります。「パーマ※2」は、主に関東では「かける」、関西では「あてる」と言うようです。
　ご飯をお茶わんに入れるのは、古くは「盛る」だったのが、「よそう」の言い方が生まれ、それが交ざって「よそる」になりました。あなたのおうちではどれを使っているでしょうか。
　少し前までは、テレビのチャンネルを替えるのを「回す」と表現していました。回転するつまみで操作したからですが、押しボタン式になって、「回す」はそぐわない※3ため、今は「替える」と言う人が多いと思います。古い言葉が消えて、新しい言葉が生まれるように、言葉どうしの結びつきも、[　　　]。

（「なぜなに日本語101」読売新聞2012年5月9日による）

(注1) 将棋、囲碁：どちらもボードゲームの一種
(注2) パーマ：パーマネントウェーブ（permanent wave）の略
(注3) そぐわない：合わない

11 地域によって、結びつく言葉が違う場合もありますの例として合っているものはどれか。
1 ある地域では「ありがとう」を「おおきに」という
2 ある地域では「蚊にさされる」といい、別の地域では「蚊にくわれる」という
3 ある地域では「疲れる」を「えらい」といい、別の地域では「こわい」という
4 ある地域では「いすをなおす」は「修理する」ではなく、「片付ける」の意味で使う

12 [　　　]に入る適当なものはどれか。
1 時代にかかわらず、変化しません
2 地域によって、いろいろあります
3 新しいものと古いものが交ざっていくでしょう
4 時代とともに変化していくのでしょう

13 本文の内容と合っているものはどれか。
1 同じような意味の言葉でも、言葉どうしの結びつきがおかしいと日本語として不自然になってしまう
2 「将棋を打つ」と言わないのは、その動作が囲碁の場合とまったく違うものだからである
3 ご飯をお茶わんに入れるという意味の言葉は「盛る」→「よそる」→「よそう」の順に変化してきた
4 実際の動作と合わなくなっても言葉どうしの結びつきが不自然でなければ、そのまま残ることが多い

問題3 次の文章を読んで、後の問いに対する答えとして最もよいものを、1・2・3・4から一つ選びなさい。

　猫が家畜化したとされる紀元前三〇〇〇年前頃のエジプトは、現在よりずっと穏やかな気候で（猫には快適な）熱帯性草原・サバンナが広がる（ネズミの集まる）肥沃な※1穀倉地帯※2でした。王朝文化が進展し、豊かな都市生活が営まれるようになるにつれ、猫の地位も向上しました。真夏でも過ごしやすい日乾しレンガ※3の家。雨はほとんど降らないのに涸れる※4ことのないナイルの恵み。カワスズキやコイなど、豊富で美味しい川魚。ガンやカモなど、網猟でたくさん捕れる水鳥……猫は暑さや乾燥はさほど苦にしませんが、寒さと雨が大嫌いで、魚や鳥肉が大好きです。エジプトではすでに、ワインやビールやパンが作られていたといいます。豊かな文化生活をしていたエジプトの人々が、足もとの猫に食べ物を分け与えなかったはずがありません。

　エジプトでは、ネズミを捕獲する猫の能力はそれほど重視されなかったようです。すでに、この地には、毒草をはじめとする、いくつかのネズミ捕りの術があり、気ままな猫に頼る必然性が低かったのかもしれません。猫はなにより可愛らしさが優先され、警戒心のすくない個体が飼育されたのでしょう。そうして代を重ねるうちに、猫はしだいに可愛らしくなったのです。

　そうして愛玩※5の座にのぼりつめた猫は、ひそかにヨーロッパやアジアなどの新天地へ持ちこまれました。猫は新天地でも珍重され、イヌに追いつくかたちで世界に広がり、ついにはイヌと肩を並べる伴侶※6動物となりました。

　イヌの歴史は、"改造"の歴史といわれています。人間のいうことをきくイヌは、オオカミから家畜へ変わったのちも、使役の目的に応じて改良されてきました。

　これに対して、猫はヤマネコ時代からさほどライフスタイルを変えずに、人間が折れるかたちで共生してきました。自意識が強く、自分で判断して行動する猫に、人間は畏敬※7と許容の気持ちで接してきました。人間は、猫をより美しく、より可愛らしくさせる愛玩化のための品種改良は盛んに行いました。しかし、イヌのように使役目的で改良された種は皆無※8です。

　愛玩動物となった猫の"狩猟対象"は、小動物から人へかわりました。上手に甘えて、美味しい餌を獲得する。それには狩猟とかわらぬ知恵とエネルギーが必要でした。

　小さくて丸くて柔らかいものを抱きしめたいという人の欲求を、猫はじゅうぶんすぎるほど満たしてくれます。

（岩崎るりは著・小山秀一監修『猫のなるほど不思議学 知られざる生態の謎に迫る』講談社による）

（注1）肥沃（ひよく）：土地に栄養があって、作物がよくできるようす
（注2）穀倉地帯（こくそうちたい）：穀物（米や麦、豆など）がたくさんできる地域
（注3）日乾し（ひぼし）レンガ：粘土を日光で乾燥させて固めた建築の材料
（注4）涸れる（かれる）
（注5）愛玩（あいがん）：大切にし、可愛がること
（注6）伴侶（はんりょ）：一緒にいる相手
（注7）畏敬（いけい）：偉大なものや権力のある人をおそれ敬うこと
（注8）皆無（かいむ）：まったくないこと

14 古代エジプトが猫にとって快適だった理由として正しくないものはどれか。
1 熱帯性草原・サバンナが広がっていたから
2 エジプトにはすでにネズミ捕りの術があったから
3 ナイル川には川魚や水鳥がたくさんいたから
4 現在よりずっと穏やかで雨がほとんど降らない気候だったから

15 猫の"狩猟対象"は、小動物から人へかわりましたとは、どういうことか。
1 ネズミのような小さな動物ではなく、人のような大きな動物を攻撃するようになった。
2 ネズミなどを捕まえるのではなく、人に甘えることによって餌をもらうようになった。
3 ネズミなどの小動物を、人に命令されて捕まえるようになった。
4 ネズミなどの小動物を、人に甘えることによって餌としてもらうようになった。

16 品種改良における猫とイヌの違いとして合っているものはどれか。
1 イヌは使役の目的に応じて改良されたが、猫は人間に従うように改良された。
2 イヌはいろいろな改良を重ねてきたが、猫はほとんど改良されてこなかった。
3 イヌは性格に関係なく改良されたが、猫は警戒心のすくない個体が改良された。
4 イヌは使役目的で改良されてきたが、猫は愛玩化の目的で改良されてきた。

17 猫と人との関係で合っているものはどれか。
1 猫はヤマネコ時代からあまりライフスタイルを変えず、人のほうが猫に合わせてきた。
2 人に可愛がられるようになった猫は、イヌよりも先に人の伴侶動物となった。
3 古代エジプトでは、ネズミを捕獲するために、貴族が猫をペットとして飼っていた。
4 人によって品種改良された猫は、人のために忠実に働くようになった。

問題４ 次のＡとＢの文章を読んで、後の問いに対する答えとして最もよいものを、１・２・３・４から一つ選びなさい。

A

　ピアニストのエフゲニー・キーシンが今年で40歳を迎えた。初来日から25年、紅顔※1の天才少年だった彼も、今や押しも押されもせぬ※2巨匠の域に入っている。そんなキーシンのリサイタルは、今年が生誕200年記念となるリスト・プログラム。
　一般的にリスト作品の演奏傾向は、完璧なテクニックを駆使しつつ、流れるようなロマンティックな表情をどうつくりだすか、という点にあるように思われるが、この日のキーシンの演奏はそれとはまったく異なるものだった。ひとことでいうと、これほど構築的なリストを聴いたことはなかった。音楽作品はしばしば一個の建築物に例えられるが、キーシンのリストは「音楽美」によってつくり上げられた理想的な建築物である。それがもっともよく表れていたのが、前半の休憩前に演奏されたロ短調ピアノ・ソナタである。どのような小さな音、休符のひとつひとつにさえも神経の行き届いた演奏は、聴き手の奥深いところを覚醒させる※3もの。安手の感傷とは無縁のそれは、「音楽美」の理想的な姿を実現していたといえる。
（室田尚子「クラシック エフゲニー・キーシン リサイタル」日本経済新聞夕刊 2011年11月1日による）

B

　あの神童※4エフゲニー・キーシンも、いまや40歳。歩く姿もぐっと紳士のそれになってきたが、ピアノはいよいよ大家の域、である。
　今回のリサイタルは、作曲家生誕200年を記念してのオール・リスト・プロ。続けざまに10指がふさがろうかという難曲も多い中、まず、ミスタッチほぼゼロで狙いどおりの響きを最後まで実現する集中力がすごい。（中略）
　ただ、こうした隙※5のなさは、畏怖※6の念とともにある種の無感動をも誘う。前半メーンの「ピアノ・ソナタ　ロ短調」など、壮麗にと定められた主題が、本当にその都度いかにも立派な身なりの王様のように現れ、それがこの長大な単一楽章ソナタでよき道標になるとはいえ、「文字どおり」が生む退屈を、評者はわずかに覚えた。
　あっと驚くプレイは、「詩的で宗教的な調べ」第7曲〈葬送〉。楽譜にあえて反し、強大なフォルティシモで始めていた。「重く」の指示が、これで現代のホールでも生きる。希代の※7ヴィルトゥオーゾ※8として、きっとリストも太鼓判を押す※9であろう。
（舩木篤也「キーシン公演 評 狙い通りの響き 最後まで」読売新聞 2011年11月1日による）

（注1）紅顔：若々しく健康そうな顔
（注2）押しも押されもせぬ：実力があって、世間で認められている

(注3) 覚醒する：目を覚ます
(注4) 神童：きわめて優れた才能を持った子供
(注5) 隙（すき）
(注6) 畏怖：圧倒され、おそれること
(注7) 稀代の：めったにいない
(注8) ヴィルトゥオーゾ：演奏の技巧や能力が超一流の演奏家
(注9) 太鼓判を押す：その人物や品物の質がいいと保証する

18 AかBのどちらか一方にしか書いてないことはどれか。
1 作曲家の生誕200年を記念して、プログラムがリストの曲であったこと
2 天才少年と言われたキーシンも今年40歳になったこと
3 キーシンのピアノの演奏は素晴らしい段階に達していること
4 この日のキーシンの演奏にはほとんどミスがなかったこと

19 Aの文章では、キーシンの演奏についてどのように述べているか。
1 完璧なテクニックを駆使した、流れるようなロマンティックな演奏
2 「音楽美」によってつくられた、理想的な建築物のような演奏
3 聴いていると感傷的になるような「音楽美」を実現していた演奏
4 自分の狙いどおりの響きを最後まで実現していた演奏

20 A、Bの文章は「ピアノ・ソナタ　ロ短調」についてどのように述べているか。
1 A、Bとも肯定的な評価をしている。
2 Aは肯定的、Bは少し否定的な評価をしている。
3 Aは少し否定的、Bは肯定的な評価をしている。
4 A、Bとも少し否定的な評価をしている。

問題5 次の文章を読んで、後の問いに対する答えとして最もよいものを、1・2・3・4から一つ選びなさい。

　知り合いの詩人のところへ、最近それぞれ同じような内容の小学生からの手紙が届くようになった。よくある読者からの手紙、というのと、それらは少し色合いが違った。その冒頭は、今、学校の総合的な学習の授業でなりたい職業のことについて調べている、私は詩人になりたいと思うので、あなたに質問することにした、質問用紙を作ったのでそれに答えて下さい、と始まり、今までにあなたの出した詩集は何冊か、どうしたら本が出せるのか、何を書いたらいいのか、どうしたら詩になるのか、というような、時には二十を越す質問群で、最後は回答が出来たら次の住所に送るように、という指示で終わっているものだ。詩人は、それを読み、心からこれが訊きたい[※1]のだというほどの切迫感[※2]を感じとれなかった。質問のための質問。優等生たちなのだろう。何の悪気もないのだ。学校の指導で、自分の将来の職業という「ゴール」を設定しなければならなくなった、それでとりあえず「詩人」と設定した、次はそのゴールに辿り着く[※3]ためのマニュアル[※4]作りに着手した、その過程で実際にその職業に就いている者からの情報を収集するように指導されたのだろう。

　けれどそこには、彼や彼女たちが「なぜ」詩人になりたいのか、またならなければならないのか、という一番本質的なことがすっぽりと抜け落ちていた。どういうものを書いてゆきたいのだ、という展望もなかった。その中でもとりわけそういう特徴が顕著な手紙を受け取ったとき、詩人は、何か、ひどく焦りのようなものを感じた。それで、「本当に詩を書きたいのか、書きたくてたまらないのか」、ということから考えを始めたらどうでしょう、という内容の返事をしたためた[※5]。情報収集が成らず、学校の授業で困らないように、彼女の質問にぴったりの答えが掲載された、詩人や作家たちへのインタビュー形式の本も併せて[※6]紹介したが、返事はなかった。情報を得るための質問状の作り方や出版社への（著者へ回してくれるようにとの）手紙の書き方は教えても、それに付随してくる、枝葉のようなコミュニケーションに際して、どう処したらいいかは教師の指導マニュアルにはなかったのかもしれない。

　たぶん、総合学習というものが設置された当初の目的はこういうものではなかっただろう。その方針に沿った授業も数多く行われているだろうし、また実際耳にもする。けれど、ふとしたときにこういう教育——目的を設定し、最小の労力でそれに辿り着く最短距離を考える——受験対応型のマニュアル教育が基本にあることがちらちらと見えてくる。何かをしたい、という情熱が育まれる[※7]以前に、「何かをするためのマニュアル」が与えられてしまう。いつかゆっくり訪れたいと思っていた伊賀上野までも、道があれば準備がなくても簡単に着いてしまうように。氾濫する[※8]マニュアルで、社会から、熱が、どんどん奪われてゆく。

（梨木香歩『ぐるりのこと』新潮文庫刊）

(注1) 訊く：尋ねる
(注2) 切迫感：期限や危険が迫っていて、緊張している感じ
(注3) 辿り着く（たどりつく）
(注4) マニュアル：作業の仕方や順序などをまとめた取扱説明書

（注5）したためる：文章を書く
（注6）併せて（あわせて）
（注7）育む（はぐくむ）：大事に守って育てる
（注8）氾濫（はんらん）する：物事が世の中にたくさん出回ること

21 最近、詩人のところに小学生からどのような手紙が届くようになったか。
1　詩人の詩が好きでたまらないという情熱的な内容の手紙
2　総合授業で設定した職業のひとつである詩人についての質問の手紙
3　きれいな色の便せんに書かれた少し変わっている内容の手紙
4　自分の書いた詩を読んでアドバイスをしてほしいという詩人志望の手紙

22 詩人は手紙の内容のどんなところに特に問題を感じているか。
1　会ったこともないのに、二十以上も質問をしてくるところ
2　回答ができたら、送るようにと指示を出しているところ
3　将来、詩人になるための情報収集をしているところ
4　どうして詩人になりたいのかという理由がないところ

23 **22**のような手紙に対する返事で、詩人が最も伝えたかったのは、どういうことか。
1　「詩人になりたい」という考えはあきらめたほうがいいということ
2　最初に「どうしても詩が書きたいのか」を考えたほうがいいということ
3　詩人や作家へのインタビュー形式の本を参考にしたほうがいいということ
4　情報を得るための質問状をもっと丁寧に書いたほうがいいということ

24 筆者の考えに近いのはどれか。
1　マニュアル教育は何かをしたいという情熱を育てない
2　マニュアル教育を行えば子どもの進路が決定しやすくなる
3　総合学習は設置された当初の目的通りの成果を上げている
4　総合学習は教師の指導マニュアル通りには行われていない

問題6　右の表は生涯学習オープンスクールのリストである。後の問いに対する答えとして最もよいものを、1・2・3・4から一つ選びなさい。

[25]　大学生の佐藤さんは夏休み（7／28～9／23）の間に、就職に役に立つ講座を受けたいと思っている。できるだけお金をかけたくないので、無料の講座を探している。佐藤さんの条件に合っている講座はいくつあるか。

1　1つ
2　2つ
3　3つ
4　4つ

[26]　大学生の三木さんは、就職するために新しい資格を取ろうと考えている。場合によっては、資格を取得するために、もう一度専門学校に入ってもいいと思っている。7月1日に問合せをしたところ、申し込みが始まっている講座はすでに定員がいっぱいになっているということだった。これから申し込みをするとして、一番早く申し込みが開始される講座はどれか。

1　旅行業界就職特別講座　～身だしなみから履歴書・面接対策まで
2　就職で迷っている人のためのキャリア進学相談会
3　資格の取り方・使い方相談会
4　経理・財務の仕事とは　～簿記からのステップアップ

神岡区専修学校各種学校協会・生涯学習委員会主催　　神岡区後援

生涯学習オープンスクール講座ガイド

大学生・フリーターのための就職支援や資格取得支援のための特別プログラム

★生涯学習オープンスクールとは
　生涯学習オープンスクールは、神岡区内の専修学校・各種学校がそれぞれの専門分野で実施している生涯学習講座の1日体験プログラムです。

◆講座一覧

講座名／内容	定員／対象	開講日時	受講料	会場／申し込み
就活支援講座【1】 　～キャリア＆進学相談 大学から先の就職について、どのように準備するのか等を具体的にアドバイスします。	各30名 大学生 短大生 フリーター	4／21（土） 5／19（土） 6／16（土） 7／14（土） 各回 10:00～12:00	無料	神岡トラベルビジネス専門学校 〒XXXXXXX 　神岡区高田 X-X-X TEL XX-XXXX-XXXX
就活支援講座【2】 　～サービス業界就職への道 サービス業界への就職を考えている方へ、就活テクニックを伝授します。	各30名 大学生 短大生 フリーター	4／21（土） 5／19（土） 6／30（土） 7／28（土） 各回 14:00～16:00	無料	
旅行業界就職特別講座 　～身だしなみから 　　履歴書・面接対策まで 旅行業界を目指す方のために、服装から面接対策まで指導します。当日は面接にふさわしい服装をして、履歴書等をご持参ください。	各15名 大学生 短大生 フリーター	7／14（土） 8／10（金） 9／15（土） 10／13（土） 各回 10:00～11:30	500円	
仕事で活用できる Excel 仕事で必須の表計算ソフト Excel の活用講座です。コンピュータの操作方法はすでに習得済みの方を対象に、仕事で使いこなすことを目指します。	各20名 大学生 短大生 フリーター 社会人	7／3（火） 7／10（火） 7／17（火） 各回 18:00～21:00	2000円	大東電子専門学校 〒XXXXXXX 　神岡区東 X-X-X TEL XX-XXXX-XXXX
仕事に活かせるパソコン知識 　～MOS 試験対策 MOS の試験を中心に、仕事で役に立つパソコンの資格試験についてご説明します。	各30名 フリーター 社会人	8／2（木） 8／9（木） 8／23（木） 8／30（木） 各回 18:00～19:30	無料	

模擬試験　第2回

講座	定員・対象	日時	受講料	実施校
就職で迷っている人のためのキャリア進学相談会 「新卒」として就活にチャレンジするための「キャリア進学」についてご説明します。資格取得も見すえて、考えてみませんか。	各20名 大学生 短大生 フリーター 社会人	5／12（土） 5／20（日） 6／9（土） 6／17（日） 7／14（土） 各回13:00〜14:30	無料	三田外語ビジネスカレッジ 〒XXXXXXX 　神岡区本町 X-X-X TEL XX-XXXX-XXXX
資格の取り方・使い方相談会 就職・転職・スキルアップを考えている方を対象にした、資格に関するセミナーです。	各50名 大学生 短大生 フリーター 社会人	5／19（土） 7／21（土） 9／15（土） 11／17（土） 1／19（土） 各回12:00〜15:00	無料	
仕事の魅力『介護福祉士』 介護の仕事に興味がある方に、仕事の魅力と資格の取り方等をお話しします。	各15名 大学生 短大生 フリーター 社会人	7／11（水） 7／14（土） 各回9:30〜10:50	無料	神岡福祉専門学校 〒XXXXXXX 　神岡区北森口 X-X-X TEL XX-XXXX-XXXX
経理・財務の仕事とは 　〜簿記からのステップアップ 簿記知識を活かして就職したい方や、更なる上位資格を目指している方にお勧めの講座です。	各20名 大学生 短大生 フリーター 社会人	7／21（土） 11／24（土） 2／16（土） 各回11:00〜15:00	1000円	山本簿記会計専門学校 〒XXXXXXX 　神岡区志村 X-X-X TEL XX-XXXX-XXXX

◆申し込み方法
　①希望講座の実施学校に直接電話で申し込むか、もしくは神岡区専修学校各種学校協会のホームページからお申し込みください。
　②各講座とも、開講日の2か月前から募集を開始します。（開始日が日曜・祝祭日の場合は、翌日からの開始になります。）人数は先着順で、定員になり次第、締め切らせていただきます。
　②受講料の納入方法については、各実施学校にお問い合わせください。

読解攻略！日本語能力試験

N1
レベル

模擬試験　第3回

問題1 次の(1)から(4)の文章を読んで、後の問いに対する答えとして最もよいものを1・2・3・4から一つ選びなさい。

(1)

　同心円※1のもっとも内側で展開される「純粋な贈与」は、通常ならほぼ家族の範囲内でおこなわれるものであるが、災害などがおこると人びとの贈与衝動とでもよぶべきものが刺激されて「純粋な贈与」の領域が拡大し、もともと「義務的な贈与」の領域に属していたところまで「純粋な贈与」の領域に塗りかえられてしまう。いわゆる"助け合い"の拡大である。しかしその膨張した領域はいつまでも「純粋な贈与」の領域にとどまっているわけではない。そのときには「純粋な贈与」であったかもしれないが、無意識にもせよ贈与者には債権※2意識が、受贈者には債務※3意識が植えつけられているのであり、だからこそのちに回顧される※4段※5になると——それは返済のチャンスが訪れると、といいかえてもよい——人びとは遡及的※6に"あのときの恩返し"を口にするのだろう。

(桜井英治『贈与の歴史学』中央公論新社による)

(注1) 同心円：中心が同じ二つ以上の円
(注2) 債権：貸し手が借り手に返すよう請求する権利
(注3) 債務：借り手が貸し手に対して返すべき義務
(注4) 回顧する：過去のことを思い返す
(注5) 段：とき
(注6) 遡及的：過去にもどって考えること

1 この文章の内容と合っているものはどれか。
1　お返しを期待しない純粋な贈与は家族の間で見られ、それ以外に広がることはない。
2　「助け合い」というのは、困っている人たちに対して贈与の運動が起きることを言う。
3　災害を被った人が金品を贈られると、後で受けたものを返そうとする傾向が見られる。
4　贈与者には債権意識、受贈者には債務意識があるため、純粋な贈与は成立しない。

(2)

　日本教育工学会前会長の赤堀侃司・白鷗大教授は10月、学ぶメディアの違いで学習効果がどう変わるかを実験した。大学生60人を三つのグループに分け、同じ内容の教科書を紙とパソコンのほか、指で画面に触れて操作する「iPad（アイパッド）」で読ませた。その後、同じペーパーテストを受けさせると、平均点は紙とiPadのグループが同程度で、パソコンは一割ほど低かった。
　赤堀教授は「紙に鉛筆で書くときの摩擦のように、学びには皮膚感覚が大事だが、パソコンは距離感がある。デジタルはまだ紙に勝てない」と分析する。iPadはタッチする感覚が鉛筆に似て、手で動かす面白さが学ぶ意欲を促すという。
　デジタルを子どもの豊かな学びの道具にするため、考えるべきことは多い。

(「PCと紙 使い分け」朝日新聞 2011年12月8日による)

2 赤堀教授によると、実験結果からどんなことが考えられると言っているか。
1 学ぶメディアが紙でもデジタルでも学習効果にあまり差がない。
2 紙で読んだ学生はテストの点が最も高かったため、紙の方が効果がある。
3 パソコンの操作では距離感があり、皮膚感覚に頼れないので読むのに時間がかかる。
4 テストの平均点は紙とiPadが同程度なので、デジタルの方が勝るとは言えない。

(3)
　この階の呼び物は、トーガ※1姿で静かに立つ、初代皇帝アウグストゥスの像。正面から見れば、単なる美男子にすぎない。それがあるとき、横から見てびっくりした。冷酷※2と言ってもよいくらいに冷徹（クール）な横顔だったからだ。（中略）
　平和くらい、人間世界にとって重要なものはない。だが、それだからこそ、困難を極めるものもない。平和はあまりにも重要事ゆえに、唱えるだけで実現すると信じているお気軽な平和主義者にまかせてはおけないと思っている私だが、その平和の実現には、戦争よりも段ちがいの冷徹さが求められるのだ。若き皇帝の横顔は、その厳しさを表わしていると私には思えた。

（塩野七生「ローマの休日」『文藝春秋平成24年6月号』）

（注1）トーガ：toga　古代ローマ人が体に巻いて着た衣装
（注2）冷酷（れいこく）：思いやりがなく冷たいこと

3 その厳しさとは何か。
1 初代皇帝の実績の重大さ
2 平和を実現するための冷徹さ
3 どんな国とも戦争する冷酷さ
4 国の経済を安定させる難しさ

（4）
　いくら生身※1の体を持っているとはいえ、人間も一人ではドラマを発生させられない。常にだれかとのあいだで摩擦熱を生じさせ、反発したり調和したりしながら生きている。ときにはなにかにあやつられるように、思いもよらなかった選択をすることもある。
　そういう人間のさまは、大夫※2、三味線※3、人形※4の火花散る芸のぶつかりあいに似ている。舞台と客席が一体となる「文楽※5マジック」発動の瞬間に似ている。あやつられる器でありながら、しかし生き生きとその瞬間を生ききってみせる人形に似ている。
　人間のドラマを描き、それを見るものに伝えたいなら、立場の異なるもの同士が切磋琢磨※6しあって、人形という器に命を注ぎこむのがいい。その劇形態こそが、人間という生き物のありかたそのものを象徴しているからだ。
　人形浄瑠璃を芸能として確立させた人々は、そう考えたのではないだろうか。
（三浦しをん『あやつられ文楽鑑賞』双葉社による）

（注1）生身（なまみ）
（注2）大夫：文楽の語り手
（注3）三味線：日本の弦楽器の一種、また文楽でその演奏を担当する人のこと
（注4）人形：人形を動かす人
（注5）文楽：人形浄瑠璃とも言い、人が人形を動かして芝居をする
（注6）切磋琢磨：互いに励まし合って向上すること

[4] 人形浄瑠璃を芸能として完成させた人々はどのように考えたと言っているか。
1　一人だけで人間の生き方を表現するのは難しいので、語る人や演奏者など効果的に役割分担をした方がいいと考えた。
2　主役の人形を客観的に分析して、生身の人間のように動かすことによって芸術的な演技ができると考えた。
3　人間のドラマを描くには、立場の違う者同士が互いに力を発揮して人形に思いを込めて表現するやり方がいいと考えた。
4　大夫、三味線、人形が反発したり調和したりしながら演じて、観客も一体となる芝居の形態が理想的だと考えた。

問題2 次の（1）から（3）の文章を読んで、後の問いに対する答えとして最もよいものを、1・2・3・4から一つ選びなさい。

（1）
　自分が物書きとして、日々物語作りにいそしむ※1ようになると、もうひとつの「眠り」の大切さに気づいた。
　ストーリーの一端になり得るかもしれない何かが見つかると、それについて思案を巡らし始める。あらすじのようなものがだんだん見えてくれば、そこに矛盾はないかどうか、じっと考える。そして、もしかしたら①これは本当に成立するかもしれないと、自信がわいてきたところで、いつも壁に突き当たる。②物語に「眠り」が入っていないことをさとって。
　つまり理屈ではなく、無意識の共鳴箱※2に響くものが、足りないということだ。それを掘り起こすには、物語をしばらく寝かし、自分をも寝かせる必要がある。
　行き詰まって、冒頭を書き換えてみて、結末も書き換え、それでもどうにもならない。布団にくるまって考える。登場人物や登場動植物がひとりでに動き出す。そのうち眠りに落ちて、ふっと目が覚め、また書き始める。
　問題が解決されるとは限らない。いくら寝かしても駄目な場合がある。けれど、未解決のまま、自分のコントロールの及ばない夢に物語が揉まれることで、底のほうに大事なものが溜まってくるように感じる。

（アーサー・ビナード『亜米利加ニモ負ケズ』新潮文庫刊）

（注1）いそしむ：熱心に取り組む
（注2）共鳴箱：音を響かせるように作られた装置

5 ①これは何か。
1　物書き　　2　眠り　　3　一端　　4　物語

6 ②物語に「眠り」が入っていないとは、どういう意味か。
1　話の構想は思いつくが、適当なつながりの表現がないこと
2　創作しようとする話の中に、心に響くものが足りないこと
3　読むと眠りに誘われるような心地よさが含まれていないこと
4　内容に夢を感じさせるようなおもしろさが欠けていること

7 本文の内容と合っているものはどれか。
1　物語を作るには、言葉の響きに思案を巡らすことが大事である。
2　物語を創作するとき、いったん中断する過程が重要だと気づいた。
3　表現する仕事は思考を重ねて頭が疲れるので、深い眠りが欠かせない。
4　仕事の途中で寝たら、夢の内容から話を生み出すことができた。

(2)
　情報環境という意味では、テレビは大人と子どものギャップを埋めた。
　インターネットも、原理的には誰でも同じコンテンツ※1に触れることができる。「子どもが大人の世界を垣間見る※2」という点では、テレビの場合以上に「禁断の世界」すらのぞき見る子どもが出てきた。
　しかし、テレビから送られてくる情報は限られており、少なからぬ時間、多くの番組を家族が一緒に視聴するのに対し、インターネットの情報量は無限に近い。その情報にパソコンや携帯電話を通して様々な場所でアクセスするから、単独で接触する機会が多い。結果的に、受容するコンテンツは一人一人バラバラである。①インターネットは、人々の話題を拡散する方向に作用する。また、メールやSNS※3ともなると、家族の間でも、そのやりとりの相手、内容はお互い知ることはなく、もとより会話が少なく紐帯感※4が低い家庭においては、家族の結びつきがさらにバラバラになる可能性もある。(中略)
　インターネットには、家族や同世代の仲間の絆※5を強める働きがある反面、家族や世代内のつながりの中に、モザイク化した多くの孤島を作り出してしまう②危険性をはらむ※6。

(橋元良明『メディアと日本人——変わりゆく日常』岩波書店による)

(注1) コンテンツ：インターネットなどのメディアで提供される情報
(注2) 垣間見る：ちょっとこっそり見る
(注3) SNS：Social Networking Service　インターネット上の会員制サービス
(注4) 紐帯感：人と人を結び付けている感覚
(注5) 絆（きずな）
(注6) はらむ：含む

8 テレビとインターネットに共通していることは何だと言っているか。
1　欲しい情報がいつでもどこでも受け取れること
2　子どもも大人と同じ情報に接することが可能なこと
3　子どもは成人向けの情報に触れるのが禁じられていること
4　家族や同世代の仲間と一緒に楽しめること

9 ①インターネットは、人々の話題を拡散するのはなぜか。
1　パソコンや携帯電話などで単独で接触し、受容するコンテンツが一人一人別々であるから
2　ある一定の時間、限られた内容の番組を視聴するテレビと比べて情報伝達の効率がよいから
3　インターネットの情報を受信するパソコンや携帯電話は、機種や性能がいろいろあるから
4　インターネット上で交流すると、相手によってやりとりする内容に大きい違いが出るから

10 インターネットはどんな②危険性を持っていると言っているか。
1　小さい子どもでも無制限に危険な情報に接触する機会が多くなる
2　インターネットの情報量は無限なので、正しい判断ができなくなる
3　家族や仲間同士がメールやSNSだけで結びつくようになる
4　家族や仲間のかかわりの中に、孤立した人を生み出す方向にも進む

(3)
　選手が最高の結果を出す精神状態の研究は、心理学だけでなく脳科学からのアプローチもある。北島康介選手（日本コカ・コーラ）ら北京五輪競泳日本代表に「勝負脳」の講義をした日大総合科学研究所の林成之教授は「本能が勝負を決める」と主張する。
　脳には前頭葉※で情報を理解する機能の基盤となる「統一・一貫性」の本能があり、「整ったもの」「同じもの」を好む。一度否定的な感情が芽生えると、脳全体がその感情に支配されてしまう。そうなると自らを守る「自己保存」の本能が働いて言い訳を考え始め、力を発揮できなくなる。①これを防ぐには「別のことを考えたり、結果に至る前の過程に集中したりすることが必要」と言う。
　他方、この「統一・一貫性」という本能があるために、いきなり②高い目標を掲げ、猛練習で壁を一気に越えるという取り組みには無理があると林教授は断言する。「脳は急激な変化を受け入れない。期限付きの全力投球を繰り返し、少しずつ変わるしかない」。目のまえの目標を一つひとつ着実にクリアし、自信を深めていくことが重要だそうだ。

（「大舞台に強い人になる」朝日新聞 2012年6月16日による）

（注）前頭葉（ぜんとうよう）：脳の一部

11　①これは何か。
1　否定的な感情が出て脳全体を支配し、自己保存の本能が働いて力を発揮できなくなること
2　負けたときのことを考えると、自己保存の本能が自分の欠点を探し始めて止まらなくなること
3　脳には統一・一貫性の本能があるため、一度ほかのことを考えると再び集中できなくなること
4　結果までの過程を整ったものとして認識できず、危険から自分を守る方に意識が向くこと

12　②高い目標を掲げ、猛練習で壁を一気に越えるという取り組みには無理があるのはなぜか。
1　自己保存の本能が働いて、急激に来る刺激から自分を守ろうとするから
2　統一・一貫性の本能があるため、脳が急激な変化を受け入れられないから
3　掲げた目標が高すぎると、それまでに積み重ねた能力が発揮できないから
4　猛練習の後、疲労が蓄積し、否定的な感情が芽生えて挫折してしまうから

13　スポーツ選手が最高の結果を出すには何が重要だと言っているか。
1　統一・一貫性の本能と自己保存の本能を訓練によって強くすること
2　競技前に、結果に至るまでの過程に集中し、他人と比較しないこと
3　肯定的な感情を持ち、少しずつ目標を達成して自信を深めていくこと
4　毎日同じ練習を繰り返して、統一・一貫性の本能を活かすこと

問題3 次の文章を読んで、後の問いに対する答えとして最もよいものを、1・2・3・4から一つ選びなさい。

　これも天才は別であろうが、私たちの場合は、①書くという働きを行った後に、漸く※1読むという働きが完了することが多いようである。これに少し説明を加えよう。私たちが書物を読むのは、言うまでもなく、それを理解するためであるし、実際、丁寧に読んで行けば、堅い内容の書物でも理解できるものである。しかし、私だけの経験ではないと思うが、読んでいる間は、「なるほど」とか、「そうだ」とか、心の中で相槌※2を打ちながら、一々判って※3行くけれども、また、読み終わった瞬間、一種の空気が心の中に残りはするけれども、肝腎※4の書物の内容は、輪郭※5の曖昧な※6もの、捕えどころのないものになってしまう。日が経つにつれて、それさえ何処か※7へ蒸発してしまう。糸が切れた風船のように、空へ消えてしまう。書物に忠実な態度でノートをとっておけば、②この点は少しは救われるが、それでも、永く風船を地上に繋ぎとめて※8おくことは出来ない。私の経験では、風船を地上に繋ぎとめておく一つの方法、つまり、内容を自分の精神に刻みつけておく一つの方法は、読んで理解した内容を自分の手で表現するということである。③読んだことを書くということである。何も、学生時代の私のように、一千字という無茶な枠を自分に与える必要はないし、書物の内容や分量も無視するわけには行かないが、原稿用紙五枚なり十枚なり――この枚数は最初から決めておいた方がよい。――に、読んだものを書くに限る。書く、といっても、ノートのように、己を空しうして※9、書物のままに、というのでなく、自分の精神を通して、自分自身が書くのである。自分が或る※10程度まで著者になるのである。精神の姿勢が能動的でなければいけない。精神の姿勢が能動的であるのには、原稿用紙の枚数があまり多くない方がよい。枚数は自由、いくら長く書いてもよいというのでは、精神は受動的でいることが出来る。極端な場合は、当の書物をそのまま写し取って、その書物と同じ大きさのものが生まれるであろう。これに反して、枚数が小さく限られていると、否応なしに※11、読んだものの大部分を思い切って捨てなければならぬ。本質的なものを選び取らねばならぬ。枚数の制限というのは、精神をノンビリした受動性から苦しい能動性へ追い込むための人工的条件である。要するに、(中略)読むという働きより一段高い、書くという辛い働きを通して、読むという働きは漸く完了するのである。即ち※12、書物を読むのは、これを理解するためであるけれども、これを本当に理解するのには、それを自分で書かねばならない。自分で書いて初めて書物は身につく。

　読む人間から書く人間へ変るというのは、言ってみれば、受動性から能動性へ人間が身を翻す※13ことである。書こうと身構えた時、精神の緊張は急に大きくなる。この大きな緊張の中で、人間は書物に記されている対象の奥へ深く突き進むことが出来る。しかも、同時に、自分の精神の奥へ深く入って行くことが出来る。対象と精神とがそれぞれの深いところで触れ合う。書くことを通して、私たちは本当に読むことが出来る。表現があって初めて本当の理解がある。

（清水幾太郎『論文の書き方』岩波書店による）

(注1) 漸く（ようやく）
(注2) 相槌（あいづち）

(注3) 判って（わかって）
(注4) 肝腎：最も重要なこと
(注5) 輪郭：だいたいの内容
(注6) 曖昧な：はっきりしない
(注7) 何処か（どこか）
(注8) 繋ぎとめて（つなぎとめて）
(注9) 己を空しうする：私情を入れないで素直になる
(注10) 或る（ある）
(注11) 否応なしに（いやおうなしに）
(注12) 即ち（すなわち）
(注13) 身を翻す：変える

14 ①書くとは、ここではどういう意味か。
1 書物を丁寧に読んでいる間、心の中で語った言葉を書きとめておくこと
2 書物に書かれていることを一つずつ忠実にノートにとっておくこと
3 原稿用紙の枚数や書くスタイルを自由にして、読んだものを記すこと
4 書く長さを制限して、書物の内容の本質的な点をつかんで表現すること

15 ②この点は何をさしているか。
1 書物を丁寧に読まないために理解できなくなること
2 読んだ書物の内容が残らなくなってしまうこと
3 書物を読みながら心の中で相槌を打つこと
4 どんな書物をどんな順で読んだか忘れてしまうこと

16 ③読んだことを書くとき、何をしなければならないと言っているか。
1 書物の内容について書く分量を制限しなければならない
2 なるべく読み手の批判を入れないで書かなければならない
3 書物の著者と心の中で対話しながら書かなければならない
4 読んだ本の内容を忠実に写し取らなければならない

17 読む働きから書く働きに変わると、どうなると言っているか。
1 他人が書いた本を読むときには受動的だが、自分が作家になれば能動的になる。
2 本を読み終わると内容は消えていくが、メモをすればイメージを残せるようになる。
3 精神が緊張する中で、本の中の対象と自分の精神の奥へ深く入って行けるようになる。
4 精神が追い込まれた苦しい状態から、ゆったりした楽な状態に変わる。

問題4 次のAとBはある企業が実施した「年中行事に対する考え」の調査について書いた雑誌のコラムである。AとBの両方を読んで、後の問いに対する答えとして最もよいものを、1・2・3・4から一つ選びなさい。

A

「伝統的な年中行事を大事にしているか」という調査によると、大事にしていると答えた人が9割近いという結果になった。特に、子どもの場合、学校や幼稚園で季節ごとに年中行事について学ばせて、いくつかは実際に行っているため、年中行事を身近に感じる人も少なくないようだ。家庭でも子どもたちに教えるために行うという親は多く、また、もし他の家でやっていると、自分の家だけやらないわけにはいかないという意見もあった。

伝統行事はもともと、一部の上流階級に伝えられてきたものが多い。時代を経て、一般家庭にも広まり、商業主義の側面も強まってきた。代表的なものと言えば、節分やひな祭り、子どもの日（端午の節句）など、女性と子供が主に行うものがほとんどである。食べることや健康に関係する行事が続いているという指摘もある。

B

先日発表された伝統行事に対する意識調査を見ると、「伝統的な年中行事を大事にしている」と回答した人の割合が87%で、現代でも伝統がすたれて[※1]いるわけではないことがわかった。大事にしている理由として、「季節の変化を楽しみたい」「長く続けている習慣だから」「家族同士の関係を強める」などの回答が挙がった。年中行事がすたれないように親が子どもに教えるべきだという意見にも、大事だと答えた人たちの6割近くが賛成している。

一方、否定的な人たちが言うように、商業主義が行きすぎている面がある。節分に巻きずしを食べる恵方巻き[※2]が一つの例だが、もとは大阪の習慣だったものを小売業界や企業の宣伝で全国に広めた。そのような商業主義と年中行事とは本来関係がないといえるだろう。商売の利益が出なければ、伝統が消えるというわけではないからである。

現在の消費の主役である女性と子どもに人気のある行事が残っていくという見方もあり、クリスマスやバレンタインだけでなく、秋のハロウィンも定着するだろうともいわれている。

（参考：「be between 読者とつくる 伝統的な年中行事を大事にしてる？」 朝日新聞 2011年2月26日）

（注1）すたれる：行われなくなる
（注2）恵方巻き（えほうまき）

18 AとBのどちらのコラムにも触れられている内容はどれか。
1 年中行事を大事にしていない人の割合
2 年中行事を大事にしている人の意見
3 年中行事の学校教育への影響
4 年中行事に対する否定的な分析

19 年中行事を大事にする理由の一つは何だと言っているか。
1 子どもの時からやっているので、やらないと気持ちが悪いから
2 他の家族とは違う、その家族に伝わる行事を守りたいから
3 家庭で親が子どもに教えて、伝えていきたいから
4 宣伝されているのを見て、興味深く感じたから

20 年中行事が商業主義化していることについて、Aの筆者とBの筆者はどのような立場をとっているか。
1 AもBも、ともに明確にしていない
2 AもBも、ともに批判的である
3 Aは批判的であるが、Bは明確にしていない
4 Aは明確にしていないが、Bは批判的である

問題５　次の文章を読んで、後の問いに対する答えとして最もよいものを、１・２・３・４から一つ選びなさい。

　友人のマンションを訪ね、三時のお茶を飲んでいたら、非常ベルが鳴った。
　これが並大抵の音ではない。どういう仕掛けになっているのか、頭の上から嚙みつくように物凄い音で鳴り続ける。
　私たちは総立ちになった。
「火事だ！」
　かなりの高層マンションだが友人の部屋は三階である。いざとなったら飛び下りても命だけは何とかなると思ったが、お年寄りもいることだし、①そうとなったら早いとこ非常階段に出たほうがいい。
　友人は玄関へ走った。
　ドアを細目にあけて廊下をうかがったが、火の手も煙も見えない。隣りの部屋、向いの部屋のドアが開いて、②不安そうな顔がのぞく。
「おなかの大きい嫁がいるんですが、大丈夫でしょうか」
　とお姑さんらしいかたのオロオロ声※１は、大きなベルの音で、やっと聞こえるほどである。
　友人が、右代表※２のかたちで階段をかけおりて、管理人室へとんでいった。
　ベルが止んで、友人がもどってきた。
　子供のいたずらだったという。
　両親が共働きで、それも夜遅い。その子は小学校二年の男の子だそうだが、次から次へと新しいいたずらを考えては、管理人を困らせていたという。
　エレベーターに乗り、各階のボタンを全部押して飛びおりる。乗った人は、用のない階にゆっくり停ってゆくエレベーターに苛々する。
　今までにも随分③手こずったが、とうとう非常ベルになったということらしい。
　都会の、四角いコンクリート・ジャングルのなかでは、テレビも怪獣のおもちゃも、遊び相手としては物足りなかったのだろうか。

　　　　　　　　　　　　　　　　　　（向田邦子『女の人差し指』文春文庫　刊）

（注１）オロオロ声：不安そうな声
（注２）右代表：みんなの代表

21　①そうとなったらとは、どういう意味か。
1　もし、マンションの非常ベルがもっと大きく激しく鳴るようになったら
2　もし、マンションの非常ベルが何も起きていないのに鳴っていたら
3　もし、マンションの火事が年寄りもいる友人の部屋の近くで起きていたら
4　もし、マンションが火事になって友人の部屋が煙や灰で汚くなったら

22 ②不安そうな顔がのぞくとは、どのような様子か。
1 近くの部屋の人が非常ベルの音を聞いて、何が起きたのか、どうすればいいのか心配している様子
2 非常ベルの音が大きくて止まらないので、故障しているかもしれないと近くの人たちが気にしている様子
3 火事が起きて、年寄りや妊娠している女性が、飛び下りて逃げることをこわがっている様子
4 非常ベルがずいぶん長い時間鳴っているのに、消防車も救急車も来ないので危ないと感じている様子

23 ③手こずったのはだれか。
1 筆者
2 友人
3 エレベーターに乗った人
4 管理人

24 子どもはなぜいたずらをしたと考えられるか。
1 マンションに住んでいる人たちと知り合いになりたかったから
2 マンションに住んでいる人たちがあわてて逃げるのを見たかったから
3 両親が共働きで夜遅く帰るため、遊び相手がいなかったから
4 新しい遊びを次々に考えて、管理人に楽しんでもらいたかったから

問題6　次は、図書館の利用に関する文章である。後の問いに対する答えとして最もよいものを、1・2・3・4から一つ選びなさい。

25　留学生のアンさんが郵送で利用者登録をする場合、返信用封筒を除いて必要な書類は何種類か。
1　1種類
2　2種類
3　3種類
4　4種類

26　登録する際に必要な本人確認書類として、認められないものはどれか。
1　現在、通学している大学の学生証
2　銀行のキャッシュカード
3　健康保険証
4　自治体で発行された住民票

A市立図書館では、以下のような手順で登録を行い、利用することができます。

  登録手続きについて

1. 申請資格
　満18歳以上の方ならどなたでも申請することができます。利用者の氏名・現住所・生年月日が確認できる本人確認書類が必要です。勤務先や学校等の住所では登録できません。

2. 登録方法
　登録手続きは、郵送または図書館に直接来館して行う方法があります。

2-1. 郵送による登録
　登録手続きに必要な書類は次のとおりです。
（1）「A市立図書館利用者登録申請書」
　　プリントアウトして、必要事項を記入してください。また、海外から申請する場合は、氏名欄および住所欄にアルファベットで記載してください。
（2）「本人確認書類のコピー」
　　「申請書」にご記入いただいた内容が確認できる本人確認書類のコピー（必要な情報が裏面などに記載されているときは、その部分も必要になります）をご用意ください。なお、ご用意いただいた本人確認書類のコピーは登録手続き終了後、返却いたします。
（3）宛先（氏名・現住所）を記入した返信用封筒（定型サイズ。切手は不要です。）
　　登録された住所以外には発送できませんので、ご注意ください。
　　下記の宛先までお送りください。
　　〒×××－××××
　　京都府A市○○町×－×－×　　A市立図書館　複写貸出係
　　（「利用者登録申請書在中」と朱書してください。）

  本人確認書類について
当館が本人確認書類として認めるものは次のとおりです。
運転免許証、保険証、パスポート、学生証、住民票の写し（3か月以内に発行されたもの）、公的手帳およびそれに準ずるもので氏名、住所および生年月日が記載されている書類。いずれも有効期限内のものに限ります。
※次のようなものは本人確認書類として使用できません。ご了承ください。
　社員証、定期券、名刺、シルバーパス、電気・水道・ガス・電話料金等の請求書や領収証など

著者
草野宗子
　早稲田大学日本語教育研究センター、東京工業大学留学生センター非常勤講師
　共著書に『新訂版　トピックによる日本語総合演習―テーマ探しから発表へ―中級前期』（スリーエーネットワーク）などがある。

村澤慶昭
　武蔵野大学・大学院教授、國學院大學 K-STEP 日本語講師、東京音楽大学非常勤講師
　共著書に『にほんご90日』シリーズ（ユニコム）、『大学で学ぶためのアカデミックジャパニーズ』（ジャパンタイムズ）などがある。

牛米節男
　名校教育日本語学校新宿校常勤講師

装丁・本文デザイン
Boogie Design

読解攻略！ 日本語能力試験 N1 レベル

2015 年 4 月 21 日　初版第 1 刷発行
2023 年 8 月 23 日　第 4 刷発行

著　者　草野宗子　村澤慶昭　牛米節男
発行者　藤嵜政子
発　行　株式会社スリーエーネットワーク
　　　　〒102-0083　東京都千代田区麹町 3 丁目 4 番
　　　　トラスティ麹町ビル 2F
　　　　電話　営業　03（5275）2722
　　　　　　　編集　03（5275）2725
　　　　https://www.3anet.co.jp/
印　刷　三美印刷株式会社

ISBN978-4-88319-706-4　C0081
落丁・乱丁本はお取替えいたします。
本書の全部または一部を無断で複写複製（コピー）することは著作権法上での例外を除き、禁じられています。

読解攻略！日本語能力試験

N1レベル

別冊

解答集

基礎編 短文の解答 ················· 1
応用編 中・長文の解答と解説
　A 説明文　中文 ················· 2
　　　　　　長文 ················· 6
　B 論説文　中文 ················· 15
　　　　　　長文 ················· 19
　C 随筆　　中文 ················· 28
　　　　　　長文 ················· 32
　D 小説　　中文 ················· 39
　　　　　　長文 ················· 43
模擬試験の解答 ················· 53
模擬試験の解答用紙（マークシート）········ 55

基礎編 短文の解答

STEP1　指示語を問う問題

(1)	(2)	(3)	(4)	(5)	(6)	(7)	(8)	(9)	(10)
3	3	2	1	4	4	4	4	2	2

STEP2　キーワードの穴埋め問題

(1)	(2)	(3)	(4)	(5)	(6)
4	4	3	3	1	1

STEP3　句や文の穴埋め問題

(1)	(2)	(3)	(4)	(5)	(6)
4	4	1	2	4	2

STEP4　下線部の意味を問う問題

(1)	(2)	(3)	(4)	(5)	(6)
3	3	1	4	4	3

STEP5　下線部の理由を問う問題

(1)	(2)	(3)	(4)	(5)	(6)
3	1	2	4	4	3

STEP6　全体を問う問題

(1)	(2)	(3)	(4)	(5)	(6)	(7)	(8)	(9)	(10)
3	2	4	4	4	1	3	2	1	1

応用編 中・長文の解答と解説　〈A．説明文〉　中文

問題Ⅰ

【問1】「①男子は女子ほどに『かわいい』について真剣に、自分のアイデンティティの問題として考えていない」のはなぜか。

> 「『かわいい』は男としての自己認識を攪拌させ混乱させる言葉であり、思考の枠の外側に置かれている観念である」（3行目〜）

1　男は一般的に「かわいい」と言われると恥ずかしく感じてしまうから
2　男子は「かわいい」と言われてもそれをそのままでは信用しないから
3　「かわいい」という言葉自体が女性を対象とした言葉であるから
○4　そもそも「かわいい」は男としての自己認識にはない概念であるから

【問2】「②『かわいい』という言葉を過敏に受け止めている」とは、どういうことか。

> 「それに対して女子は、『かわいい』という語を受け入れるにせよ、それに反撥を示すにせよ、一貫してヴァルネラビリティ（攻撃誘発性、やられやすさ）に満ちた態度を示している」（5行目〜）
> 「彼女たちの過半数は『かわいい』と呼ばれたいと思い」（6行目〜）
> 「女子のかなりの部分は、年齢に強い焦燥感を感じており」（10行目〜）

○1　他の人から「かわいい」と言われるかどうかを非常に気にする女子が多いということ
2　若いときにしか「かわいい」と言われないと信じている女子が非常に多いということ
3　「かわいい」と言われなければ成熟した大人になれないと思う女子が多いということ
4　男性から「かわいい」と言われるようにいつも気をつけている女子が多いということ

【問3】筆者がこの文章で説明しているのは、どのようなことか。

> 「男子は女子ほどに『かわいい』について真剣に、自分のアイデンティティの問題として考えていない」（1行目〜）
> 「それに対して女子は」（5行目）
> 「おそらく同年齢の男子には、そのような懸念はほとんど存在していない」（13行目〜）

○1　他人から「かわいい」と言われることの受け止め方には明確な男女差が存在する
2　他の人に「かわいい」と言ってもらいたいという願望が日本大には存在している
3　「かわいい」と言われたい女子のアイデンティティは、男子には理解不能である
4　「かわいい」という言葉のとらえ方は、性差よりもむしろ年齢差の方が大きい

問題Ⅱ

【問1】「①当時求められた標準的なことば」とは、どんなものか。

> 直後に「従来の江戸でのことばそのままのものではなく、訛りなどの少ない、いわば由緒正しいことばでなければならなかった」（6行目〜）とある。

   1　従来からの江戸のことば
 ○ 2　訛りの少ない由緒正しいことば
   3　関東の方言に各地のことばがまじりあってできたことば
   4　上品な表現形式の上方のことば

【問2】「②規範としての『東京語』」を形成しているものとして、正しくないものはどれか。

> 「江戸語においてすでに」（10行目〜）から②の下線の直前の部分までに書いてある。正しくないものなのでこの部分にないものが解答となる。

   1　上方のことばからとり入れた上品な表現形式（＝正しい）
   2　知識階級の使用語（＝正しい）
 ○ 3　俗なことば（←上記の範囲にはない）
   4　文章語（＝正しい）

【問3】「②規範としての『東京語』」はどのように全国に広まっていったか。次の中で正しくないものはどれか。

> 直後に「この言語は新時代の主として支配階級の人々の間で使用される中で標準語としての勢力を得、その後、学校教育の普及、マス・メディアの発達などによって全国のすみずみにまで及ぶにいたった」（14行目〜）とある。正しくないものなので、この部分にないものが解答となる。

 ○ 1　東京に遷都し、江戸を東京と改めることによって（←広まっていく過程にはない）
   2　マス・メディアが発達していくことによって（＝正しい）
   3　学校教育が普及していくことによって（＝正しい）
   4　新時代の支配階級の人々が使用することによって（＝正しい）

応用編　中・長文

A　説明文　中文

問題Ⅲ

【問1】「①公正（フェア）であること」とは、どういうことか。

> 「不平等回避性である。すなわち、自分と他者の利得の差がなるべく小さいことをもって公正とみなすという考え方」（4行目〜）

- ○ 1　自分と他者を比べてみたときに、利得の差がなるべく小さい状態であること
- 2　自分と他者の間の利害関係において、自分の優位性が失われない状態のこと
- 3　自分を他者と参照したときに、他者の利得の方が多少劣っている状態のこと
- 4　自分と他者の利得の差を一般的に評価したときに、大差ない状態であること

【問2】「②その他の人はどうでもよい」のはなぜか。

> 直前に「人が気にかけるのは、このような参照グループに属する他者であって」（10行目）とある。

- 1　自分と関係ないセレブを参照したとしても、結局はその違いの大きさに嫉妬してしまうだけだから
- 2　自分が関係あると思う人だけを参照すれば、その他の人の存在は一切無視することができるから
- 3　自分に利害関係をもたらさない他者の存在は、自分にとってはまったく無視をしてもかまわないから
- ○ 4　自分と関わりの深い周りにいる人以外は、参照対象とならない、いわば別の世界の人であるから

【問3】筆者は「世間」についてどのように説明しているか。

> 「ここで他者とは他者一般ではなく、自分と関わりの深い周りにいる人のことである」（8行目）
> 「このような人々を『参照グループ』という」（9行目〜）
> 「『世間』とはまさにこのような参照グループのことである」（14行目〜）

- 1　「世間」とは不平等回避性が行われる社会空間、つまり隣人からセレブまでを含めた個人的好奇心が及ぶ範囲の人々のグループのことである。
- 2　「世間」とは地域社会や勤務先、学校などの同僚、友人、知人など、すなわち自分が大切にしていきたいと願う人々のグループのことである。
- ○ 3　「世間」とは世の中の一般的な人すべてをさすのではなく、利得の参照対象となるような自分との関わりの深い人々のグループのことである。
- 4　「世間」とはその人が属する社会一般のことではなく、自分にとって利益をもたらしてくれるような関係の深い人々のグループのことである。

問題Ⅳ

【問1】「①日本語の歴史の上での画期的な出来事」だったのはどんなことか。

> 「貴族や官僚・僧侶は使っていたが、民衆には遠いものと思われていた『漢字に頼る語彙』が…民衆の耳に入り込み、…民衆が漢語を理解する直接の触れ合いの場が、広く生じた」（4行目～）

1　民衆が、法師の語る仏教の言葉を解釈してやさしい話し言葉に変化させたこと
○2　それまで民衆が使っていなかった漢語に直接触れ合う機会が広く生まれたこと
3　諸行無常の世界観で統一された叙事詩「平家物語」が成立して、各地に広まったこと
4　仏教の経典や公文書に記された書き言葉が、話し言葉として民衆に伝えられたこと

【問2】「②それ」は何をさしているか。

> 漢語が日本語の中に取り入れられた歴史的な経緯について説明している。「四、五世紀ごろから～」（10行目～）

1　漢語と和文の調和　　　　　　○2　漢語
3　国家鎮護の呪法　　　　　　　4　政治の記録

【問3】筆者は「平家物語」の意義はどのようなことだと言っているか。

> 「漢語は、和文の一つの成分となった。輸入以来数百年を経て、…漢語を今度は自分のものとして、民衆の藝術の中に導入し、文学作品の欠くべからざる要素とした。それが『平家物語』だった」（14行目～）

○1　貴族や官僚、僧侶が文章の上だけで使っていた漢語が、民衆の文学作品に不可欠の要素となったこと
2　漢語を多く導入して和文の中に調和させ、民衆も読んで理解できる芸術作品に仕上げたこと
3　長い間貴族や官僚、僧侶が用いていた漢語を、だれにでも使えるようになるきっかけを作ったこと
4　各地で多くの法師が語り継ぎ、広めていく中で結果的に新しい言葉の使い方が普及するようになったこと

応用編　中・長文

A　説明文　中文

〈A. 説明文〉 長文

問題Ⅰ
【問1】「①これ」はどんなことか。

> これはやがて子どもたちにも伝承されていきます。
> 　→何が子どもたちに伝承されていくのかを前の文から探す。
> 「この葉っぱは毒だ、ということを知ると、サルは、当然それを食べません」（1行目）

　　1　自分で経験しながら学習していくこと（←「伝承」ではないので×）
　　2　危険のない場所で生活すること
○ 3　毒のある葉を食べないようにすること
　　4　群れのルールを守って行動すること

【問2】（　②　）に入る適当なものはどれか。

> 直前の「といった」に注意。この前の部分が（　　）の言葉の説明になっている。
> 「これは食べてはいけない、これは食べてもいい」（3行目）→食べ方
> 「子どもたちにも伝承されていきます」（2行目）、「群れ全体に拡がって」（3行目）→伝統

　　1　生活様式のパターン　　　　2　森林の征服
　　3　葉食の対象化　　　　　　○ 4　食物文化の伝統

【問3】 ③a ～ ③c に入る組み合わせとして最も適当なものはどれか。

> 「 ③a がなる」に注目。動詞「なる」を使うのは「実」だけ。
> 「このツタの葉っぱはとてもおいしいので、現地の人も食べている」（6行目）
> 「この植物にはおいしそうな 実 がなるのですが、…有毒です」（7行目～）
> 　→「これを食ったらほんとに死んでしまう」（8行目）

　　1　花・葉っぱ・実　　　　○ 2　実・葉っぱ・実
　　3　実・茎・葉っぱ　　　　　4　花・葉っぱ・茎

【問4】「④食物レパートリーが群れによって決まっている」というのはどんな意味か。

> 「サルたちは…何でも食っているのではなく」（10行目～）
> 「群れに固有の食物文化というものができている」（12行目～）

○ 1　サルのグループによって、食べる物と食べない物の種類が違っていること
　　2　サルのグループによって、食べ物を見つける場所が限られていること

3　サルのグループによって、別々の方法で有毒の植物を見分けていること
4　サルのグループによって、子どもへの食べ物の教育法がいろいろあること

【問5】「⑤文化というものを育てる基盤は、葉っぱを食べることから形成された」とは、サルの食行動のどんな点から考えたのか。

> 「子どもたちにも伝承されていきます」（2行目）
> 「群れ全体に拡がって、これは食べてはいけない、これは食べてもいい、といった食物文化の伝統ができていく」（3行目〜）

1　手当たりしだいに身の回りの葉っぱをたくさん食べている点
2　群れの中で決められた食べ方を、どのサルにも学ばせる点
○3　おいしい葉や有毒の植物を見分け、それを子どもにも伝えている点
4　いろいろな葉っぱを食べる経験を通じて知能が発達した点

【問6】野生のチンパンジーの観察から、彼らがどんなことをしていると考えられるか。

> 「どうも薬草を使っているらしいという」（14行目〜）
> 「どういう薬草にどういう薬効があるかわかっていて、それをうまく食べ分けているのではないか」（16行目〜）

1　有毒の植物でも、少量ならおいしく食べられることを知っている
○2　植物の種類の違いと食べる量を考えて、効果的に摂ることができる
3　毒を消すために、たくさんの種類の植物を摂ることを伝承している
4　ある種の葉っぱを加工して、病気のときに薬にすることを考えた

問題Ⅱ
【問1】　①a　と　①b　には同じ言葉が入る。適当なものはどれか。

> 前後の文を見ると、言い換えをしているのがわかる。

1　そして　　　2　だが　　　○3　つまり　　　4　さらに

【問2】［　②　］に入る適当なものはどれか。

> 「交換、あるいは取引を中心とする（もの）」＝モノ（商品）をやりとりする経済のこと
> 直前に「物々交換の経済では、交換は限られてしまい」（6行目〜）とある。

○1　商品経済の発展は限定されてしまうのである
　　　2　商品経済の過程は不透明になってしまうのである
　　　3　自給自足経済の流通は停滞してしまうのである
　　　4　自給自足経済のコストは減少してしまうのである

【問3】「③誰もが交換したいという商品」は、現在何になったと考えられるか。

> 「物々交換の中から、人類は貨幣というモノを見つけ出した」（8行目）とある。
> 「つまり」で結ばれていることから、この部分が下線部の言い換えだとわかる。
> また、「貨幣は…それ自身が商品である」（15行目）ともある。

　　　1　アクセサリー　　○2　貨幣　　3　農産物　　4　工業生産物

【問4】「④交換当事者はその商品と自分の生産物をいったん交換すれば、次からは、他の多くの商品を手に入れることができるようになる」とは、例えばどんなことか。

> 「その商品」＝誰もが交換したい商品。金や銀などの貴金属、または貨幣のこと。

　　　1　自分の作った野菜を貨幣と交換すれば、後は誰かが欲しいものと交換できる
　　○2　自分の作った野菜を銀と交換すれば、銀と他のいろいろなものと交換できる
　　　3　自分がもらった品物を集めて他の人に売れば、美しい貴金属が手に入る
　　　4　自分がもらった品物を用いて生産力を上げれば、何でも得ることができる

【問5】　⑤c　、⑤d　、⑤e　に入る組み合わせとして最も適当なものはどれか。

> 空欄の前後の文を整理すると、
> 貨幣は商品＋　c　の役割を果たす。→純粋な　d　に転化した。
> となる。また、「貨幣は交換の仲立ち（媒介）」（15行目）ということから、
> 貨幣＝交換手段　となり、　c　に交換手段が入ることがわかる。
> 　d　は商品か交換手段ということになるが、「純粋な　d　に転化する」（16行目）ところから
> 交換手段だということがわかる。
> 　e　は直前に「つまり」とあるところから、「交換」の言い換えであることがわかる。
> ここでの「交換」は、物の交換＝「取引」のことである。

　　　1　交換経済・市場取引・市場取引
　　　2　生産物・金・貨幣
　　　3　市場・金・市場取引
　　○4　交換手段・交換手段・市場取引

【問6】「⑥欲求の二重の一致」とは、誰と誰の欲求のことか。

> 「交換両当事者の欲求の一致（二重の欲求の一致）」（6行目）とある。

1　モノの生産者と消費者
○2　モノを交換したいと思っている人たち同士
3　稀少性のあるモノを持っている人と交換したい人
4　農産物を交換したい人と、銀を交換したい人

問題Ⅲ

【問1】（　①　）に入る適当なものはどれか。

> 直後に「かんたんにいえば」とあるので、言い換えを表す言葉が入る。

1　ようやく　　　2　このように　　　○3　つまり　　　4　そして

【問2】「②情報はいつでも知的活動の結果として生産されるとはかぎらない」のはなぜか。

> 直後に「情報生産のなかにも、さまざまなものがあって」（12行目〜）と書かれている。
> また「いずれも情報生産にはちがいないが、知的情報生産とは区別したほうがいいだろう。いうならば、感覚的あるいは肉体的情報生産とでもいうべきであろうか。」（15行目〜）とある。

1　読書などの行為も知的活動に入るから
2　肉体労働によっても生産が可能だから
○3　感覚的または肉体的な情報生産も存在するから
4　伝達技術が発達して、だれでも発信できるから

【問3】 ③a 〜 ③c に入る組み合わせとして最も適当なものはどれか。

> ③a は問2から考える。情報生産には知的生産と感覚的・肉体的生産がある。
> ③b ・ ③c は「に対立する」という言葉に注意。つまりこの二つは対立する概念である。この文には二つの対立する概念があることに注意する。
> それは、　知的生産　－　知的活動以外のものによる生産（感覚的・肉体的生産）
> 　　　　　知的生産　－　知的消費
> この二つの段落ではどちらのことを言っているかを考える。

1　知的活動・知的生産・知的活動

○ 2　知的生産・知的生産・知的消費
　　　 3　知的活動・知的活動・知的消費
　　　 4　知的消費・知的消費・知的活動

【問4】「④感覚的あるいは肉体的情報生産」ではないものはどれか。

> 例として「ピアノやバイオリンの演奏」「舞踊の上演」「おいしい料理をつくる」が挙げられている（14行目）。これらにあてはまらないものを選ぶ。

　　　 1　ピアノの演奏
　　　 2　料理を作ること
　　　 3　バレエの練習
　　○ 4　小説の執筆（←知的生産。感覚的あるいは肉体的情報生産ではない）

【問5】知的生産という概念と対立するものはどれか。

> 「知的生産という概念は、一方では知的活動以外のものによる生産の概念に対立し、他方では知的な消費という概念に対立するものとなる」（6行目～）とある。（問3参照）

　　○ 1　知的消費　　　2　労働力　　　3　生産活動　　　4　情報収集

【問6】知的生産とは何か。

> 「知的生産とよんでいるのは、人間の知的活動が、なにかあたらしい情報の生産にむけられているような場合である」（1行目～）

　　　 1　専門家が研究活動に従事して、その成果を一般に知らせること
　　　 2　研究者が情報を収集して、その内容をわかりやすく提出すること
　　　 3　人々が肉体労働によって、物質やエネルギーを生産すること
　　○ 4　人間が知的活動を行って、なにかあたらしい情報を生み出すこと

問題Ⅳ
【問1】（　①　）に入る適当なものはどれか。

> 文末が「～からである。」となっていることから判断する。理由を表す接続詞は？

　　　 1　それで　　　○ 2　というのは　　　3　ところが　　　4　したがって

【問2】「②一人の熱のある病人」の例で、薬が効いたといい切れないのはなぜか。

> 「しかし厳密にいえば、病人の身体は、一日毎に変化しているので、同じ条件で何回もくり返したのではない」（7行目〜）とある。

- 1　一人だけの例では環境に左右されるので、条件を限定できないから
- 2　もし効果が長く続く薬だったら、飲まない場合を設定するのが困難だから
- 3　熱のある状態と下がった状態を厳密に区別することはできないから
- ○4　体質も病状も一定で、条件が同じでなければ効果がわからないから

【問3】科学の「③再現可能」とは、どういう意味か。

> 「再現可能」＝もう一度、同じ結果を出すことができること
> 「科学はそれを取り扱う方法をもっている。それは統計という方法である」（10行目〜）
> 「大勢の人に飲ませてみて…確かに効いたといわざるを得ない」（21行目〜）

- 1　すぐくり返して実行すれば、誰でも同様の理論が導けるということ
- 2　起こったことについて正確に記したら、見えないものでもよいということ
- ○3　同じ条件で同様に行ったら、再び同じ結果が出るだろうということ
- 4　自然界のある事象が、どのような手段を用いても同じように出現すること

【問4】 ④a 〜 ④c に入る組み合わせとして最も適当なものはどれか。

> ④a には、直後に「あるいは同じような条件のものを選んで」（11行目）とあるので、「条件」が入ることがわかる。
> ④b ・ ④c は「統計によって得られる結果は、資料の数が多いほど確からしさが増す」（17行目）ということから考える。

- 1　対象・複数の場合・規則
- 2　対象・一つの定理・まとまり
- ○3　条件・多数の資料・傾向
- 4　条件・限られた設定・変化

【問5】「⑤そういうこと」とは何か。

> 「同じような病気にかかっている大勢の人に飲ませてみる…百人のうち九十九人までの人が治ったとすれば、これは確かに効いたといわざるを得ない」（20行目〜）

応用編　中・長文

A　説明文　長文

1　確かに薬が効いたといわざるを得ない場面
○2　同じ病気の百人が薬を飲んで、九十九人が治ったという結果
3　統計の方法を、実際にどういうふうに取り扱うかという問題
4　一人の人間が何度もくり返して同じことをするという実験

【問6】薬の実験で、「一人の人間に何回も飲ませる」のと同等だと仮定したことは何か。

> 「少しずつちがった条件にあるたくさんの例について行なった実験の結果を、少しずつちがう条件にある一人の人についてくり返した場合と、同等に扱っている」(24行目〜)

○1　少しずつちがった条件にある大勢の人に一回飲ませる
2　ほとんど同じ症状のある大勢の人に多量に飲ませる
3　全く同じ条件にそろえた大勢の人にくり返し飲ませる
4　できるだけ大勢の人に時間をおいて少しずつ飲ませる

問題Ⅴ
【問1】「①一ばん驚いたこと」とあるが、何に驚いたのか。

> 「〜ことは…である。」という文型に注意する。「〜こと」の内容が…の部分に書かれている。つまり、「一ばん驚いたこと」は、「発掘された数十個のナウマン象の骨や歯の化石にまじって、数こそすくないがオオツノシカの骨と歯が発見されたこと」(8行目〜)である。

1　ナウマン象の骨や歯の化石が数十個も発掘されたこと
2　オオツノシカの骨と歯の化石の数がナウマン象のものより少なかったこと
○3　ナウマン象の骨と歯の化石にまじって、オオツノシカのものが発掘されたこと
4　オオツノシカが、角の先の幅が三メートルもある大型のシカの仲間だったこと

【問2】「②奇妙なことに」とあるが、何が奇妙なのか。

> 「〜ことに…た。」という文型に注意する。「…た」ことが、「〜こと」なのである。つまり、「出てくる化石はどれもこれも、ナウマン象とオオツノシカのものばかりで、当時、いっしょにすんでいたと思われるオオカミ・キツネ・ウサギ、といった小型の動物の化石は、二年間掘っても、一つもでてこなかった」(25行目〜)ことが、「奇妙なこと」なのである。

1　当時の野尻湖の気候が現在の北海道のように寒かったこと
2　当時の気候は寒かったのに、南方型のナウマン象の化石がでてきたこと
3　ナウマン象だけでなく、オオツノシカの化石も数をましてきたこと

○4　ナウマン象とオオツノシカ以外の化石がでてこなかったこと

【問3】「③小型の動物の化石は、二年間掘っても、一つもでてこなかった」のはなぜか。

> 「この説明としては」（28行目）以下に理由が書いてある。
> 「雪庇や崖ふちでは、小型の動物は平気で通りぬけられても、大型の動物は体重があるので、足場をふみぬき、かれらだけが化石になって残る、といわれている」（28行目〜）「野尻湖のばあいには、大型の動物は凍った湖水の氷をふみわって、おぼれ死んだのではないのだろうか」（30行目〜）という部分から考える。

　　1　小型の動物は骨が残りにくく、化石にもなりにくいから
　　2　小型の動物は大型の動物がたくさんいる湖の近くに行くことはなかったから
　　3　小型の動物はこのような寒い地方には生息していなかったから
　　○4　小型の動物は湖の氷をふみわって、おぼれ死ぬことがなかったから

【問4】「④石片（人工物）が二個発見された」とあるが、そこからどんなことがわかるか。

> 「すくなくとも、その当時、象や鹿のむれる野尻湖畔に、人間の臭いがしていたことだけは事実である」（40行目〜）という文に注目。
> 「人間の臭いがしていた」＝人間が生活していた。人間が住んでいた。

　　○1　当時、この地方で人間が狩りをしていた可能性があるということ
　　2　当時、クロマニヨン人よりすぐれた石器の加工技術があったということ
　　3　人間の臭いを追ってナウマン象やオオツノシカが集まってきていたということ
　　4　ナウマン象の骨を使って人間が石器を作っていたということ

【問5】野尻湖の象の特徴を表しているものはどれか。

> 最初に考えられていた姿（ナタバル象の子孫）との違いを整理する。
> 最初に考えられていた姿：背丈三・七メートル／皿をかぶったような頭骨／
> 　　　　　　　　　　　　すらりとのびた長い牙（5行目〜）
> 調査の結果わかってきた姿：背丈二・五メートル／マンモスのような厚い毛／
> 　　　　　　　　　　　　曲がった牙（34行目〜）

　　1　すらりとした牙／皿をかぶったような頭骨／背丈二・五メートル
　　2　すらりとした牙／厚い毛／背丈三・七メートル
　　○3　曲った牙／厚い毛／背丈二・五メートル
　　4　曲った牙／皿をかぶったような頭骨／背丈三・七メートル

【問6】 最初の復元図をかきかえなければならなかった原因は何か。

> 出発点として何が間違っていたかを考える。
> 初め、ナウマン象はどのように考えられていたのか。：
> 「第四紀洪積世…の初期にインドにすんでいたナタバル象の子孫」（3行目〜）
> ↓
> 「温―暖帯の森林にすむ象の仲間」（6行目）
> 本当はどうだったのか。：
> 「当時の野尻湖の気候は、現在の北海道ないしはそれよりも北の地方のようであった」（22行目〜）
> 「当時が第四氷期の中でも、いちばん寒い時期に当たる」（33行目〜）
> ↓
> 寒い地方にすむ象

　　　1　オオツノシカとナウマン象がいっしょにいたと考えたこと
　○　2　ナウマン象を南方型の動物だと考えたこと
　　　3　当時、日本には人間がいなかったと考えたこと
　　　4　妙高火山がまだ噴火していなかったと考えたこと

【問7】 文中の図1〜図5に当たるものとして、正しい組み合わせはどれか。

> 象の姿・大きさ、周りの様子、湖の氷、火山の活動、人類の存在などに注意する。
> 図1：背丈三・七メートル（大型）／すらりとした牙／温―暖帯の森林→B
> 図2：南方型のナウマン象（図1と同じ特徴）と北方型のオオツノシカが同居している。／妙高火山は噴火していない。→A
> 図3：野尻湖は凍っている。／大型の動物が氷を踏み割っている。→E
> 図4：背丈二・五メートル／厚い毛／曲った牙／人間の存在／妙高火山の活動→D
> 図5：クロマニヨン人に相当する人間の祖先の存在／旧石器（石片）の使用→C

　○　1　図1：B　　図2：A　　図3：E　　図4：D　　図5：C
　　　2　図1：B　　図2：E　　図3：D　　図4：A　　図5：C
　　　3　図1：A　　図2：B　　図3：E　　図4：C　　図5：D
　　　4　図1：A　　図2：B　　図3：D　　図4：E　　図5：C

〈B. 論説文〉 中文

問題Ⅰ

【問1】「①技術的合理性」に沿った方式として、合っていないものはどれか。

> 科学にもとづいて製品化する方式の記述を見る。
> 「もっと良い方式とは、…効率性に優れている、副作用のようなマイナスの要素が少ない…というような公共的な配慮からのもの」(4行目〜)「その技術が…安全性などの観点から」(8行目〜)判断すると言っている。これらにあてはまらないものを選ぶ。

  1 効率性に優れている方式（＝合っている）
  2 副作用などのマイナス要素が少ない方式（＝合っている）
○ 3 コストパフォーマンスが有利にできる方式（←企業の論理にもとづく方式）
  4 安全性に配慮した方式（＝合っている）

【問2】「②別の論理」とは何か。

> 科学者の意図とは別の論理を探す。
> 「企業には、コスト・パフォーマンスが有利である、手っ取り早く製品化できる、安価にできる」(7行目〜)
> 「その技術が…『技術的合理性』で判断しなければならないのだが、むしろ『経済的合理性』が優先されるようになる」(8行目〜)

  1 技術的合理性   2 科学の原理
  3 環境倫理   ○ 4 経済的合理性

【問3】筆者が心配しているのは、どんなことか。

> 「危惧を覚えている」(12行目)ことを探す。
> 「科学の技術化によって、科学者は企業の論理に従うことが習い性になっていることに危惧を覚えている」(11行目〜)
> 企業の論理とは、「経済的合理性」を優先すること。習い性とは、普通のことになっている、習慣化しているという意味。

  1 科学を技術化するとき製品化の方式が無数にあるため、最高のものを選べないこと
  2 科学の原理を製品化するとき科学者は自分の発見した方式だけを推そうとすること
  3 科学者の考える技術的合理性と企業の言う経済的合理性が合致しないこと
   （←技術的合理性と経済的合理性を合致させるとは書いていない）
○ 4 科学の技術化において科学者が企業の論理に従うのが普通になっていること

問題Ⅱ

【問1】「①享受者」とは、だれのことか。

> 享受とは、受け入れて楽しむこと。「作者と同じ時間を共有」(4行目〜)し、「音楽に参加する」「音楽を聴く人は…その受け取り方もまた多様なものとな」ると言っている。

1　専門の音楽家　　　　　　　2　楽器の製作者
3　プロの作曲家　　　　　　○4　音楽の聴き手

【問2】「②古典主義芸術」と「③ロマン派」の違いは何か。

> 「古典主義芸術は、…唯一不変の美を理想として、その完成された表現を目指した。…理想的な美は…すべての人に同じように伝えられるはずだという普遍性への信頼がある」(9行目〜)
> 「個性の美学を主張するロマン派は、絶対的な「理想美」を否定して、さまざまの多様な美を求めた」(12行目〜)

○1　古典主義は唯一不変の美が理想で、普遍性があるとしたが、ロマン派は個性の美学を重視し、多様な美を求めた
2　古典主義は時代を越えて完成された美の表現を追究したが、ロマン派は美の創作者と享受者の力関係が逆転した
3　古典主義は万人に同じように伝えられる美の実現が理想だったが、ロマン派はさまざまな享受者に合わせて作るものとした
4　古典主義は文学と美術の分野で人類の理想の美を志向したが、ロマン派は主に音楽で普遍的な表現を打ち出した

【問3】筆者がこの文章で言いたいことは何か。

> 音楽において「聴衆…『専門の聴き手（享受者）』が登場したことによって、音楽の本質が大きく変った」(1行目〜)と述べている。また「創作者だけの問題に限らず、享受者の参加によっていっそう多様なものとなる。…芸術作品は優れた創作者のみならず、優れた享受者の存在によって初めて完成される。とすれば、芸術は、本質的に多義的なものとならざるをえない」(13行目〜)とある。

1　音楽を創作したり演奏したりする人も、聴く人も大幅に増えたため、芸術への考え方も表現方法も多様なものになった
2　音楽を創作または演奏する人々が特権階級だけでなく一般化し、芸術の在り方も世俗的なものに変化した
○3　芸術が本質的に多義的であるのは、創作者だけでなく享受者の存在によって作品が完成されたからである

4 芸術は理想的な美を追究することによって自然に広く伝わるという考えが、西欧の美学において劇的な変化をもたらした

問題Ⅲ
【問1】「①これ」は何をさしているか。

> 「時間の長さ…を測る単位として…物理学で選ばれた単位が『秒』である」（1行目〜）

1　相対的な長さ
2　物理学
○3　「秒」という時間の単位
4　現象の観測

【問2】「②『手ごろな』単位」とは、どのような単位か。

> 「手ごろな」とは、使いやすいの意。「いかなるものを『手ごろ』と感ずるかは…人間本位の判断で…人間が判断しやすい程度の時間間隔だ」（4行目〜）とある。

1　世界で共通にするために実験を行って作られた単位
○2　だれにでも容易に判断できる時間間隔の単位
3　地震などの自然の振動を周期的にとらえられる単位
4　よく使うメートル制や振り子の使用から生まれた単位（←この過程が手ごろなのではない）

【問3】筆者が時間の単位について言っていることは何か。

> 問1と問2参照。「秒」は手ごろな（人間が判断しやすい時間間隔の）単位として選ばれた。最後の段落で、『秒』はメートル制の採用と振り子の使用との結合から生まれた偶然の産物である」（12行目）が、「人体の週期（周期）」をもとに制定されたと考えている。

1　時間の長さは古典的力学の時代から厳密に測定され、やがて世界で共通の単位となった
2　人間の身辺に起こるいろいろな現象を観測する目的で、周期的時間間隔が作り出された
3　舞踊の動きを周期的な運動として、音楽の律動周期と同調させたものを時間の単位とした
○4　「秒」はメートル制と振り子から偶然に生まれたが、人体の周期がもとになって制定された

問題Ⅳ

【問1】「①能面の様式」の特徴はどんなところか。

> 次の文に「それを自然性の否定に認める」（1行目）とあり、「能面の現わすのは自然的な生の動きを外に押し出したものとしての表情ではない。逆にかかる表情を殺すのが能面特有の鋭い技巧である」（3行目～）とある。

1　自然の男女の性差を明確に現わさないところ
2　どの能面も年老いて見える造形になっているところ
○3　自然な生き生きした表情を否定しているところ
4　本物の人間の不気味さを美的に描写したところ

【問2】「②能面が一般に一味の気味悪さを湛えている」のはなぜか。

> 問1参照。自然性の否定が能面の特徴で、「自然的な生の表情を外に押し出したもの」ではなく、「表情を殺」したものと述べている（3行目～）。また「能面が…気味悪さを湛えているのはかかる否定性にもとづく」（6行目～）とある。

1　作者自身の筋肉の生動を否定しているから
2　作る上での技巧が鋭いと感じられるから
3　翁や姥などの老人の顔を表しているから
○4　自然的な生の動きを否定しているから

【問3】「③顔面の筋肉の生動した能面」について、筆者はどう考えているか。

> 顔面の筋肉の生動した能面の方が多いが、自然的な顔面の表情を類型化したものではなく、作者の生の動きの直接的な表現だと見ている（9行目～）。また「能面の生動もまた自然的な生の表情を否定するところに生じてくる」（13行目～）と言っている。

○1　作者の生の直接的な表現であって、自然な生の表情を否定しなければ現われない
2　能面の類型としては多く存在し、自然な人間の顔の表情をもとに作られている
3　生きた人間の顔の形象が表情として現れ、それを直接的に表現したものである
4　作者が自分の顔の表情を抽象化し、筋肉の動きを否定しなければ造形できない

〈B. 論説文〉 長文

問題Ⅰ

【問1】「①その原因」の「その」は何をさしているか。

> 直前の言葉に注意。何の原因と背景をきちんと調べなければならないのか。

　　1　状況　　　2　影響　　　3　危険性　　　○4　ミス

【問2】「②不問に付されて」の「不問に付す」とは、どういう意味か。

> 「不問に付す」＝特に問題にしないこと
> 直後に「個人が責任をとることと、失敗の原因を追究して教訓化することとは別物なのに、それが混同されている」（8行目〜）とある。

　　1　不祥事が起きる　　　　　　2　責任者が辞任する
　○3　追究されない　　　　　　　4　原因が分析されない

【問3】 ③a ～ ③c には同じ言葉が入る。適当なものはどれか。

> □の前後の文に注意する。
> 事件や事故という形で表面化した ③ ／ ③ に直接かかわった者を処罰したり／ ③ を引き起こした原因
> 「大きな失敗（事故や営業損失）」（4行目）などの言葉から考える。

　　1　背景　　　○2　失敗　　　3　現象　　　4　事実

【問4】「④鎖を形成する小さな輪」とは何か。

> 「失敗の原因を『諸要因の連鎖』としてとらえる」（22行目）
> 「鎖を形成する小さな輪（＝要因）」（23行目）
> 「どの一つも重要な要因になっている」（24行目）

　○1　失敗にいたるまでの一つ一つの要因
　　2　繰り返し発生したミスの内容
　　3　事故を防げなかった人たちの行動
　　4　現象についての詳しい分析

【問5】（　⑤　）に入る適当なものはどれか。

> 「③＝失敗を調査する取り組み方には、大きく分けて二つの方向がある。」(15行目～)と言っている。（　⑤　）の前の段落では、そのうちの一つ、原因を多数の要因のつながりとしてとらえ、対策を考えるという取り組み方について述べている。また、後の段落では、もう一つの責任者追求型の取り組み方について述べている。つまり、二つの段落は対立していると言える。

　　1　したがって　　○2　これに対し　　3　さらに　　4　このように

【問6】失敗を繰り返さないために、どんな取り組みが有効だと言っているか。

> 「失敗を繰り返さないようにするには」（21行目）以下の段落に書かれている。

　　1　経営者などの責任ある人が、慎重に発言し行動すること
　　2　事件や事故に直接、最後に関係した人を洗い出して調査すること
　　3　組織内部のシステムを見直し、情報伝達が滞らないようにすること
　○4　起こした失敗の原因や背景を、一つずつ調べて対策を立てること

問題Ⅱ

【問1】「①これによって」は何をさしているか。

> 何によって「たえまなく」「どこでもいつでも」立ち会わされることになったのかを考える。
> 「速報性を特徴としていて」（2行目～）
> 「情報は場所と時間を選ばず人びとのもとに向うからやってきます」（4行目～）

　　1　ラジオやテレビが休みなく情報を発信していること（←指示語の直前にある部分ではない）
　　2　各家庭のなかまで、あらゆる情報を届けてくれること
　　3　刻々と変わる事件の進行を、そのつど知らせてくれること
　○4　速報性とともに、いつでもどこでも情報が届くこと

【問2】「②文字による言葉の伝達力に頼らない」とは、どういう意味か。

> 「文字による言葉の伝達」＝文字（活字）を使って伝えること

　○1　書かれた文字以外の手段で情報を伝える
　　2　文字を使ったメッセージが発信されない
　　3　言葉以外の手段でコミュニケーションをする

4　電波を通して広く多くの人に知らせる

【問3】「③情報の無階層化」とは何か。

> 「受容者の社会階層による区別がなくなったのです」（13行目～）

　　1　情報の送り手に、組織内の地位の差がなくなったこと
　　2　情報の送り手に、地域による質の違いがなくなったこと
　○3　情報の受け手に、社会的な身分の差がなくなったこと
　　4　情報の受け手に、民族的な差別意識がなくなったこと

【問4】「④一望できる構造」とは何か。

> 「受け手は情報の全体を空間的に展望し、そのなかにある論理的な秩序、価値的な階層関係をひと目で読み取ることができる」（18行目～）

　　1　情報のそれぞれの因果関係が図式的につかめること
　○2　全体の構造がどうなっているかすぐに見当がつくこと
　　3　一見すれば、どんなジャンルの情報か想像できること
　　4　情報を受けると、空間的な広がりが感じられること

【問5】（　⑤　）に入る適当なものはどれか。

> （　⑤　）の前の部分では、「文字情報」について、後の部分では「電波情報」について述べている。つまり、この前後の部分は対立した関係といえる。

　　1　そのうえ　　2　その結果　　○3　これにたいして　　4　このように

【問6】「⑥半月前の大地震よりも、今日起った小さな火事のほうが強烈」なのはなぜか。

> 「その時どきの部分の印象の強さにくらべて、内容の全体像を伝える力は弱くなります」（21行目～）
> 「歴史的な経過の構造が…弱くなります」（23行目～）

　○1　その瞬間に受け取る情報の印象が強く感じられるから
　　2　継続的に事件や事故を追うには時間が短いから
　　3　映像や音響の方が、書き言葉よりも迫力があるから
　　4　受け手の身近に起ったことを伝えるのに効果的だから

問題III

【問1】「①現場はそう簡単ではない」ことの理由の一つは何か。

> 「問題の一つは、最先端医療に関して患者に理解を求めることが非常に困難なことである。初めて遭遇する健康問題にあたって、現代医療、技術は難解であり、異質な世界である」（5行目〜）
> 「医師への信頼から説明を鵜呑みにする患者、治療を受ければ元の「健康体」に戻れるという幻想を持つ患者、逆に医療への不信から懐疑的にしか話を聞こうとしない患者。患者の理解度、性格、生きがいや価値観も千差万別である。身近な家族や友人、知人の経験から自分の病気に対する取り組みを決める患者も非常に多い」（8行目〜）

1　難解な現代の医療や技術を、素人である患者に説明することは無意味であること
○2　現代の医療技術が難解である上に、実際にはさまざまなタイプの患者がいること
3　現場である病院はいつも込んでいて、患者に説明する時間があまり取れないこと
4　実際の患者たちはみな医師を信頼し、言われたことをそのまま信じてしまうこと

【問2】「②統計的な値でしか提供できない」とは、例えばどのようなことと考えられるか。

> 直前の「さらに何かを選択したときに患者の将来に起きること」と、直後の「また細大漏らさず治療や検査の有害事象や薬の副作用を説明することなど現実に困難」（14行目〜）から類推する。「患者の将来」とは治療や手術等に関することであると考えられるため、それに関する統計的な数値を患者に示すことであると考える。

1　ある薬の効果について、過去の研究や実験の結果について詳しく説明すること
2　ある薬の副作用の割合について、自分の担当した患者の例から説明すること
3　ある手術が成功するかどうかを、医師が自分の経験をもとに説明すること
○4　ある手術が成功するかどうかを、過去のデータから成功率何％と説明すること

【問3】「③最後に『私があなただったらこの治療を選びます』といった言葉をつけ加えずに患者との話し合いを終えることは難しい」のはなぜか。

> 「現実には医師の人生観や哲学が反映されることがあってむしろ自然ではないだろうか」（19行目〜）

○1　医師としての人生観や価値観などが反映されることは自然であり、そのほうが患者の助けにもなると考えているから
2　医師としての人生観やプライドを抑えてまで客観的事実を伝えることは、医師の自信のなさにつながると思うから
3　医師としての価値観や感情などを伝えないかぎりは、患者は誤った判断をしかねないと経験的に感じているから

4　医師として病気のことを考えたとき、多様な価値観を持つ患者の意見をいちいち聞いていることなどできないから

【問4】この文章で筆者が最も言いたいことは何か。

> 「現場はそう簡単ではない」（5 行目）
> 「筆者の日常の診療においては、患者の医学的状況をふまえ、可能な限りその枠組みや人生を知ったうえで情報提供をしながらも、最後に『私があなただったらこの治療を選びます』といった言葉をつけ加えずに患者との話し合いを終えることは難しい」（20 行目～）
> 「このことが正しいインフォームドコンセントとは言えないことは承知である。パターナリズムの医療と言われればその通りである。ただ、今はこの診療スタイルを変える必要性を感じない」（23 行目～）
> 「インフォームドコンセントが、医師が医療行為を行うための免罪符であってはならない」（28 行目～）

　　1　インフォームドコンセントを得ようとしながら挫折してしまう若い医師らのことを考えると、むしろインフォームドコンセントは現場には不要である
　　2　インフォームドコンセントは医師の生き様や価値観などとはまったく合わないものであるため、医師がパターナリズムに陥るのもしかたがないことである
○ 3　インフォームドコンセントを実際に現場で行うことは困難であり、医師として患者のことを考えて情報提供とアドバイスを行う方が自然なことである
　　4　インフォームドコンセントは医療紛争の際に医師が自分を守るよりどころとなるため、現状では悪影響しかもたらさないものになってしまっている

問題Ⅳ
【問1】「①いろいろな方法」に当てはまらないものはどれか。

> 「悲しみを訴えるのには、悲しい顔つきをしても伝えられる。物が食いたいときは手まねで食う様子をして見せても分かる。そのほか、泣くとか、うなるとか、叫ぶとか、にらむとか、嘆息するとか、殴るとかいう手段もありまして」（2 行目～）

　　1　おなかが痛いときにおなかに手を当ててみせる（＝当てはまる）
　　2　気にいらないものを投げつける（＝当てはまる）
○ 3　嫌いな食べ物をがまんして食べる
　　4　うれしいときに飛び上がる（＝当てはまる）

【問2】（ ② ）に入る適当なものはどれか。

> 「泣く」「叫ぶ」「殴る」のように言葉を使わず行動で表現することを何と言うか。

　　1　近代的　　　2　現代的　　○3　原始的　　　4　過去的

【問3】[③]に入る適当なものはどれか。

> 前後の部分に注目する。「なおまた、言語は他人を相手にするときばかりでなく」（8行目）
> 「我々は頭の中で…独り言を言い、自分で自分に言い聞かせながら考える」（9行目）

　　1　みんなで話をするとき　　　　2　さびしくて独り言を言うとき
　　3　静かに読書するとき　　　　○4　独りで物を考えるとき

【問4】「④自分の中にあるもう一人の自分が、ふとささやき掛けてくる」とは、どういうことか。

> 「孤独を紛らすために自分で自分に話し掛ける習慣があります」（12行目）

　　1　自分の中にだれかの意思が入り込んできて、それと対話するということ
　　2　自分の中で役割を決めて、一人二役を演じるということ
　　3　自分が気がつかない性格が、自然と現れて話し出すということ
○　4　自然と、頭の中で言葉を使って自分自身で対話するということ

【問5】なぜ言語は「⑤思想に一つの形態を与える、まとまりをつける」ことができるのか。

> 「他人に話すのでも、自分の言おうとすることを一遍心で言ってみて、しかる後口に出すこともあります。普通我々が英語を話すときは、まず日本語で思い浮かべ、それを頭の中で英語に訳してからしゃべりますが、母国語で話すときでも、難しい事柄を述べるのには、しばしばそういうふうにする必要を感じます」（14行目〜）

○1　言語を使うことによって、思想や考え方が頭の中でまとめられるから
　2　どの言語であっても、ある決まった形態をもっているから
　3　言語は、それ自体まとまりをもった体系を形作っているから
　4　言語を使用することで、だれでも一人前の社会生活者になれるから

【問6】 [⑥] に入る適当なものはどれか。

「[⑥] ほうが、くどくど言葉を費やすよりも千万無量の思いを伝える」（23行目〜）

○1　黙ってさめざめと涙を流している
　2　怒ってぶつぶつ文句を言っている
　3　楽しくてべらべらしゃべっている
　4　不安な気持ちをとつとつと訴えている

【問7】 言語に対する筆者の考え方と合っているものはどれか。

「言語は思想を伝達する機関であると同時に、思想に一つの形態を与える、まとまりをつける、という働きを持っております。」（17行目〜）
「人間が心に思っていることならなんでも言語で表せる、言語をもって表白できない思想や感情はない、というふうに考えたら間違いであります。」（20行目〜）
「たった一つの物でさえ伝えることができないのでありますから、言語と言うものは案外不自由なものでもあります。」（26行目〜）

　1　言語は思想を伝達する唯一のものであり、かつ複雑な思想も一つに形作ることができる優れたものである
○2　言語は思想を伝達したり思考をまとめたりする機能をもつ一方で、内容を伝えきれないという限界も有している
　3　言語は急な、激しい感情を一息に伝える際に有効ではなく、言い表す方法がないこともある役に立たないものである
　4　言語は非常に便利なものであり、人間が心に思っている思想や感情なら、言語をもって表白できないものはない

問題Ⅴ
【問1】 (①) に入る適当なものはどれか。

「だから、この情報化社会の中でも工夫をし」（3行目〜）

　1　自然環境　　○2　情報環境　　3　社会体制　　4　法律体系

【問2】下線部②の表現から、今の日本はどのような状態であると考えられるか。

> 半世紀前の時代＝テレビのない時代
> 現在＝テレビが非常に普及している時代

1　半世紀前の日本に比べて大きな違いはない
2　テレビのない時代を知る人がほとんどいない
3　テレビのない時代に戻ろうとしている人が多い
○4　テレビがすみずみまで普及している

【問3】「③子どものパーソナリティが短い期間に劇的に変わらないような工夫」として、適当でないものはどれか。

> 「第一は、親が個人としてできることがある」（6行目）以下の部分に書かれている。「まず、…」「さらに、…」「その上で、…」以下をまとめる。

1　乳幼児のテレビ視聴を制限する（＝適当）
○2　乳幼児がテレビを見るときに必ず親も一緒に見る（←長い時間もOKとなりうる）
3　母親が幼児にお話をしてあげたりする（＝適当）
4　親はなるべく子どもとの接触時間を増やす（＝適当）

【問4】［　④　］に入る適当なものはどれか。

> ［　］の前の部分を「子どもが見る番組を」とすると、考えやすい。
> 「子どもの人格形成に親が責任を持つ、ということにほかならない。」（11行目～）ということから考える。

○1　親が選択することが望ましい
2　親が厳しく禁止すべきである
3　ドラマやアニメが適当である
4　ニュースや教育番組にすべきである

【問5】「⑤仲間との会話に困るエイリアン」とは、どういう子どものことか。

> 下線部の言葉に注意する：「エイリアン」＝部外者、よそ者

1　恥ずかしがり屋でテレビを見ていないことを友だちに言えない子どものこと
2　テレビの人気番組に対する意見が違うために仲間はずれにされた子どものこと

    ○ 3　友だちのテレビ番組についての話に加わることができない子どものこと
    4　仲間からエイリアンにされていつもいじめられている子どものこと

【問6】「⑥子どもの人となりがあまりにもその親と違ってしまう」とは、どのような例か。

> 直後の部分：「～ことは、社会全体としても好ましいことではない」（27行目）

    1　子どもが本能的な行動を抑制する性質を身につけるような例（＝好ましいこと）
    2　子どもが感情をコントロールしてキレなくなるような例（＝好ましいこと）
    3　子どもが親とはまったく似ていない容姿になるような例
    ○ 4　子どもが衝動的に爆発する性質に育ってしまうような例（＝好ましくないこと）

【問7】筆者の主張と合っていないものはどれか。

> 本文全体から考える。

    1　乳幼児にとってテレビは有害な要素を含んでいることを認識しなければならない
       （＝合っている）
    2　テレビ番組を作成する側は良識的な内容のものを作らなければならない（＝合っている）
    3　子どもの脳や心の発達に対して親がちゃんと責任を果たさなくてはいけない
       （＝合っている）
    ○ 4　テレビ放送にはいいところが一つもないので良識を持った人は見てはいけない

応用編　中・長文

B　論説文　長文

〈C. 随筆〉 中文

問題Ⅰ

【問1】「①本当に痛い目にあ」ったとは、どのような経験をさしているか。

> 「先生に呼び出しを食らいました。他の子どもはちゃんと職業のことを書いているのに、おまえはこんなものでいいのか？ こんなできもしない、かなわない夢を書いていていいのか？ と言われてしまいました」（4行目〜）

1　小学校の文集に実現できそうもない夢の話を書いて、先生に笑われてしまったこと
2　小学校の文集に「どうせ無理だ」と書いて、先生の呼び出しを受けてしまったこと
3　小学校のときに、文集にいたずらを書いたために先生にひどく叱られてしまったこと
○4　小学校のときに自分の夢を文集に書いたら、先生に否定されて怒られてしまったこと

【問2】「②『自分のつくった潜水艦で世界の海を旅したい』」という夢を筆者が抱いたのはなぜか。

> 「なぜなら、テレビで『海底少年マリン』や『海のトリトン』が放映されていたからですね。美しい海の中に憧れ、そこに登場してくる魅力的な潜水艦に憧れを持ちました」（8行目〜）

1　他の子どものように普通の職業を望むのは夢ではないと思ったから
2　他の人には絶対できないような夢を持つことに憧れていたから
○3　テレビアニメの影響で美しい海の中や潜水艦に憧れがあったから
4　テレビで放映されていた潜水艦の仕事がおもしろそうだったから

【問3】筆者がこの文章で言いたいことは何か。

> 「僕は『どうせ無理だ』という言葉は大嫌いです」（1行目）
> 「アニメーションなんかくだらないと言う人がいますが、今、日本で、二本足で歩くロボットの開発が世界のどこよりも進んでいる理由は、ひとえに『鉄腕アトム』があったからです。あの漫画とアニメーションに影響を受けた人たちがロボット開発をしているからなんです」（11行目〜）

1　「どうせ無理」といわれても自分に夢がある限りはその夢に向かって進み、必ず実現して証明しようとすることが何より大切である
○2　かつては空想の世界のことだと思われていたことも実現されてきているので、「どうせ無理」という言葉で簡単に片付けてしまわない方がいい
3　漫画やアニメーションなどからヒントを得てロボットができている時代であるので、もっと漫画やアニメーションを評価するべきである
4　漫画やアニメーションに影響を受けた人たちがロボットを開発している事実を、目の前の現実しか見ない小学校のときの先生に見せてやりたい

問題Ⅱ

【問1】「①わかることができるようになる」とは、どういうことか。

> 「子どものときは、世界は理解できないもの、理解できる部分が限られているということなのではないか」（1行目～）

1　子どもには世界が理解できないということを、大人になればだれもがわかるということ
2　子どものときにできなくても、よく練習すれば、やがてできることが増えるということ
○3　子どもから大人になるにしたがって、世界の物事の理解できる範囲が広がるということ
4　子どものときから様々な経験をしておけば、知識が豊富な大人に成長できるということ

【問2】「②外界への関心、理解と、ものを書くことの原則は深くかかわっています」と筆者が言っているのはなぜか。

> 「自分で見てきて、よく知っていることを書けばいい」（9行目）

1　筆者のものを書く行為は必ず外の世界に対する好奇心が元となっているから
2　筆者は一人で森羅万象について書くことが作家の使命であると思っているから
○3　筆者は自分で見てきてよく知っていることを書くほうがいいと考えているから
4　筆者がものを書く動機となっているのは他の人から聞いたことが多いから

【問3】筆者がこの文章で述べているのは、どのようなことか。

> 「大人になって大体わかることができるようになるけれど、しかし時が経つと今度はそう簡単ではなくて、わからないところがたくさんでてきて、ちょっと子どもの時代に戻るような感じがある」（4行目～）
> 「私は初めから一人で森羅万象について書かなければならないというような考えは毛頭もっていなかった。自分で見てきて、よく知っていることを書けばいい」（8行目～）

1　大人になっても子どもと同じような探求心をもって外界と接したり理解したりしない限りは、ものを書くことなどとうていできない
○2　大人になったから大体のことがわかるというわけではなく、またすべてのことを書くつもりもないので自分が直接知っていることを書けばよい
3　一人で森羅万象すべてを書くことは不可能なので、自分の得意分野だけを多くの人が書くことによって世界は詳細に描写できるはずである
4　ものを書くにはそれだけの経験が必要であるが文字の与える情報は一面的なので、経験をしていない人が執筆活動をすることは不可能である

問題Ⅲ
【問1】「①『御飯は鍋で炊く派』」とは何か。
- ◯1　御飯を炊くのに炊飯器ではなく鍋を用いる人々
- 2　鍋で御飯を炊くことを広めようとしている人々
- 3　御飯を炊くのは鍋でなければならないと主張する人々
- 4　鍋で御飯を炊くほうが早くて便利だと思っている人々

【問2】「②どんなにか手間だったろうと思う」のはなぜか。

> 直前に「今考えてみるといっぺんに三合ほどしか炊けない鍋で朝晩いちいち炊いていたのは」（20行目）とある。

- 1　鍋では一度に三合ほどしか炊けないため、一回の食事で何度も炊かなければならないのは大変だったなと思えるから
- ◯2　簡便な炊飯器に比べると、一日に何度も炊いたり火の調整をしたりしなければならなかった当時の苦労が改めて思いやられるから
- 3　自分が母親と同じように一人で家事をするようになってはじめて、家事の大変さが身に染みて理解できたから
- 4　今となっては御飯を炊くのにそんなに手間をかける人はいないため、当時の母の苦労が懐かしく思い出されるから

【問3】筆者がこの文章で伝えているのは、どのようなことか。

> 「実家では〜」（9行目〜）ここから回想場面となることに着目する。

- 1　今では見られなくなった昔の家事の大変さ
- 2　かつてはどこの家庭でも見られた当たり前の日常
- ◯3　鍋で炊いた御飯に対する筆者の思いと懐かしさ
- 4　もはやかぐことができなくなった御飯の炊ける匂い

問題Ⅳ
【問1】「①自分たちのやってきた苦労」とは、どのようなことか。

> 直前に「（コピー機の）その便利さに驚嘆し」（2行目）とあることから、コピー機のない時代の作業を想像する。

- 1　わざわざ図書館に行かないと本が借りられなかったこと

- ○ 2　何かを複写する際にはすべてを手作業でやってきたこと
- 3　製本から出版までをすべて手作業で行ってきたこと
- 4　手書きのノートを作ってこつこつ勉強してきたこと

【問2】「②まるで手品のようなこと」と筆者が思うのはなぜか。

> 「だが、そんなことで驚いてはいられない。この10年くらいのあいだにパソコンだの携帯電話だのの性能がやたらにたかまり、よくは分からないが、インターネットだのメールだのといったものが幅をきかせるようになってきた。近ごろの学生は、読書会の現場で、関連のある本の原文を小さなパソコンでどこかから呼び出して参照するなんて、私たちから見ると」（4行目〜）

- 1　筆者が好きな手品と同じようなことが新しい技術によってできるようになったから
- 2　筆者の不得意なインターネットのネットワークが次第に広がってきているから
- ○ 3　筆者の年代の人々がかつて考えもしなかった新しい技術が次々と出てきているから
- 4　筆者にとってはパソコンが携帯できるものという感覚はまだ不思議であるから

【問3】筆者がこの文章で伝えているのは、どのようなことか。

> 「あるいは私たちが活字文化を生きた最後の世代なんてことにもなりかねないが、そうはなってもらいたくない気がする」（10行目〜）
> 「情報だけは沢山もっているが、感じることも考えることもしない人たちのむらがる世の中でなど、あまり生きていたくない」（14行目〜）

- ○ 1　単なる情報収集だけではなく、深く感じることや考えることを学ぶ読書を軽視してはいけないということ
- 2　科学技術の進歩によってだれもが手軽に多くの情報を得られるようになったことは非常に好ましいということ
- 3　偉大な作家や思想家の書いた一冊の本を読み通すことができない現代の若者たちがかわいそうだということ
- 4　情報だけは沢山もっているが、感じることも考えることもしない人たちには読書などできないということ

〈C. 随筆〉 長文

問題Ⅰ

【問1】「①型にはまった人」として、どのような人が挙げられているか。

> 次の段落で型にはまることを「〈椅子〉」または机と「置き換えて」述べている（7行目〜）。会社で地位が上になると、大きな机（椅子）に座る。態度も椅子に比例して尊大になっていくと言っている。

1　周りにいる大勢の人に意見を聞く人
2　ずっと平社員で、小さくなっている人
○3　地位が上になると、態度も尊大になる人
4　一生懸命に自分の仕事をしている人

【問2】「②椅子の力とは全く関係なしに生きている人間」とは、どういう意味か。

> 会社で昇進するにしたがって座る椅子も大きくなり、「態度も椅子に比例してだんだん大きくなっていき」（9行目〜）、「尊大になって」（10行目〜）くるとあり、「こういう人間は詰まらない。…そんな人間がいちばん魅力がありませんね」（11行目〜）とある。これとは反対の人のこと。

1　組織に入って仕事をするなかで、課長や部長に昇進する前から他の人に対する態度やふるまいが尊大である人
2　社会的な地位が高い人や、立派な肩書きの人からだれかが利益や恩恵を受けることを批判的に考える人
3　一つの会社に長くいてまじめに働き続ければ高い地位が得られると考えて、大きな失敗なく過ごそうとしている人
○4　所属する組織の中で、昇進しても尊大な態度になったりせず、肩書きに影響されないで生きている人

【問3】筆者が「③春にバスに乗るのが好き」なのはなぜか。

> 「自分の置かれた立場に対して懸命に生きている人間も、これはこれで魅力的なのです（15行目〜）」「新米の車掌さんが一生懸命やってい」（17行目）る様子を見て、「非常に初々しくて、目にも耳にも心地よく」（18行目）と好意を持って見ている。

1　長年バスで働く人たちが自分の仕事をてきぱきとするのを見たいから
2　新しく車掌になった人たちが慣れない様子で恥ずかしがるのがおもしろいから
3　春になると新しい車掌が増えて乗客へのサービスが格段によくなるから
○4　新人の車掌が間違えたりしながらも懸命に仕事に取り組む様子がいいと思うから

【問4】この文章で筆者が最も言いたいことは何か。

> この文は「魅力のある人」について書いている。逆に魅力のない人とは「型にはまった人」で、昇進すると尊大になる会社員の例を挙げている（7行目～）。次に「自分の置かれた立場に対して懸命に生きている人間」（15行目～）は初心を持った生き方をしていて、魅力的だと言っている。

- ○1　地位や権力には価値を置かず、初心を大切にして懸命に生きている人は魅力的だ
- 2　常識的な生き方から離れないで、与えられた役割を果たそうとする人は魅力的だ
- 3　組織の中で昇進していくことが大切で、間違えても失敗を取り返す人は魅力的だ
- 4　多くの人の行動を手本にして、任された仕事の責任を果たそうとする人は魅力的だ

問題Ⅱ

【問1】筆者の言いかけた「①『（梗塞の起きた）ところがよかったんでしょうか』」の「ところ」とはどこか。

> 直前の段落に「軽い脳梗塞により、左手に少し麻痺が残る」（5行目）とある。

- 1　病気を発症したときにいた場所
- 2　効果的なリハビリを行える病院
- ○3　病気が発症した脳内の部位
- 4　症状が出ている患者の左手

【問2】「②作業療法士さんが、私を制するように言った」のはなぜか。

> 直前の段落に「言いかけた私をさえぎるように、『ピアノの先生なんですよね』と作業療法士さん」（8行目）とあり、直後の部分に「ピアノの先生には、左手も右手と同じくらいだいじなのだ。いや、…誰にとっても、病気になってよいところなんて、ない」（12行目～）とある。

- 1　筆者は一日だけの看護師体験をしているので、やりすぎて問題を起こすと困るから
- 2　患者がリハビリ室に移動するのに付き添うだけでいいのに、道具まで運んできたから
- 3　筆者は患者の身分や病後の経過を知らないので、あれこれ質問しようとしたから
- ○4　病気の状態や患者にとっての深刻さを理解せず、不用意な発言をしようとしたから

【問3】「③そのこと」とは何か。

> 「困難な状況にある人に、私たちは何か声をかけたい気持ちになりがちだ。…でも、それは違うのだ」（16行目〜）
> 「その人が内に抱えた思いを、外へ出せずにいる限り、どんな言葉も入っていかない」（19行目）

1　誰にとっても、病気になってもよい体の部分は一つもないこと
　　（←指示語の直前の部分ではない）
2　困難な状況にある人に対して、何か声をかけたい気持ちになること
　　（←「それは違うのだ」と否定している）
○3　患者が思いを表せない限り、他人の言葉は患者の心に響かないこと
4　病む人のそばについて、治るきっかけになる言葉を慎重に探すこと

【問4】筆者が友人から謝罪を受けたのはなぜか。

> 筆者の入院中に友人が「言ってはならないひとことを口にした」（22行目〜）「私は覚えていなくても、言った人は、そのひとことに、何年も苦しんでいた」（25行目〜）とある。

1　以前、入院中の筆者にひどいことを言った友人が、あとで思い出して謝った方がいいと考えたから
2　友人が言ったひとことを筆者が覚えていなくても、友情を大切にするために謝りたいと思ったから
3　友人が言ったひとことがきっかけで、入院中の筆者が体力的にも精神的にも弱ってしまったから
○4　友人は、自分の言ったひとことが入院中の筆者を傷つけたと思い、長い間悔やんでいたから

問題Ⅲ

【問1】「①私が今住んでいる家の前の地面にも、父の家の庭から持って来た沈丁花を一本植えた」のはなぜか。

> 「父の亡くなる時…父の家のまわりの垣根には沈丁花の木が沢山植えてあった…沈丁花の花の香りをかぐと私は父のことを思い出す」（1行目〜）
> 「父のかたみのようにも思っていた木」（8行目）

○1　亡くなった父親の庭にあったので、父の思い出として手もとに置きたかったから
2　実家のまわりの垣根に沢山植えてあったので、分けてもらいたいと思ったから

    3 前の家にあったのは火事で焼けてしまったので、新しい沈丁花が欲しかったから
    4 毎年沈丁花は沢山の花をつけるので、今の家でもその香りを楽しみたいから

【問2】「②その以前」とは、いつのことか。

> 「父の家の庭から持って来た沈丁花を一本植えた…とうとう昨年は…枯れてしまった」（5行目～）

    1 一人暮らしの家が焼ける前
    2 父が亡くなる前
    3 沈丁花を自分の家に移す前
  ○ 4 植え替えた沈丁花が枯れる前

【問3】「③思い出す」とあるが、「私」は父親をどのような人として思い出しているか。

> 直後に「『父だったら、こうした場合、どんな処置をとるだろうか？』…父はその生活の知恵を…苦労の中から（受けた）」（14行目～）「父は私に比べると、ずっと我慢強く、寛大だった」（16行目～）とある。

    1 他人の家で働かされても文句は言わないおとなしい人
    2 晩年は健康をそこねるほど困難な中で我慢をし続けた人
  ○ 3 心が広く、苦労の中から生活の知恵を身につけた人
    4 他人とよく衝突したが、自分が正しいと信じていた人

【問4】「私」は若い警官の行動をどのように感じているか。

> 「帰って行く時、…若い人は、ドア近くの植木鉢の沈丁花の上に身をまげ、花のにおいをかいで行った。その人の郷里の家にも沈丁花があるのかな、と私は思った」（24行目～）筆者が大事にしている沈丁花のにおいをかぐ行動を見て、実家に沈丁花があるのではと想像し、共感している。

    1 勝手に他人の家の花のにおいをかぐのは失礼だ
    2 沈丁花のにおいさえ知らないとは驚いてしまう
  ○ 3 沈丁花のにおいをかぐ様子は好感が持てる
    4 戸籍調べに来て花のにおいをかぐなんて好奇心旺盛だ

問題Ⅳ

【問1】 筆者は「①最初の旅」についてどんなことをよく覚えているか。

> 「途中の道のことも、誰に連れていってもらったのかも、まるで記憶になく、残っているのは海水浴のこわさ、おもしろさ、それにいとこたちと遊ぶ楽しさである。ただその楽しさの中に、印象ふかい一つの湿っぽさがあった。それは合唱だった」（4行目〜）

1　鎌倉へ着くまでの道中の様子
2　鎌倉近くの海岸の景色
○3　叔母の家族と一緒にした合唱
4　迎えてくれた叔母の優しさ

【問2】「②父と叔母がそう計らってくれた」とあるが、二人は「私」にどうしようとしたのか。

> 初旅までの経緯：「七歳のとき母が病歿し、九歳の秋二度目の母をむかえているのだが、それ以前のようにおぼえている。叔母の一家が鎌倉へ避暑していて、そこへ寄せてもらったのである。母なし子をいたわって」（2行目〜）計らってくれた、とある。

1　母親が亡くなるまで懸命に看病した「私」のために、親戚を集めてなぐさめようとした
○2　母親を亡くした「私」を可哀想に思い、叔母一家と合流して旅行をさせようとした
3　実の母を病気で亡くし、三度目の母を迎える前に鎌倉で静かに過ごさせようとした
4　「私」は母親が亡くなるまで家の中にいたので、他の家庭の雰囲気を味わわせようとした

【問3】 筆者が「③ひどく淋しくなった」のはなぜか。

> 叔母の家族は親子みんなで合唱するが、「私のうちには全くないこと」（8行目）だった。「無心な子供の心の上にも、突然にどこからか、うす黒い影が落ちることもあるものだと思う。…合唱によって、旅先と家庭との間の距離を、まざまざと知らされたわけである」（14行目〜）

1　叔母たちにとっては普通の習慣だったが、慣れていなくてすぐには一緒にうたえなかったから
2　叔母の家では親の好きなうたを子供たちにもうたわせるので、自分の家族とは違うと感じたから
3　はじめは叔母の家族と一緒に楽しくうたっていたが、実母が死んだときのことを思い出したから
○4　旅先で叔母たちと楽しくうたっていたが、自分の家から遠く離れていることをふと感じたから

【問4】筆者が娘と一緒にうたったとき、どんなことを「④思いたかった」のか。

> 筆者は合唱すると、「気が沈むことがあ」(17行目〜)った。娘と歌った時、「娘が、合唱ってのたのしいわねえ、といった」(21行目)ので、「女親の娘によせるささやかな愛情の一つが、いま果報を得た、といった満足感があって、私もひどく嬉しかった。」(22行目〜)しかし、それは筆者の心づかいがあったからではなく、娘本人の福分によるのだとわかっているが、「母親の愛情が通じたと思いたかった」(26行目〜)とある。

1　娘は筆者が若いとき受けた悲しさや苦しさを感じないので、合唱を心から楽しめるのだと思いたかった
2　二人のうたがきれいにあわさるのは、十七歳の娘の声が自分の声とよく似ているからだと思いたかった
3　娘はいつもたのしいと言いながら自分と合唱するので、うたに淋しさもかげりも感じていないと思いたかった
○4　娘が合唱を楽しめるのは性分だが、暗い影を避けられたのは筆者の愛情があったからだと思いたかった

問題Ⅴ
【問1】筆者が「①自分の批評の方法を、一度も修正しようと思った事はない」のはなぜか。

> 直後の部分で「何も自分の立場が正しく、他人の立場が間違っていると考えた為ではない。先ず好き嫌いがなければ、芸術作品に近寄る事も出来ない」(3行目〜)が、これが「意外に面倒な事と考えられ」(5行目)多くの美学を引き寄せてしまい、その過程で「手がふさがって了った(=それ以外のことが何もできなかった)」(7行目)と言っている。

1　文学作品を歴史的または社会的環境から説明し評価しようとする批評だけが盛んだったから
2　筆者の批評は世間から印象批評や主観批評の部類とされたが、自分は正しいと信じていたから
○3　好き嫌いから出発して作品に近づき批評していく過程が困難で、それで精いっぱいだったから
4　批評すべき作品の分野が幅広く数も膨大で、自分の批評の方法をふり返る余裕がなかったから

【問2】「②文学を離れて音楽ばかり聞いていた事もあったし、絵ばかり眺めていた事もある」ことについて筆者はどう言っているか。

> 「音楽を聞いても絵を見ても、自分としては、書くという目的に変りはない以上、批評の対象を変えてみるという極めて自然な気まぐれに過ぎなかった」（13行目〜）
> 「外部から強いられる理由による他、文芸批評に固執する理由は…見附からなかった」（16行目〜）
> とある。

1　長い間文学批評を続けていたので文学に興味がなくなり、他のことをしたくなった
○2　批評を書くという目的は変わらず、批評の対象を音楽や絵に変えてみただけである
3　出版社など外部の人たちからの要請で、音楽や絵の批評をするのは自然な流れだ
4　文学批評から出発して、好き嫌いの問題を深めるために様々な対象で模索していた

【問3】「③得心のいった事」とは、どんなことか。

> 「散文という芸術にも、音楽が音楽であるより他はなく、絵が絵であるより他はないのと全く同じ意味で、その固有の魅力の性質がある」（19行目〜）「これは、感知による得心だ」（20行目）と述べている。

1　文学批評から遠ざかってみると、文学批評に固執する明確な理由が存在しないこと
　　（←批評について得心がいっているのではない）
2　現代の文学作品は詩を除外し、形式は自由になり、混乱した状況であるということ
3　対象を広げた結果、音楽や絵にはそれぞれ心で感じ取れる別個の魅力があること
○4　散文という芸術作品にも音楽や絵と同じように固有の魅力の性質があるということ

【問4】「④審美的自覚」とは、どういう意味か。

> 散文には固有の魅力の性質があることを得心したと述べている（問3参照）。また「ただ散文を読む為に読むのを楽しみ、書く為に書くのを好む者が（散文の読み手と書き手が）これについて、はっきりした自覚を持たねば」（24行目〜）ならないと言っている。

○1　散文の読み手や書き手が、散文固有の魅力について明確に認識すること
2　散文を批評するために、まず「宣伝の為」「金銭の為」などの目的を考えること
3　創作する小説家も、作品を読む批評家も、本当の美を見極める意識を持つこと
4　音楽や美術が人間の美を表現するのと同様に文学が美を表現するのを恐れないこと

〈D. 小説〉 中文

問題 I

【問1】「①冗談じゃない」とは、何のことか。

> 直後に「生駒は目を剥いた。『誰もおまえが未だに小枝子さんに惚れてるとは言っとらん。早合点するな』」…「『秘書だ、秘書』…『三宅令子が？』『そう』『川崎に？』『そうだ。…』」（9行目〜）とある。

- ○1　「私」が「小枝子さん」にまだ惚れているということ
- 2　~~生駒~~が「小枝子さん」にまだ惚れているということ
- 3　「私」が~~生駒~~にまだ惚れているということ
- 4　~~川崎~~が~~三宅礼子~~にまだ惚れているということ

【問2】「②生駒は歯を剥いて笑うと、彼女たちに手を振ってみせた」のはなぜか。

> 直前に「すれちがった女子中学生の二人連れが、珍奇なものでも見るように生駒と私を振り返ってから、どっと爆笑した」（19行目〜）とある。

- 1　自分たちだけの秘密の話を女子中学生たちに聞かれてしまったから
- ○2　自分たちのふざけた会話の内容を女子中学生に聞かれて笑われたから
- 3　自分たちが真剣に話をしていることを女子中学生に伝えたかったから
- 4　女子中学生に笑われたことで人気者になったように感じられたから

【問3】この文章はどんな場面か。

> 「道路に出て歩き始めると、二人ともまた上着を脱いで、せいせいした気分になっていた」（2行目）という部分と会話の内容から考える。

- 1　川崎の家からの帰りに、生駒と私がだれに惚れているかを、それぞれ冗談を交えながら告白している場面
- 2　川崎の家から帰る途中私がうっかり生駒に惚れていることを伝えたせいで、気まずい雰囲気になった場面
- ○3　川崎の家で秘書の三宅礼子が川崎に惚れていることを感じ取った生駒が、歩きながらそれを私に伝えている場面
- 4　川崎の家で秘書がボスに惚れていることを知り、生駒がその善悪について真面目に説明をしている場面

問題Ⅱ

【問1】「①顔を赤らめた」のはなぜか。

> 「妙にちゃらちゃらする男」（2行目〜）と直前の「新井はつい大きな声を出してしまい、われながら感情的になっていると思って」（8行目）から考える。

1　部下の武邦があまりにもちゃらちゃらした感じで冷やかすので、他の部下に対して恥ずかしく思ったから
2　部下の武邦に指摘されたことが事実であり、そのことについては自分でも恥ずかしいと感じていたから
3　嫌いな部下が朝から変なことを言って近づいて来たため、思わず逃げようとしてしまったから
○4　快く思っていない部下に冷やかすような話をされ、思わず冷静さを失ってしまったから

【問2】「②もうすこしふつうにできないのか」とは、どういうことか。

> 直前に「新井はどうしても武邦だけは生理的な嫌悪感をおぼえずにはいられなかった。いつも遠くから人の顔色を窺っているようなところも厭だが、ちゃらちゃらした口のきき方が我慢できない」（12行目〜）とある。

1　武邦にも他の部下と同じように素直で穏やかな人間になってほしいということ
2　武邦の非常に優れた情報収集力は仕事をするうえで生かしてほしいということ
○3　武邦の生理的に嫌悪感をおぼえるような言い方を直してもらいたいということ
4　武邦に仕事のときの硬い表情や投げやりな態度を改めてもらいたいということ

【問3】この文章はどんな場面か。

> 「新井」が部下に対してどう思っているのかを考え、「『たとえばの話だ。きみもつまらんことに関心を持たないで、さあ仕事、仕事』」（21行目）という発言に着目する。

○1　何か意図があって言い寄ってきた部下の武邦を、上司の新井が不快に思いながらもやり過ごす場面
2　しつこく言い寄る部下の武邦に対して、新井が職場で大切なことは何かについて説教している場面
3　新井の栄転をねたましく思っていろいろ言う部下の武邦を、軽く受け流して取り合わないでいる場面
4　上司の出向についてしつこく聞く部下の武邦に対し、新井が冷静な態度で応じている場面

問題Ⅲ

【問1】「私」が「①娘さんを追いかけた」のはなぜか。

> 文全体から「私」の気持ちを読み取る。
> 「ただあとをつけていっただけです。なにしろ娘さんの後ろ姿がまだ見えていたのですから。」(7行目)
> 「長い髪と薄桃色のスカートをひるがえし…軽やかというか、楽しげというか。春ですよ、春。…私の冬の一日が、突然ひらりと回転して」(8行目～)

1 交番に財布を届けるのは面倒なので、まず本人に渡したかったから（←交番が近くにあることは分かっていたが、彼女の後を追ったことが書いてある。(2行目～)）
2 娘さんがもし買い物をしたらお金がなくて困るだろうと想像したから（←「財布がなければ困るだろうといった老婆心があったのでもない」(6行目)）
3 外での仕事が終わっても、すぐには会社に戻りたくなかったから（←「私は会社に戻る途中だったこともしばし忘れて、そのまま…進んでゆきました」(4行目～)）
○4 長い髪と薄桃色のスカートをひるがえす娘さんに心をひかれたから

【問2】「②自分の意思とも思えない行動」とは、どのようなことか。

> 自分の意思とも思えない行動＝考えて行動をしていないこと。自分でも意外な行動。
> 「財布を拾った私は…しばらく娘さんを追いかけたのです」(1行目～)

○1 知らない若い娘の後ろをずっと追いかけること
2 偶然拾った財布を自分の物にしようとすること
3 街で見かけた若い娘に声をかけようとすること
4 落し物を直接渡してお礼をもらおうとすること

【問3】「③その日はずっと心身が弾むよう」だったのはなぜか。

> 心身が弾む＝快く感じて、興奮している（問1参照）。この文には知らない娘の後を追ったことが書かれている。その行動が自分でも意外であった（問2参照）。

1 ふだんは考えられないようなことも考えられるようになったから
2 拾った財布を交番にちゃんと届けるようなよいことをしたから（←娘の後をしばらく追って、姿が見えなくなってから道を引き返して交番に届けている。(12行目～)）
3 娘さんをずっと追いかけられるほどの体力があることがわかったから
○4 知らない若い娘の後をつけるという自分でも意外な出来事があったから

応用編　中・長文

D　小説

中文

問題Ⅳ

【問1】「①物欲にかられた時」とは、どのような時か。

> 物欲＝ある物が欲しいと思うこと。　かられる＝ある気持ちに動かされる。

　　1　お腹がすいて何かがすごく食べたくなった時
　　2　いい物を買うために粘り強く交渉する時
　　3　遊びで使うボールやディスクを慎重に選ぶ時
　○4　買い物に行って欲しいものを探している時

【問2】サラが「②何時間だって同じ姿勢で里美を待っていただろう」と思われるのはなぜか。

> サラはボール遊びなどをする時以外は、「里美から二メートルと離れることはな」（5行目）かったとある。「サラにとって、里美は神にも等しい存在だったのだ。」（6行目〜）いつも「視線は里美に向けられてい」（11行目）て、「わたし」が声をかけても無視された。

　　1　里美が神のように怖い人で、命令を守らなければならなかったから
　○2　里美はサラにとって唯一の存在で、忠誠をつくす対象だったから
　　3　サラは賢いので、だれが言ったことでも必ず守る性格だったから
　　4　サラはリードをつけていれば、里美の命令に従うことができたから

【問3】「③サラはわたしの心を読んでいた」とあるが、「わたし」はどんな気持ちだったのか。

> 直後に「わたしはサラが疎ましかった。せっかくのデートなのに、里美はサラと遊ぶことに夢中で、そこにロマンティックな感情や雰囲気が生まれる余地はありそうにもなかった」（13行目〜）とある。

　　1　サラとは初対面だったが、犬好きのふりをして里美に好かれたいと思っていた
　　2　サラと仲良くしようと声をかけたりしたが、無視されていらだっていた
　○3　「わたし」は里美とのデートを楽しみたいので、サラが邪魔だと感じていた
　　4　「わたし」と里美とのロマンティックな雰囲気をサラが壊したので憎んでいた

⟨D. 小説⟩ 長文

問題Ⅰ

【問1】「①きっと陰謀なんじゃないだろうか」と思ったのはなぜか。

> 「ところで何が陰謀なのかというと」(10行目)以下の部分に書かれている。
> 「朝の内は時計が早く進み、夕方、四時から五時の間はゆっくり進むように、世界中の時計が調整してあるんじゃないか」

1　電車が混んで、手を持ち上げるのにも苦労するから
2　電車が停まったり遅れたりして、会社に遅刻しそうになるから
3　もう一本早い電車にしようと思っても、それができないから
○4　朝は時計が早く進み、夕方は遅く進むように感じるから

【問2】「②そうか、今日は金曜日だっけ」とあるが、金曜日だとどうなるのか。

> 直後の「金曜日ともなると」(17行目)以下に、書いてある。
> 「いつもは早めに出て来る真面目人間も、つい過労で寝坊、ぎりぎりの電車へ飛び込んで来る、というわけで、特に混み合うのである。」
> 「特に混み合」った結果どうなるのか。
> →「また電車が停まる。」(13行目)つまり、電車が遅れるのだ。

1　週の終わりで、疲れていらいらしている人が多いから、苛立ちと諦めの入りまじったため息が聞こえる
○2　真面目な人までいつもより遅い電車に乗り、混み合うから、電車が遅れる
3　明日から休みだと思って気がゆるみ、寝坊してしまうから、もう一本早い電車に乗れない
4　会社で会議のある日なので、早く行かなければとあせっているから、時計が早く進むと感じる

【問3】「③まあいいや」と思ったのはなぜか。

> 何に対して「まあいいや」と思ったのか。
> →「間に合わないとなると、却って落ち着いてしまう。」(21行目)とあるので、彼は会社に遅れても「いいや」と思ったのである。
> なぜ：S商事についての説明から考える。
> →「比較的大手の企業の一つで、商売柄、朝の内は人の出入りが激しい。一人ぐらい遅刻して行っても、一向に目立たないのである。」(22行目〜)

1　電車がスピードを上げて、間に合いそうだから（←「いいや」と思った理由ではない）
○2　人の出入りが多く、遅刻しても目立たないから

    3　みんな会議室に行って、部屋には誰もいないから
    4　遅刻しても、電車が遅れた理由を説明できるから

【問4】「④意地の悪い電車だ」と思ったのはなぜか。

> 直前に、栗田はどう思ったか。→遅刻してもいい。(問3参照)
> それがどう変化したのか。→「今度は急に電車がスピードを上げて走り出した。
> 　　　　　　　　　　　　──あれ？これなら間に合うかな？」(25行目〜)

    1　腕時計を見るのも大変なほど混雑しているから
    2　カタツムリのようにゆっくり走っているから
　○3　遅刻していこうと決めたのに、間に合いそうになったから
    4　大切な会議のある日なのに、遅れそうだから

【問5】「⑤ボーナス」は栗田にとってどのようなものか。

> 栗田はどんな人か。
> 　→「二十六歳の独身、親の家から通っているので、あまり金には不自由しない。」(29行目〜)
> ボーナスに対する考えは？
> 　→「そうか、もうすぐ十二月のボーナス時期なんだな。」(29行目)とあるので、忘れていたということがわかる。
> 　　「ボーナスの日を指折り数えて待つというほど、切羽詰まった気分ではないのである。もちろん、いただけるのは嬉しいが」(31行目〜)と書いてある。

　○1　ボーナスをもらう時期を忘れているくらいだが、あれば嬉しいもの
    2　独身だし、親の家にいて家賃などもいらないから、必要ないもの
    3　あまりお金には不自由していないので、欲しいとは思わないもの
    4　ボーナスの日を指折り数えて待っているほど、すぐに欲しいもの

【問6】「⑥しまった」と言ったのはなぜか。

> 「しまった」は失敗したり、困った状態になったときに使う言葉。
> 今日はどんな日か。→第四金曜日＝定例会議のある日。
> その会議に遅れるとどういうことになるのか。
> 　→「シンと静まり返った会議室にコソコソと入って行く惨めさ。今までにも何度か味わったことがあるが、どうにもいい気分とは言いかねる。」(38行目〜)

    1　第四金曜日は会議があり、そこで大切なことが話し合われることになっていたから

2　第四金曜日には会議があることを思い出して思わず声を出し、それを見られたから
3　第四金曜日は会議があり、それに遅れて行くと、ボーナスが減らされるから
○4　第四金曜日は会議があり、それに遅れて行くと、惨めな気分を味わうことになるから

問題Ⅱ
【問1】「私」から見て、病気の女性はどんな関係か。

「お前たちの母上」（7行目）、「五人の親子」（18行目）

　　1　母親　　○2　妻　　3　恋人　　4　婆さんの娘

【問2】「①私の眼はもう朝まで閉じなかった」とは、どんなことか。

「暁方になると…一人は乳を求めて泣き出した。それにおこされると私の眼はもう朝まで閉じなかった」（4行目～）

　　1　頭が興奮していたので、目を閉じて休むことができなかったこと
　　2　神経が過敏になって、子供と一緒になって朝まで過ごしたこと
○3　泣き出した子供の声に起こされて、その後眠れなくなったこと
　　4　頭に堅い心のようなものができて、気になってしまったこと

【問3】「②早く退院がしたい」とあるが、母上が早く退院したがった理由は何か。

「母上の本当の心持は…お前たちから一刻も離れてはいられなくなっていたのだ」（11行目～）

○1　家に残してきた子供たちに、早く会いたいと思っていたから
　　2　北国に冬が見る見る逼ってきたので、不安になったから
　　3　病室の窓から見る楓が、一枚も残らず散ってしまったから
　　4　花壇の菊が霜のために萎れてしまい、寂しく感じたから

【問4】「③私は思い止らせようとして」とあるが、何を思い止まらせようと思ったのか。

「今日はいよいよ退院するという日は、霰の降る、寒い風のびゅうびゅうと吹く悪い日だった」（13行目）

○1　子供たちの母上が、今日退院すること
　　2　病気の女性が、歩いて家まで来ること

3　子供たちが病人に会いに出かけること
4　婆さんが病室をすっかり片付けること

【問5】「④それ」は何をさしているか。

> 私は何を見て涙がこぼれたのか。
> →直前の文「お前たちはもう母上のまわりに集まって嬉しそうに騒いでいた」（16行目～）

1　「私」が病室に行ってみると、病室がからっぽだった状態
2　婆さんが茶器などの品を、ごそごそと始末していた光景
3　母上が悪天候の中、病院から必死で家に帰ってきた行動
○4　子供たちが母上のまわりに集まって、嬉しそうに騒いでいる様子

【問6】「⑤知らない間に私たちは離れられないものになってしまっていた」とは、どういう意味か。

> 母親の気持ちは問3参照。
> 「お前たちはもう母上のまわりに集まって嬉しそうに騒いでいた。私は…涙がこぼれた」（16行目～）

○1　妻の病気を機に、お互いを思い合ううちに家族の結びつきが強くなったということ
2　入院中、子供たちはずっと母上のことを思っていたので、もう別れられないこと
3　「私」は母の入院中、ずっと家族を支えてきたので思いやりが深まったということ
4　女性と離れて過ごしていたので、「私」は前よりも彼女を愛するようになったこと

【問7】この後、「私」たちはどうすると思われるか。

> 「私は一人の病人と頑是ないお前たちとを労わりながら旅雁のように南を指して遁れなければならなくなった」（21行目～）

1　「私」だけが南に行かなければならなくなる
○2　みんな一緒にもっと暖かい土地へ引っ越す
3　病気の母上だけを南方の病院へ転地させる
4　子供たちだけを安全なところへ行かせる

問題Ⅲ

【問1】「①話すとなるとまったく別である」とは、どんなことか。

> 直前に「旧制高校や…英語の筆記試験をパスできる程度の英語は読みもし、書きもできる」(5行目)とある。読めるし、書けるが、話すのは別(＝できない)ということ。

　　○ 1　読み書きはまだ大丈夫だが、話すのは自信がないということ
　　　 2　読み書きはやったことがあるが、話すのは未経験だということ
　　　 3　読み書きを教えるのは難しいが、話すのを教えるのは易しいということ
　　　 4　読み書きは学校で習ったが、話すのを習ったことがないということ

【問2】「②やらせるほう」とは、だれのことか。

> 「英会話教師の仕事」→もともとは生徒募集の貼紙をしていたが、事務室で「先生にならないかと話を持ちかけられた」(3行目～)。また「青い学生にそんなこと(英会話を教えること)をさせようと」(6行目～)するとあり、『学生＝筆者』、『させようとする人＝学校の人』となる。

　　　 1　筆者　　　　　　　　　 2　ピアニストのイギリス人女性
　　　 3　フランス文学者　　　○ 4　学校の経営者

【問3】「③自分の受持時間より一時間早く学校へい」ったのはなぜか。

> 直後に「ベニヤ板一枚向うの教室でピアニストのイギリス女性や三井物産氏が日本語と英語でやっている授業に耳をこら」(12行目～)すとあり、「つぎの時間に…(他人の授業の)ひとことやふたことを頭に入れて教室に出て行って、…何度も大声で暗誦させ」(13行目～)ると言っている。

　　　 1　シェイクスピアを学びたいと思ったから
　　　 2　きれいな発音で話す練習をしたいと思ったから
　　○ 3　他の教室でやっている授業を聞きたかったから
　　　 4　事務室で好きなだけお茶が飲めたから

【問4】「④それ」とは何か。

> 「あるフランス文学者の随筆によると、大学生の眠気をさますには、授業中に…授業の内容とはまったく無縁のことを大声で」言う、「すると奇妙に学生がシャッキリとなる」(14行目～)とある。

　　　 1　生徒に何度も暗誦させるのがよい方法であること
　　　 2　太宰治や坂口安吾の意見を取り入れて授業をすること

○ 3　授業とは無関係の内容を話せば興味をひくということ
　　　　 4　何でも大声で教えれば、学生がシャッキリすること

【問5】「⑤必死になって脱線した」とは、どういう意味か。

> 脱線した＝授業とは関係のない映画の原題や俳優の名前などについて話した。
> また、直後に「一時間前に耳で聞いた」（20行目～）内容を広げて授業をやろうとし、「老若男女…の直視を浴びているのだし、心は逃げたい一心でいるのだし」（21行目～）で、必死で脱線したとある。

　　　　 1　大学で習った英語は難しすぎるので、あいさつだけを教えたこと
　　　　 2　シェイクスピアを読むのは大変なので、簡単な表現だけ練習したこと
　　　　 3　好きな映画の話をしたかったので、テキストの内容からすぐ離れたこと
　　　○ 4　何をどう教えていいかわからないので、関係ない話をたくさんしたこと

【問6】「⑥一言半句をイーストにしてパンをふくらませ」るとは、何のことか。

> 問3参照。隣の部屋でやっている授業を聞いて、そのひとことやふたこと（＝一言半句）を使って授業を行っている。パンを作るとき、生地にイースト菌を加えてふくらませるが、授業の方法をパン作りに例えている。

　　　○ 1　他の先生が授業で話していた語句をもとに、大きく広げて授業の内容を作ること
　　　　 2　シェイクスピアのエピソードをいろいろ紹介して、授業を興味深いものにすること
　　　　 3　フランス文学者の大学の授業のように、学生に夢を持たせるような話をすること
　　　　 4　あいさつ表現が映画の中でどう話されているか、例をあげて詳しく説明すること

【問7】「⑦この教室を悪夢に見る」のはなぜか。

> 英会話教師の仕事では、授業の一時間前に学校へ行き、他人の授業からいくつかの言葉を聞いて覚え、必死に脱線しながら授業を行った（問5参照）。生徒皆が見ている中で「ハラハラとなり、うわずるのをおさえることに夢中で…冷汗や熱汗でぐっしょりに」（23行目～）なってやったとある。

　　　　 1　その場に行けば、老若男女さまざまの視線を浴びるから（←見られるだけの問題ではない）
　　　○ 2　本当は会話の指導ができないのに、無理してやっていたから
　　　　 3　生徒は聞いてくれたが、実はウソの話ばかりしていたから
　　　　 4　明日食べる物がないという事実を隠して仕事をしていたから

問題Ⅳ

【問1】「①毎月一度のこの役目」とは、どんなものか。

> 「父が女のひとと暮らしている家を訪れる」（2行目）と言っているが、何のために訪れるのか。
> →「父からお金を受け取る方法を…毎月家まで訪ねて取りに行く」（26行目〜）

    ○1   父に生活費をもらいに行くこと
      2   姉の代わりに家の仕事をすること
      3   川べりの道を歩くこと（←目的ではない）
      4   保護者の代わりに先生の話を聞くこと

【問2】（ ② ）に入る適当なものはどれか。

> （　）の前後の文の関係を考える。
> 前：「吾郎は友人たちを子どもっぽい、などと思うことはまるでなかった。」（12行目〜）
> 後：「羨望に近いような気持ちで、自分の周囲の少年たちを眺めていた。」（13行目〜）
> 前の文よりも後ろの文の方が、適切だという意味の言葉が入る。

    1 さらに   2 きっと   3 ずっと   ○4 むしろ

【問3】「③家庭環境のわりにはまっすぐ育ってらっしゃいますね」とあるが、吾郎はどんな家庭環境にあるか。

> 本文全体から読み取る。
> 「父が別の女と生活している」（27行目〜）「異母弟と、ふたりきりで暮らさなければならない」（38行目）

      1 父親と新しい母親と姉と自分の四人で暮らしている
      2 両親は離婚しており、母親と姉と自分の三人で暮らしている
    ○3 父親は他の女と暮らしており、自分は姉と二人で暮らしている
      4 父親は姉の母親と暮らしており、姉と自分はそれぞれ一人暮らしをしている

【問4】「④時子が真剣に憤慨していても」とあるが、時子は何に憤慨しているのか。

> 直前に「家庭環境のわりにはまっすぐ育ってらっしゃいますね、だってさ。失礼しちゃうわよまったく。よっぽどハンドバッグで横っ面ひっぱたいてやろうかと思ったわよ」（21行目〜）と時子が言っている。時子は教師の「家庭環境のわりにはまっすぐ育ってらっしゃいますね」という言葉に憤慨しているのである。「〜わりに」という言葉に注意。家庭環境は悪いけれども、まっすぐ育っているという意味になる。

応用編　中・長文

D　小説　長文

1　教師に吾郎が公務員にムイていると言われたこと
○2　教師に家庭環境がよくないと言われたこと
3　吾郎が教師から見て扱いやすい存在であること
4　吾郎がまっすぐな人間に育ってしまったこと

【問5】「⑤嘔吐感にも似た嫌悪をおぼえた」のはなぜか。

> だれに→「姉である時子に、理性とか意志というものの入りこむ隙を与えない何とも膠着的な女を感じた」（30行目〜）
> なぜ：「それを知ったとき」（29行目）のそれは何を指すかを考える。
> 　　→「それ（吾郎が父の家まで生活費をもらいに行くこと）が時子の父親に対する精一杯の嫌味であること」（28行目〜）

1　父が、自分たちを捨てていったから
2　女が自分たちから父親を奪ってしまったから
○3　姉がいつまでたっても感情的に父親を憎んでいるから
4　面倒だと思っているのに、自分は姉の言いなりになっているから

【問6】「⑥ひどく憎らしく思った」のはなぜだと思われるか。

> 直前の文章に時子と吾郎の関係が書かれている。
> 「時子と吾郎は母親が違う。時子を連れて父が再婚し、間もなく吾郎が生まれたのである」（32行目）
> また、「生後すぐに実の母親を失くした時子は、継母である吾郎の母によくなついた」（33行目）ということから、時子の気持ちが推測できる。

1　自分には本当の母親がいないので、うらやましかったから
○2　自分にとっての「母親」を、弟に取られると思ったから
3　自分より弟の方がかわいかったから
4　父親がいなかったので、性格の悪い子に育っていたから

問題V

【問1】僕が「①いわゆる登校拒否という状態」だったのは本当はなぜか。

> 「両親は、新聞にも載った『集団リンチ事件』こそが僕の登校拒否の一番の原因だと信じこんでいたようだが、本当はただ、あの学校という集団生活の場に馴染めなかっただけだった」（4行目〜）とある。
> 「本当は」以下が本当の理由。

1　集団リンチにあったから（←両親が信じていた理由）
○2　集団生活が苦手だったから
3　友達がいなかったから
4　勉強が嫌いだったから

【問2】「②集団リンチ事件」にあったのはなぜか。

「だから奴らは僕を攻撃の的にしたのだろう」（15行目）の前後から読み取る。
→「自分を偽ってまで友達をほしいとは思わなかった」（12行目）
　「僕はクラスメートたちの誘いという誘いを悉く断っていた」（12行目〜）
　「協調して得た友情など、僕には必要のないものだった」（14行目）
　「その団結を深めるために、孤立していた僕を利用したに過ぎなかった」（15行目〜）

1　いつも誰かの顔色を窺って、おどおどしていたから
2　おとなしくて、誰も友達がいなかったから
3　嫌な性格だと言って、皆に嫌われていたから
○4　友達を作らず、皆から孤立していたから

【問3】「③友達を作る」とは、この場合どういう意味か。

直後に「友達は自然に出来るものと信じていた僕の目には、皆がいつも無理して仲間を作ろうとしているように見えた」（10行目〜）とある。また、「協調して得た友情など、僕には必要のないものだった」（14行目）ともある。

1　いつの間にか自然に友達になっていること（←「僕」が望んでいるものである）
○2　無理して相手に合わせて、友達になること
3　自分を素直に表現できる友達を持つこと
4　わがままを言い合いながら、友達になること

【問4】「④一方で内心函館行きを喜んでいる節もあった」のはなぜか。

直後に「環境の変化によって、僕が変わるかもしれないという淡い期待を持ったからだ」（24行目〜）とある。
今「僕」はどんな状態にいるか。→登校拒否。
また、「引っ越して少し落ちついたら、学校に戻ってみてはどうだ」（26行目）と父が言っている。

1　父が営業所の所長として函館に行くから（←父の転勤には「困惑」（24行目）している）
○2　子どもの登校拒否が直るかもしれないから

応用編　中・長文

D　小説　長文

051

    3　歴史的な観光地である函館で暮らせるから
    4　子どもの性格がよくなることを期待していたから

【問5】「⑤聞き耳をたてている」母は「僕」にどう言ってほしいと思っているか。

> 「僕に、一番学校に戻ってほしいと願っていたのは母であったはずだ」（34行目〜）

　　1　ずっと家にいると言ってほしい
　　2　自分と一緒に受験すると言ってほしい
　○3　学校に行くと言ってほしい
　　4　東京に残ると言ってほしい

【問6】（　⑥　）に入る適当なものはどれか。

> 「僕」は「家から出ずに自分の部屋で」（30行目）一日を過ごしている。また、「母が唯一の話し相手だった」（31行目）ということから考える。→一人で静かに過ごしている。

　　1　うきうきと　　　2　あくせくと　　　3　のんびりと　　○4　ひっそりと

【問7】「⑦心が動いた」とあるが、僕はどうすることにしたと思われるか。

> 「心が動いた。」ときの、「僕」は？
> 　→「父の肩越しに配膳をする彼女の手が止まったまま動かなくなったのを僕はしっかり見ていた」（35行目〜）「目を伏せて何かを待っている母の横顔を僕は盗み見て」（36行目）とある。つまり、母の様子を見て、決心したのである。
> では、その母が望んでいるのはどんなことか。
> 　→学校に行ってほしい。（問5参照）

　○1　函館の高校に行くことにした
　　2　東京の高校に戻ることにした
　　　　（←東京の高校ではなくて、引っ越し先の函館の高校である。（問4参照））
　　3　大学検定試験を受けることにした
　　4　友達を作ることにした

模擬試験の解答

			第1回	第2回	第3回
問題1	(1)	1	1	2	3
	(2)	2	3	4	4
	(3)	3	1	4	2
	(4)	4	2	3	3
問題2	(1)	5	3	3	4
		6	4	4	2
		7	4	2	2
	(2)	8	2	2	2
		9	3	1	1
		10	4	4	4
	(3)	11	4	2	1
		12	1	4	2
		13	3	1	3
問題3		14	3	2	4
		15	4	2	2
		16	4	4	1
		17	4	1	3
問題4		18	3	4	2
		19	1	2	3
		20	2	2	4
問題5		21	2	2	3
		22	1	4	1
		23	3	2	4
		24	2	1	3
問題6		25	4	2	2
		26	2	3	2

模擬試験

模擬試験　第 1 回　解答用紙

受験番号
Examinee Registration Number

名前
Name

1. くろいえんぴつ（HB、No.2）で かいてください。
   Use a black medium soft (HB or No.2) pencil.
2. かきなおすときは、けしゴムで きれいにけしてください。
   Erase any unintended marks completely.
3. きたなくしたり、おったりしないで ください。
   Do not soil or bend this sheet.
4. マークれい　Marking examples

よい Correct	わるい Incorrect
●	⊘ ◌ ○ ◍ ⦸

問題 1

1	①	②	③	④
2	①	②	③	④
3	①	②	③	④
4	①	②	③	④

問題 2

5	①	②	③	④
6	①	②	③	④
7	①	②	③	④
8	①	②	③	④
9	①	②	③	④
10	①	②	③	④
11	①	②	③	④
12	①	②	③	④
13	①	②	③	④

問題 3

14	①	②	③	④
15	①	②	③	④
16	①	②	③	④
17	①	②	③	④

問題 4

18	①	②	③	④
19	①	②	③	④
20	①	②	③	④

問題 5

21	①	②	③	④
22	①	②	③	④
23	①	②	③	④
24	①	②	③	④

問題 6

25	①	②	③	④
26	①	②	③	④

模擬試験　第2回　解答用紙

受験番号
Examinee Registration Number

名前
Name

問題1					
1	①	②	③	④	
2	①	②	③	④	
3	①	②	③	④	
4	①	②	③	④	
問題2					
5	①	②	③	④	
6	①	②	③	④	
7	①	②	③	④	
8	①	②	③	④	
9	①	②	③	④	
10	①	②	③	④	
11	①	②	③	④	
12	①	②	③	④	
13	①	②	③	④	

問題3				
14	①	②	③	④
15	①	②	③	④
16	①	②	③	④
17	①	②	③	④
問題4				
18	①	②	③	④
19	①	②	③	④
20	①	②	③	④
問題5				
21	①	②	③	④
22	①	②	③	④
23	①	②	③	④
24	①	②	③	④
問題6				
25	①	②	③	④
26	①	②	③	④

1. くろいえんぴつ (HB、No.2) で
   かいてください。
   Use a black medium soft
   (HB or No.2) pencil.
2. かきなおすときは、けしゴムで
   きれいにけしてください。
   Erase any unintended marks
   completely.
3. きたなくしたり、おったりしないで
   ください。
   Do not soil or bend this sheet.
4. マークれい　Marking examples

よい Correct	わるい Incorrect
●	⊘ ◯ ◉ ◑ ◯

模擬試験 第3回 解答用紙

受験番号
Examinee Registration Number

名前
Name

		問題1			
1	①	②	③	④	
2	①	②	③	④	
3	①	②	③	④	
4	①	②	③	④	
		問題2			
5	①	②	③	④	
6	①	②	③	④	
7	①	②	③	④	
8	①	②	③	④	
9	①	②	③	④	
10	①	②	③	④	
11	①	②	③	④	
12	①	②	③	④	
13	①	②	③	④	

		問題3			
14	①	②	③	④	
15	①	②	③	④	
16	①	②	③	④	
17	①	②	③	④	
		問題4			
18	①	②	③	④	
19	①	②	③	④	
20	①	②	③	④	
		問題5			
21	①	②	③	④	
22	①	②	③	④	
23	①	②	③	④	
24	①	②	③	④	
		問題6			
25	①	②	③	④	
26	①	②	③	④	

1. くろいえんぴつ (HB、No.2) でかいてください。
   Use a black medium soft (HB or No.2) pencil.
2. かきなおすときは、けしゴムできれいにけしてください。
   Erase any unintended marks completely.
3. きたなくしたり、おったりしないでください。
   Do not soil or bend this sheet.
4. マークれい Marking examples

よい Correct	わるい Incorrect					
●	⊘	◎	○	⊗	⦿	◐